全 球 通 史

从史前史到21世纪 青少版

[第7版]

[美]斯塔夫里阿诺斯（L. S. Stavrianos）著

陈继静 译
何顺果 审校

A GLOBAL
HISTORY
From Prehistory to
The 21st Century 7th edition

著作权合同登记号　图字：01-2011-8189

图书在版编目（CIP）数据

全球通史：从史前史到21世纪. 青少版 /（美）斯塔夫里阿诺斯（Stavrianos,L.S.）著；陈继静译. —北京：北京大学出版社，2013.7

（培文书系·人文科学系列）

ISBN 978-7-301-21930-0

Ⅰ. ①全… Ⅱ. ①斯… ②陈… Ⅲ. ①世界史—青年读物②世界史—少年读物 Ⅳ. ①K109

中国版本图书馆CIP数据核字（2013）第004678号

Authorized translation from the English language edition, entitled *A Global History: From Prehistory to the 21st Century, 7th edition*, by L. S. Stavrianos, published by pearson Education, Inc, Copyright © 1998 Pearson Education, Inc.

All rights reserved. No part of this book may be reproduced or transmitted in any form or by any means, electronic or mechanical, including photocopying, recording or by any information storage retrieval system, without permission from Pearson Education, Inc.

CHINESE SIMPLIFIED language edition published by PEKING UNIVERSITY PRESS, Copyright © 2013

本书中文简体翻译版由Pearson Education授权给北京大学出版社在中国境内（不包括中国香港、澳门特别行政区和中国台湾地区）出版发行。

本书封面贴有Pearson Education（培生教育出版集团）激光防伪标签。

无标签者不得销售。

书　　　名：	全球通史：从史前史到21世纪（青少版）
著作责任者：	〔美〕斯塔夫里阿诺斯（L. S. Stavrianos）著　陈继静译　何顺果审校
责 任 编 辑：	于铁红 张善鹏
标 准 书 号：	ISBN 978-7-301-21930-0/K・0927
出 版 发 行：	北京大学出版社
地　　　址：	北京市海淀区成府路205号　100871
网　　　址：	http://www.pup.cn　新浪官方微博：@北京大学出版社　@阅读培文
电 子 邮 箱：	编辑部 pkupw@pup.cn　总编室 zpup@pup.cn
电　　　话：	邮购部 010-62752015　发行部 010-62750672　编辑部 010-62750883
印　　刷　者：	河北吉祥印务有限公司
经 　销　 者：	新华书店
	710毫米×1000毫米　16开本　22印张　200千字
	2013年7月第1版　2025年2月第12次印刷
定　　　价：	48.00元

未经许可，不得以任何方式复制或抄袭本书之部分或全部内容。

版权所有，侵权必究

举报电话：010-62752024　电子邮箱：fd@pup.cn

图书如有印装质量问题，请与出版部联系，电话：010-62756370

出版前言

L. S. 斯塔夫里阿诺斯是当代美国最著名的世界史学家,《全球通史:从史前史到21世纪》(以下简称《全球通史》)是他的集大成之作,也是20世纪60年代兴起的"全球史思潮"的奠基之作。该书出版后被译成多种文字,产生了世界性的影响,世界许多著名大学将其选为教材或参考教材,被誉为世界史研究的"经典中的经典"。

2004年7月和2005年1月,北京大学出版社相继推出了《全球通史》的英文影印版和中译本,均获得广泛好评,特别是中译本,出版以来已累计重印30余次。2012年又推出了《全球通史》精装版。

作为作者中文唯一授权的出版社,我们重视深入开掘不同层面的读者需求,将求知欲强、视野广阔、思想活跃的青少年朋友作为《全球通史》最重要的阅读群体。尤其是在素质教育的大背景下,《全球通史》已成为青少年朋友了解全球发展最可靠的教材,很多中学甚至把《全球通史》当做开拓知识的必备书目。我们陆续接到很多中学生朋友的来信,希望能将两卷本的《全球通史》浓缩为精华本。

此次推出的《全球通史》青少版,即从青少年的阅读习惯出发,保留原著精华和基本结构,在延续原版叙事脉络的基础上,精选那些影响深远、具有代表性的历史事件,删去了专业研究者关心的历史解释、历史反思、历史争议,降低理解门槛，力求传达原文简洁典雅之风，完整保留历史事实。总之，所有努力指向同一目的：保留原著最大特色——全球史体系，同时凸现史实脉络，便于青少年理解。

我们希望中学生朋友阅读本书后，能唤起对自己生活的这个世界之来龙去脉的求索兴趣，进而生长出以历史的眼光和全球的视野思考和探索世界新问题的精神。

作者在篇首的"致读者：为什么需要一部21世纪全球史？"中曾这样说道："21世纪既非天堂，也非地狱，而是包含了各种机遇。哪些机遇可能变成理想的现实？这取决于阅读本书的读者，你们今后几十年的思考和行动将起决定性作用。"这段话表达了史学家对青少年思考历史、关注现实，在科技高速发展的今天，把握"伦理指南针"，"变聪明为智慧"的期待和厚望。这也是我们这次出版《全球通史》青少版的初衷，我们也想通过这部青少版，表达对这位具有强烈责任感和人道关怀的历史学家的深深敬意。

在中译本《全球通史》中，中国世界史研究的两位著名学者刘德斌教授、高毅教授撰写了精彩而发人深省的序言，他们的中肯评述与本书一起引发了诸多学者和读者的再思考和研究，也成为研读这部力作的最好的导读。我们这次仍将其作为青少版的序言并沿用了第七版篇首作者的"致读者"（均有所删节），同时聘请北京大学世界史研究专家何顺果教授作为青少版的审校。在此一并感谢。

编　者

专家学者、读者评《全球通史：从史前史到 21 世纪》

专家学者评论

《全球通史》给了我强烈的现实感：它是一种思想武器，可以用来救治我们现在所面临的由于陶醉于技术进步而产生的深重的精神危机；它有助于人们理解未来——包含各种可能性和选择的未来。

英国著名历史学家　阿诺德·J. 汤因比

无论下一场危机在何处出现，斯塔夫里阿诺斯作品里的某些句子和篇章都会提供有价值的背景知识。

无处不在的"现代主义"的观点和阐释限制了《全球通史》，但也赋予了本书鲜明的个性和特征。

美国著名世界历史学家　威廉·H. 麦克尼尔

近年来，在用全球观点或包含全球内容重新进行世界史写作的尝试中，最有推动作用的那些著作恰恰是由历史学家个人独立完成的，其中以斯塔夫里阿诺斯的《全球通史》最为著名。

英国著名史学家　杰弗里·巴勒克拉夫

在人类社会进入全球化的时代，如何认识我们自己民族的历史，如何面对我们自己社会的现实，应该有一个"全球意识"。斯塔夫里阿诺斯的《全球通史》给我们提供了一个认识世界历史的新视角，这就让我们可以从一个他者的观点反观我们自己的历史和现实。

北京大学哲学系教授、中国著名哲学家　汤一介

《全球通史》提出了全球化是一个历史发展进程的看法。站在公正的立场上看，全球的现代化是一个比较好的提法。全球化的主要目的不在于揭示那种不顾整体、只注重自我利益的个体发展，而是要通过多元化的文化传播，让先进事物在世界范围内得到确认和应用。这种观点可以表述成这样一个问题：扫除落后的和过时的体制，以及源于各种落后的意识形态和政治文化所造成的障碍。

北京大学历史系教授　朱孝远

强烈地想回答不同时代所产生的新问题的写作动机，使这部大型通史的叙述弥漫着一种试图通过当代意识反观历史的探索风格，而区别于以往通史著作的单调线性叙事。其中所蕴含的对当代文明的批判性反思和对多元文化的包容和尊重，都使得这部通史无愧于经典作品的称谓。

中国人民大学清史所教授　杨念群

《全球通史》向我提供了一种叙述历史的方式，而这一方式即使是对一个搞文学创作的人来说，也大有启发。它使我懂得了一个道理：一个看似无足轻重的历史细节却可能比一个气势磅礴的历史事件更具有考证和辨析历史本真与实质的价值。我完全相信：细节比情节更为可信和可靠。

北京大学中文系教授，著名作家　曹文轩

40年来，《全球通史》业已成为史学界乃至文化界的一部经典，它经受了时

间的考验，甚至经受了人世沧桑的风吹雨打。那位已经仙逝了的、期冀读者栖身月球俯瞰蔚蓝色地球的全球史观的实践者，是否正渴望那些居住在北京、德里或开罗的观察者也能够拿出全球史观的范例，与其在天国里对话，共同研制医治全球问题的"灵丹妙药"……

吉林大学历史系教授 任东波

读者评论

龚喜发财

我们所学习过的历史，都很奇怪，注重细节，例如时间、地点、主要人物等，却没有什么连贯性。历史在我们眼里，跟"洋片"差不多，是割断的、静态的、前后没有关联的。而这部《全球通史》，却展示了我们似乎学习过，却从未真正明白过的历史，即这些片段串成的序列，一部本来完整的历史大戏，一部真正冠以"经典"之名的电影。

熊掌（杭州）

短短两册书，就把人类历史都讲遍。作者的驾驭能力很强，读来轻松，获得的讯息却很多，是了解世界历史发展的好书，尤其对作者"开放和交流是保持先进的关键"深为认同。

blue（上海）

全球史观视角的扫盲教材，读后很受用。

Arron Sun

读万卷书，行万里路。这两年去了欧洲七国和美国，对欧美在心中的印象渐渐地从过去的听说，变成了实际的感受。再到最近读完《全球通史》的上册，

1500年前的整个世界在脑中逐渐铺开。这部著作的作者视野相当宽阔,给我最深的感受是:1)了解到了技术的进步导致人的能力和视野更强更广;2)文明社会的体制和制度(生产关系)会随着技术(生产力)的发展而发展;3)文明之间频繁的接触,导致文明的不断借鉴、进步(进步的动力、防止被淘汰的动力)。

云峰
近几年看过的最好的书,极大地拓宽了人的知识面。准备过段时间再看一遍。

猫河蓝懒
脉络清晰,可能由于时间上更接近当下的关系,历史观也更客观。提供了一个大范围横向纵向的历史提纲,指导进一步阅读的入门通史教材,好评。

ATP绿色永桁(广州)
人生总该读一次通史,才能更好地理解这个世界。何况本书一直以客观著称,的确能超脱任何一方诸如西方中心论、美国优势心理等等本土情结。

修(长春)
读得好慢,但是确实是不能错过的经典读物。历史应该是连贯地看,全世界范围地看,并且在历史中找寻人类发展的规律,甚至可以解读人类行为的根源。各行各业都可以看,书中也加入了作者对人类的有趣的解读。比如关于人本善还是人本恶的问题。

faramita(太原)
这书写得太好,以前一直以为会很无聊,没想到很快看完了。

海扬尘（平顶山）

终于第一次完整读完本书了。上册使我了解了更多的历史知识，并且对不同地区人类空间和时间上的联系有了清晰的认识。

藕泗筱娴渔（北京）

史观的培养不只是为了高考多拿几分。

伊卡洛斯（北京）

历史对我们今天的意义，值得反复推敲。

三金二石

任何对世界历史有着一定兴趣或者想从另一个不同于传统角度阅读世界通史的人，都可以从这本大而全的《全球通史》中开卷有益，甚至称其为入门性的通史百科全书也不为过。一书在手，世界在我心中。又想起了一位贤人说过的一句话，大意是：读一本好书，就是和一个高尚的人谈话。

那还等什么呢？

双重否定

这是一本好书，一部鸿篇巨著，我在Kindle上花了一个月读完，光是摘录就达5万多字，解了我多年的困惑。虽然经过这么多年的正规教育，中学时代历史课也上得不少，但逐渐成长的过程中，在接触到更多真相和现实以后，心中的迷惑反而越来越多。除了对自己国家历史的迷惑和反思，还不清楚世界是怎么成为现在这个样子的？20世纪两次世界大战怎么会发生？人和人之间的仇恨怎么会到这样的地步？虽然零零星星看过很多历史著作，不过大都是中国历史，没办法把中国历史和整个世界的历史放在一起做观察比较，更加不知道地球上各个文明的发展消亡、宗教的繁荣昌盛是如何进行的。

这时候碰到这么一本书是一种运气,看完之后,解答了我心中许多疑惑,有一种痛快的感觉。

简而言之,人类作为一个种群所面临的问题就是,如何解决自身知识的不断增长与如何运用这些知识的智慧相对滞后之间的矛盾。我们将会看到这一平衡问题曾在人类历史的进程中反复出现,并在今天由于我们运用知识的智慧无法赶上人类日益增长的知识而显得更为频繁和迫切。

目前的社会如此,个人也同样如此,我们所追求的物质生活越来越丰富,心灵生活却有些赶不上。

读一读历史,能够更懂一些。

听风

最近翻了一下斯塔夫里阿诺斯的《全球通史》。《全球通史》在美国许多大学作为基础课程,其实中国大学也应该增加《全球史》课程,甚至中小学历史课程中也应该增加世界历史内容,中国人的基本素质中应该增加全球史观点。过去我们的历史教育塑就了我们狭隘的民族主义历史观,这种历史观让我们产生夜郎自大的感觉,对我们是有害的。

如果中国要想在全球竞争中取得优势,要想开拓未来的全球市场,读一读《全球通史》是有好处的,她会让我们具备全球视野,更加客观地看待自己和未来的发展。

大树

这部书的威力很大,读之前最好深吸一口气,做好充分的心理准备。因为你的世界观也许会就此发生翻天覆地的变化,你的视野将穿透那上古的蛮荒与近代的刀光剑影,看到一个从来就存在,却被大多数人无视的真实世界。

[致读者]

为什么需要一部 21 世纪的全球通史？

每个时代都要编写自己的历史。这不是由于原有的史著存在谬误，而是因为每个时代都会面对新困境、提出新问题、探求新答案。当今世界更是如此：社会变革正以指数级加速，迫切需要新的史著来提出新问题、探求新答案。

我们不得不逐渐接受：西方中心论的传统史观远离真相、不合时宜。为了解释历史的变迁，我们需要新的全球史观。经过一段痛苦的反思与批判，旧的史观让位于新的史观。到 1960 年代，这一转变显然已经完成：世界历史学会成立，《世界历史杂志》创办，本书第一版面世。

这便我们又回到最初的问题：第一版面世才几十年，为何又出版面向 21 世纪的新版？答案与第一版的出版理由相同，还是那句话：新世界需要新史学。1960 年代的后殖民世界曾迫切需要新的全球史。同样，1990 年代和 21 世纪的新世界也迫切需要新的历史研究。1960 年代的新世界很大程度上是殖民地革命的产物。而 1990 年代的新世界则正如教皇保罗六世所说，是"科技魔法"的产物。科技的魔力无处不在，遍及生活方方面面，引发种种"大哉问"。例如，20 世纪末的学生肯定记得曾蹲在木桌底下的日子，当时他们不免疑虑：脆弱的木板如何抵挡核弹的袭击？

物理学家维尔纳·海森堡曾断言："有史以来第一次，这世界只剩下人类，再没有别的同伴或劲敌。"但我们时代最大的讽刺却是，人类的唯我独尊成为引发当今全球隐忧与恐惧的根源。消灭了一切潜在对手后，人类所向无敌，真正的敌人只有人类自己。

对抗自我而不是对抗外界，这是一项艰巨的新任务。人类需要掌握更多的知识和技术，在这方面，我们的成就早已无与伦比。但这还不够，我们还需要正确的伦理指导知识和技能，确保它们用于正确的方向和目的。

在今天和可以预见的将来，科技的发展给个人和社会带来深刻的问题。此时此刻，我们不得不直面最根本的拷问：生命有何意义？人类存在的目的是什么？英国哲学家弗朗西斯·培根曾积极倡导通过科学研究追求"知识和技能"，但他不忘强调，这种追求应该"谦卑和仁慈"，"不是为了高谈阔论、沽名钓誉、争权夺利，也不是为了其他的卑劣目的，而是为了有益于生活"。培根大声疾呼：难道人类非得沦为经济动物，只知道填饱肚子、充实银行账户吗？

不管是否情愿，人类已在寻找避免沦为经济动物的办法，更准确地说，是为难以驾驭的技术寻找一个"伦理指南针"。这是人类面临的巨大挑战——昙花一现的人类史上最大的挑战。迄今为止，人类以卓越的智力主宰环境，已经成为地球的最早统治者。然而，这种统治地位才刚确立，便因社会危机、环境问题遍布全球而土崩瓦解。现在，人类重新面临新的挑战：从聪明的灵长类进化为智慧的人类——简言之，变聪明为智慧。

当今世界正经历形形色色的社会变革。这说明，21世纪不仅面临严重的危机，更蕴含巨大的潜能。历史学家无法明确预测后果，却能合理地断言，21世纪既非天堂，也非地狱，而是包含各种机遇。哪些机遇可能变成现实？这取决于阅读本书的读者，你们今后几十年的思考和行动将起决定性作用。

基于上述原因，我们不应沉溺于乌托邦式的幻想，也不应对未来悲观失望。当务之急是理性反思现存的惯例和制度，取其精华、去其糟粕——这正是当今全球大势所趋。本书新版的问世便是为了促进这一反思进程，为了弗朗西斯·培根所说的"有益于生活"，也为了摈弃他所说的"卑劣目的"。

斯塔夫里阿诺斯

[序一]

与过去沟通，与现实对话

翻开这本书，人类的过去就有如一幅由远及近的画卷，一幕幕地展现在读者的面前。这里有人类的起源、文明的嬗变，也有帝国的更迭、宗教的扩散；有对欧亚大陆诸古代文明和古典文明不同命运的宏观思考，也有1914年6月28日萨拉热窝事件的详细介绍；有对人性善恶本质的哲学分析，对文明是"诅咒"还是"福音"的辩证评价，也有对世界愈加两极分化的人道关怀，对人类历史上诸多灾难的渊源——社会变革总是滞后于技术变革——的忧虑与警示。

不同于那种把自己的观点和观念强加给读者的历史学作品，这本书平心静气，娓娓道来，没有教育人的口吻，却把读者引入一种求索的境界，让你不由自主地手不释卷。这本书就是享誉世界几十年，已经与汤因比的《历史研究》齐名、但比《历史研究》通俗易懂，被称为"经典中的经典"的《全球通史》。作者是美国著名历史学家 L. S. 斯塔夫里阿诺斯（L. S. Stavrianos）。尽管这个名字对中国人来讲略长难记，但他已经随着《全球通史》一起进入了中国人的知识殿堂，正在为越来越多的中国读者所熟知。

毋庸讳言，阅读历史，特别是通史类的教科书，不是一件轻松的事。但斯塔夫里阿诺斯的《全球通史》却可以让读者比较轻松地读下来。这本书问世30多年来一直畅销不衰，不断再版，不仅为英语国家读者所喜欢，还被翻译成多种文字，成为在全世界拥有最多读者的通史类作品。

有人把斯塔夫里阿诺斯的《全球通史》与西格蒙特·弗洛伊德的《梦的解析》、阿尔贝特·爱因斯坦《广义相对论的基础》、欧内斯特·海明威的《太阳照样升起》、J.M.凯恩斯的《就业、利息和货币通论》、让·保罗·萨特的《存在与虚无》、杰克·凯鲁亚克的《在路上》、蕾切尔·卡森的《寂静的春天》、斯蒂芬·霍金的《时间简史》和比尔·盖茨的《未来之路》等并列为20世纪影响世界的十本书,可见其在读者心目中的地位。作为历史教科书,能够享受到这样的"殊荣",是非常难能可贵的,恐怕也是出乎许多人意料的。

那么,斯塔夫里阿诺斯的《全球通史》是如何做到这一点的?《全球通史》何以有如此强的吸引力和影响力?通观全书,读者首先会发现,《全球通史》虽是史书,却具有强烈的现代意识。它虽然是一部历史教科书,但并不是一味地把读者拉向遥远的过去,而是随时把历史上的重大变故与当今世界的现状联系在一起,提醒读者认清所生活的现实世界与历史的内在联系,从而使读者的思想能够跨越时空的限制,在历史与现实的两个时空里驰骋,甚至由此产生出自己对历史时间的联想与对比,产生出自己思想的火花和创作的冲动。由此,阅读历史成了一种乐趣,成了一个对历史和现实两个世界的疑问同时不断探询和解答的过程。

"古往今来"是通史类教科书的必然属性。但如果历史学家只是埋头于"从过去到现在"的叙事,而对读者的求索目标和心态需求不能给予足够的关注,那么历史作品的"受众"就只能局限于本专业的学生和学者,局限于以获取学分为目标的"专业读者",而难以拥有历史专业以外的广大读者,历史作品就难以发挥它应有的作用。实际上,许多大历史学家的作品都有强烈的时代感或现实感。

对于读者来说,进入《全球通史》的意境之后就会发现:你不仅在阅读历史,而且也在了解现实;你不仅在与过去沟通,也在与现实对话。可以肯定,当你阅读了《全球通史》之后,会对我们生活其中的当今世界的来龙去脉有一个基本的了解,会对这个世界的走向有一个自己的判定。所以我认为斯塔夫里阿诺斯《全球通史》的成功之处,首先就在于它强烈而深刻的现实感。

《全球通史》不同凡响,还在于它是"全球史观"的代表作,是迄今为止全球史观最有影响力的作品。

作为全球史观的代表作,斯塔夫里阿诺斯的《全球通史》对于中国读者具有特别的重要意义。其中最为重要的一点,是《全球通史》摒弃了西方传统的世界历史的阐释方法,如"古代——中古——近(现)代"的"三分法",将整个人类历史的演进划分成两个基本的阶段,即1500年以前诸孤立地区的世界和1500年以后西方的兴起并占优势的世界。这样一种划分方法对许多中国读者来说是不习惯的,因为大多数中国读者已经按照"三分法"形成了自己对历史的思维定式。但这样一种划分却有利于消除中国读者头脑中中国历史与世界历史之间的"时间位差",把对中国历史的理解和认识真正融入对整个世界历史的理解和认识中去。

斯塔夫里阿诺斯对中国文明与其他文明的比较,让读者对中国的历史留下更深刻的印象,对中国读者理解中国的历史也具有启发和借鉴意义。

当然,同其他学术作品一样,斯塔夫里阿诺斯的《全球通史》也不可能完美无缺。我们在研读和欣赏这部20世纪的优秀作品时也应该有一种批判精神。尽管他一直在努力突破西方中心论的窠臼,但由于他特殊强调西方是1500年以来世界的动力之源,所以人们就对他是否真正地突破了西方中心论产生了怀疑。不过,这些问题都可以见仁见智,重要的是我们在学习别人优秀作品的时候应该具有一种批判精神,这样才能够为我所用,充实自己。

遗憾的是,尽管我们是一个文明古国,是当今世界上文化的链条唯一没有中断过的文化大国,是一个历史资源极为丰富的国家,但我们迄今还没有奉献给世界一本像斯塔夫里阿诺斯的《全球通史》这样为不同地区和国家的人们所熟知和欣赏的史学力作,我们甚至依然在用别人的模式理解我们自己和整个世界的历史。这是与我们中国的历史地位和现实身份不相符的。

中国的强大有赖于中国文化力量的发展和强大,其中包括中国人对中国历史和世界历史的解读能力和阐释能力。从这个意义上说,斯塔夫里阿诺斯及其《全球通史》是一面镜子,它映照着无数的你和我。

吉林大学当代国际关系研究中心主任　刘德斌

[序二]

斯塔夫里阿诺斯的乐观与踌躇

盛行于当今西方史学界的"全球史"之风，刮了已经有几十年了。自从20世纪60年代麦克卢汉首次把世界唤作"地球村"起，一些富于文化敏感和社会责任感的西方史学家就感到了一种必要，那就是必须突破19世纪以来国别史和西方中心论传统，从文明比较的角度重写世界史，以便提供某种参照，对地球村中某种健康的共同文化的培育产生积极的影响。于是，他们开始有意识地淡化世界史中政治方面的内容（这常常与起分裂作用的民族国家紧密相关），而把全人类的文化、社会生活的演进作为史学考察的重点，同时试图赋予过去长期被忽视的、被认为是"没有历史的"非西方民族以平等的历史地位，突出文化多元共存的合理性以及人类各区域文明之间交往互动的历史推动意义——所谓的"全球史"，就这样渐渐发展了起来。

美国著名历史学家斯塔夫里阿诺斯的这部《全球通史》，就是这个全球史潮流的一部奠基性的杰作。它最初出版于20世纪70年代初，而由于它的杰出，一经问世就被译成多种文字，产生了世界性的影响，所以如今它已经是一部风靡全球的全球史经典了。我国的读者对它当然也不陌生。1990年代初起，它就一直是北京大学历史系本科教学的首要参考教材之一，而它对我国高校世界史教材编写工作产生的革命性影响，也是行内人所共知的事实。

我们现在看到的这部书，较之前的版本已有了很大的不同，因为作者已根据21世纪世界的新需要,对本书从架构到内容都作了一次较大幅度的"优化升级"。

那么这个新版本究竟新在何处?

按照作者本人在本书开篇的"致读者"中的解释,新版本之新,主要就新在其关注的核心问题发生了变化,而这种变化又全是时代变化的结果。还是那句话:新世界需要新史学。

而"致读者"中接下来的文字,谈论的则全是核战争的可能性和环境持续恶化的现实给"人类生命"和"地球母亲"带来的双重威胁,从中透露出的信息似乎是:如果说20世纪60年代世界的核心问题是由殖民地革命凸显的第三世界平等发展权的话,那么21世纪世界的核心问题就已经转到了现代科技的负面影响方面了。

但那个"60年代问题"是否就此消失了呢?作者并没有这个意思。实际上对于上述两大问题(它们正是20世纪末以来全球史的两个密切相关的核心问题),作者在书中仍给予了同等的关注。也就是说,作者在敏感到现代科技负面影响问题凸显的同时,并没有因此对包括第三世界平等发展权在内的社会公正问题有丝毫的忽略,因而他也就没有忘却上面谈到的全球史初兴时的那份现实关怀,而那也正是全球史必须坚守的一份优良传统。

我们的作者仍然对未来满怀希望。他反对诸如人类将在"核冬天"中自我毁灭之类的悲观论点,理由是虽然今天的人类还在像其祖先那样不停地做着种种蠢事,但一个不可忽视的事实是,"今天我们拥有我们的祖先所没有的优势,这些优势使我们的未来充满光明"。那么这些优势究竟是什么?在他看来主要有两点,一是飞速发展的高科技,二是人权意识的全球觉醒,它们正在从物质和精神两个方面推动整个人类向自由王国飞奔——"这种新萌发的全球觉醒与现代高科技所具有的巨大潜力表明,现在的忧郁症是不合时宜的",这就是他的结论。

显而易见,作者在这里表达的,其实就是他对现代工业文明(也就是通常所说的"现代文明")的一种发自内心的认同。应该说,斯塔夫里阿诺斯的《全球通史》从一开始就是对现代文明的一种礼赞,尽管其曲调往往显得低回而不高亢。

不过由此我们也注意到了一个情况:作者对使用全球性的"世界文化"这样的词似乎有些顾虑——实际上这个词在新版本中已完全看不到了。与此相关的另一个情况是:"现代文明"或"工业文明"这种本来应该成为本书主要关键词的词汇(因为本书的章节结构就是按从古典文明到中世纪文明再到现代文明这个逻辑理路排列的),作者好像也不大敢用。甚至作者一直都不曾给现代文明下一个像样的定义:只是含含糊糊地说它是一种"新型的、与欧亚乃至全球其他地区的传统农业文明有着本质差别的、充满活力与扩张性的文明"。作者在现代文明理论上的这种畏缩闪躲,与他在谈论"全球觉醒与现代高科技的巨大潜力"时的那种眉飞色舞,显然不大合拍;而那所谓的"全球觉醒和现代高科技",其实与现代文明、或与由欧洲三大革命的传播造成的那种全球一统的"世界文化",本质上却是毫无二致的。

至于何以会出现这种差池——恕我直言,很可能还是"西方中心论"的余毒所致。

这在本书中最突出的表征,就是他始终把三大革命仅仅看做西方文明的历史贡献,从而也就把现代文明看做了纯粹的西方文明,并进而把现代化看做一种单向的欧化或西化的过程。这样做的问题,似乎是不恰当地忽略了广大东方民族对欧洲三大革命的诸多重大贡献,因而也就看不到现代文明中实际存在着的大量东方文明要素,结果也就无法深刻体认现代文明本身特有的那种世界性或普世性。如此说来,斯塔夫里阿诺斯在现代文明理论上的闪烁其词是顺理成章的:因为在把一个在他看来纯属西方文化的现代化文明说成一种全球一统的"世界文化"的本质的时候,他分明感到了一种道义上的不妥,以及一种理论上的踌躇。

北京大学历史系教授　高毅

目 录

- iii / 出版前言
- v / 专家学者、读者评《全球通史：从史前史到21世纪》
- xi / 致读者：为什么需要一部21世纪的全球通史？/ 斯塔夫里阿诺斯
- xiii / 与过去沟通，与现实对话（序一）/ 刘德斌
- xvi / 斯塔夫里阿诺斯的乐观与踌躇（序二）/ 高毅

- 001 / [第一章] 史前时代
- 001 / 　　第一节　食物采集者
- 005 / 　　第二节　食物种植者
- 010 / 　　历史对今天的启示：人性的本质

- 011 / [第二章] 欧亚古典文明（公元500年前）
- 011 / 　　第一节　最早的欧亚诸文明（公元前3500—前1000年）
- 026 / 　　第二节　古典文明开启欧亚整合（公元前1000—500年）
- 030 / 　　第三节　希腊—罗马文明
- 045 / 　　第四节　印度文明
- 051 / 　　第五节　中华文明
- 057 / 　　第六节　古典文明的终结
- 063 / 　　历史对今天的启示：文明：诅咒还是福音？

- 065 / [第三章] 欧亚中世纪文明（500—1500）
- 065 / 　　第一节　中世纪文明完成欧亚整合

072 /	第二节 伊斯兰教的兴起
079 /	第三节 突厥人和蒙古人入侵
083 /	第四节 传统拜占庭文明
090 /	第五节 传统儒家文明
098 /	第六节 革命的西方文明
110 /	历史对今天的启示：发展中社会与"障碍性领先"

111 /	[第四章] 1500 年前的非欧亚世界
111 /	第一节 非洲
118 /	第二节 美洲和澳洲
126 /	第三节 欧洲扩张前夕的世界
128 /	历史对今天的启示：历史上的种族

129 /	[第五章] 1500 年前的孤立地区
129 /	第一节 西方扩张时的伊斯兰世界
136 /	第二节 西方扩张时期的儒家世界
141 /	第三节 扩张的西方文明：文艺复兴与宗教改革
149 /	第四节 扩张的西方文明：经济增长与国家建构
155 /	历史对今天的启示：历史与流行的理论

157 /	[第六章] 新兴的西方世界（1500—1763）
157 /	第一节 西欧的扩张：伊比利亚阶段（1500—1600）
166 /	第二节 西欧的扩张：荷兰、法国、英国阶段（1600—1763）
172 /	第三节 俄国在亚洲的扩张
178 /	第四节 全球整合的开始
188 /	历史对今天的启示：地区自治与全球统一

189 /	[第七章]	西方霸权世界（1763—1914）
189 /	第一节	欧洲的科学革命和工业革命
205 /	第二节	欧洲的政治革命
223 /	第三节	俄国
230 /	第四节	中东
235 /	第五节	印度
239 /	第六节	中国与日本
244 /	第七节	非洲
250 /	第八节	美洲与英属殖民地
254 /	第九节	波利尼西亚
258 /	第十节	全球整合的巩固
262 /		历史对今天的启示：马克思的误判
263 /	[第八章]	西方由盛而衰的世界（1914年以来）
263 /	第一节	第一次世界大战：全球震荡
276 /	第二节	殖民地的民族起义
280 /	第三节	1929年前的欧洲革命与和解
286 /	第四节	五年计划与大萧条
291 /	第五节	走向战争（1929—1939）
297 /	第六节	第二次世界大战：全球影响
308 /	第七节	帝国的终结
313 /	第八节	大同盟、冷战及其后果
319 /	第九节	第二次工业革命：全球影响
329 /		历史对今天的启示：我们面对的只有自己

我们的时代是一个问题时代,一个问题很大的时代。在科技的神奇影响下,一切都在经历着变革。如果我们愿意在生活中睁大双眼,每天都有新问题等着我们去研究,去解决。

——教皇保罗六世,1969 年 5 月 18 日

第一章 史前时代

本章讲述人类文明诞生前的 400 万年。在这数百万年中，两大发展奠定了此后全部历史的基石：其一是灵长类动物逐渐进化为智人，即能思考的人；其二是人类先祖从坐享自然恩赐的食物采集者日益转变成摆脱自然束缚、掌握自身命运的食物种植者。

第一节 食物采集者

人类的远祖与其他动物一样，依靠采集食物而生；不像后来的农耕民族，以种植食物为生。

一、从类人猿到智人

地球形成于约 50 亿年前。直到约 40 亿年前，最早的生命——单细胞生物开始出现。这种有机物不断向高级生命形式进化：从微生物进化出海藻等原始植物，又进化出水母、蠕虫等无脊椎动物，最后进化出脊椎动物。约 3 亿年前，脊椎动物与某些无脊椎动物、植物成功适应了陆上生活：先是两栖动物，后有大批史前爬行动物，接着是鸟类，最后是哺乳动物。哺乳动物主宰陆地已有 6000 万年。

威灵道夫的维纳斯。雕刻于公元前15000—前10000年的一尊石像。

人类诞生于更新世,经历了6—7次冰期和5—6次间冰期。极端的环境变迁迫使所有动物不断调整以适应新的生存条件。人类是自然选择的产物,从一系列类人古猿进化而来,其中有的已能使用简单的石器和武器。最早的类人猿是南方古猿,400多万年前出现在非洲东部和南部的热带草原上。它们的骨盆和腿与现代人极为相似,脑容量却只有人脑的三分之一,几乎与猿脑一样大。因此,类人猿像人一样直立行走,却有着像猿一样的脑子。南方古猿在非洲平原上生存了200多万年,其间还有其他数种类人猿出现,繁荣,又消亡。

尽管具体时间和地点尚不清楚,但约4万年前,人类或智人(能思考的人)肯定已经出现,最新考古挖掘甚至认为还可能比这更早。

二、食物采集者的生活

智人凭借高超的智力发明了所谓"石刀技术"。他们从石核上打制出又长又利的薄片即"石刀",制成各种新工具和"制造工具的工具"。

食物采集者没有正式政治机构,也没有专职领导人。他们只是结成自治的

撒哈拉沙漠岩石上的石器时代的岩画，出土于阿尔及利亚。

团队，人数通常为20—50人不等。首领因特定目的而自然产生：熟悉宗教仪式的老人被推举为司仪，狩猎本领出众的年轻人则当选为狩猎团队首领。

家庭是社会组织的基本单位，由父亲、母亲、未成年和未婚子女组成。一夫多妻虽然允许，实际上却极少。旧石器时代的两性关系比任何时代都平等。男人狩猎、提供肉食，女人则在住地周围寻找各种食物：块茎、浆果、坚果、水果、蔬菜、昆虫、蜥蜴、蛇、啮齿动物、贝类等。两性分工不同，却同样重要。

部落成员之间还有紧密的血亲关系。每个人都对部落其他成员承担责任，也享受同样的权利和特权。寻找食物、躲避风雨和防御敌人时，人们互相帮助。

食物采集者愿意吃的食物种类繁多，能有效保证生活所需。各种各样的动植物都是他们的食物来源，一旦某种动植物供应短缺，他们能以新发现的数百种其他食物来代替。这些都是健康食物，只含有少量的盐、脂肪和碳水化合物，富含多价非饱和脂肪酸、膳食纤维、维生素和矿物质。

初民社会普遍相信，万事万物，包括他们自身、他们的文化和生存环境，自创世以来就已存在，将来也会一成不变地继续存在。狩猎民族的创世神话惊人地相似,往往是英雄创造了天地、动物和人,并将各种技艺与风俗教给人类。

初民的自然知识十分丰富,并且代代口耳相传。但他们对自然现象缺少合理的解释,只能求助于魔力。为了获得丰收,他们花费大量时间祈求或取悦自然。每个部落都将某种有用的动植物奉为图腾,并树立各种偶像,跳起模仿性舞蹈,希望由此促成动物大量繁衍、食物供应充足。初民社会认为,只要严格遵守图腾崇拜的种种规定,社会的壮大和食物的供应便能得到保证。到旧石器时代末期,出现了尚未完全脱离生产活动的巫医或巫师。

恐惧未知世界、渴望人力能控制超自然现象,这一点不仅体现在初民的宗教中,也体现在他们的艺术上。旧石器时代艺术的杰出代表是非凡的洞穴壁画,尤以分布在法国南部和西班牙西北部的最为精美。壁画的主题往往是大型动物,如野牛、熊、马、犀牛、猛犸象和野猪等。这些画都绘制在洞穴最黑暗、最危险的地方,人却住在洞口处。作画者不断用新的画覆盖旧的画,显然没想把自己的作品保存下来。可见,旧石器时代的画家跑到山洞深处,把猎获的动物极其逼真地再现出来,因为他们相信这样能获得某种控制猎物的魔力。

三、种族的出现

按当时标准,从旧石器时代早期到晚期,人类技术有了重大的发展。这导致人口激增:旧石器时代初,地球上只有12.5万智人;到距今1万年的旧石器时代末即农业革命前夕,全世界人口却已猛增至532万。借助高超的技术,人类制造了各种渡水工具。舟船使初民能横渡江河湖泊,甚至穿越从非洲到欧洲、从东南亚到澳大利亚、从西伯利亚到北美的广阔海洋。人类由此成了世界上分布最广的动物。

随着智人的扩散,种族差异出现了。各种族在肤色、发质和脸型上形成显著特点。种族差异可能是各种族相对隔离、各自适应当地环境而形成的。距今约1万年前,即最后一次冰河期末期,全球种族分布已经与现在大致相同。高加索人占据了欧洲、北非、东非和中东,并扩散到印度与中亚。黑人分布在撒

图中描绘的是约公元前2700年（丹麦）的一个新石器时代的村庄。

哈拉（当时水源较充足）及其南部地区，非洲其余大部则为俾格米人和布希曼人占据，这与今天大不相同。其他俾格米人即小黑人生活在印度和东南亚的森林地带，这些地区的平原区域和澳大利亚则被澳大利亚人占据。东亚和南北美洲生活着蒙古人。

第二节 食物种植者

从食物采集者变成食物种植者，人类生活的方方面面都发生了变化。

一、农业的起源

在距今 10,000—2000 年的较短时期内，全球大部分地区都转向农业生产。变迁的动力是人口压力。由于人口持续缓慢而未定地增长，狩猎者被迫以种植的食物补充采集食物的不足。

农业首先在有动植物可供驯化的少数地区成为主业。野生动植物驯化后长得更加肥硕,能提供更多食物。于是,狩猎者花更多时间种植而不是采集食物,最后成了依村落而居的农民。新的生存方式从农业革命的几个发源地逐渐扩散到全球。

二、农业的扩散

从狩猎到农耕的转变在全球很多地区独立而缓慢地发生。独立产生农业的地区包括:中东(埃及与苏丹的尼罗河流域、叙利亚与伊拉克的底格里斯河和幼发拉底河流域,土耳其、叙利亚、黎巴嫩、以色列所在的地中海东岸)、墨西哥、中国北部和秘鲁。每年新的考古发掘又不断表明,在东南亚、西非和其他地区也存在独立的农业发源地。

从中东、墨西哥、中国北部和其他未来可能发现的农业发源地出发,新的生存方式逐渐扩散到全球。扩散的原因之一是早期农业的低效——种植时断时续,经常需要转换地方。土地开垦并种植若干年后,需要休耕8—10年甚至更久以恢复肥力。因此,荒废(即休耕)的土地与种植的土地总是保持5:1到10:1的比例。农业的粗耕、人口的日益增长都迫使可耕地不断向新的地区扩散。于是,人们不断从农业定居点"脱离",向人口稀少的食物采集者所在地迁徙。农业由此从发源地向四面八方扩散。

三、农业的多样性

农业在全球的扩散导致各地驯化了适合本地条件的各种植物。大致来说,农业扩散最终形成了三大谷物种植区:东亚和东南亚的稻米区;美洲的玉米区;欧洲、中东、北非,以及从中亚到印度与黄河流域的小麦区。

早期农民不但在世界各地种植各种作物,还发明了种植这些作物的各种农耕技术。最早农耕技术之一是"刀耕火种",农民用这种方法对付森林,清空树丛和灌木以便播种。这项技术至今仍在世界各地使用。另一项至今仍广为采

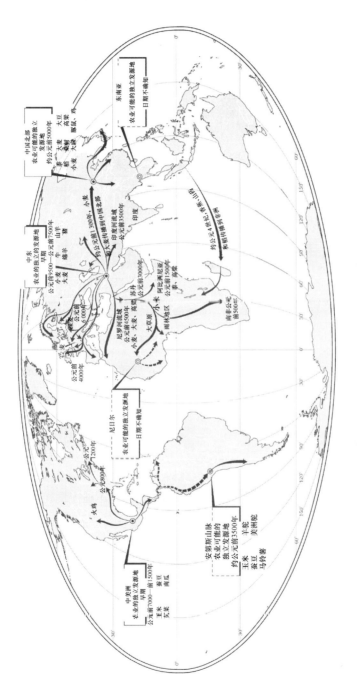

地图1 农业的传播

印第安人农耕图，16世纪法国版画。

用的技术是梯田，在山区尤其受推崇。第三种农业技术是块茎的种植，在热带地区应用广泛。最后，约3000年前秘鲁山区农民发明了培高田地农业（raised field agriculture），以此技术种出的作物与成本高昂、依赖化肥与机械的现代农耕作物相比，颗粒甚至更为饱满。最近科学家发现和恢复了这项技术，并在美国和印度尼西亚推广。

除了各种驯化的农作物和农业技术，在降雨太少、不适于发展农业的地区，人们开始喂养家畜。被驯化的是本地的动物而不是植物。最先驯化的野生动物是狗。很快，人们又驯化了其他各种有用的动物。于是，游牧民族开始出现。畜牧业兴起较晚，直到马和骆驼被驯化，成为长途运输的工具。但一旦公元前1500—前1000年畜牧业兴起，便立即发展出各种畜牧形式。

四、食物种植者的生活

农业革命最显著的影响是产生了新的定居生活。人类必须定居下来，照料驯化的动植物。新石器时代的村庄取代旧石器时代的流浪团体，成为基本的经济文化单位。

定居生活导致部落政治组织取代狩猎民族团队。部落由一个地区若干村庄的居民组成,各有其独特的语言和风俗。新石器村落的基本社会单位通常由若干对夫妻与孩子组成。这种大家庭比单独的核心家庭更普遍,因为它更能处理日常生活的种种问题。

新石器时代的显著特征是社会同质化。所有家庭都拥有生产所必需的技术与工具,都能获得生活所必需的基本自然资源。每个家庭都是村庄共同体的一部分,共同拥有村社的农田、牧场和其他自然资源。因此,在部落社会中,土地所有者就是耕种者。部落社会关系的平等也延伸到两性关系上,女人也对村社的土地和农具享有自由使用的权利。

收获橄榄(公元前6世纪末雅典陶瓶)

新的农耕生活带来了新的信仰与神祇。最重要的是,各地普遍出现土地或丰产女神——大母神。大量夸大女性特征(乳房悬垂、大腿粗壮)的黏土雕像正是反映了这种崇拜。

五、对人口和种族的影响

我们已看到人口增加引发了农业革命,但农业革命又进一步导致了更大规模的人口增长。结果,距今10,000—2000年间,全球人口从532万猛增至1.33亿,8000年间足足增长了25倍。

全球各地的人口并非以相同速度增长。最先转向农耕生活的民族人口增长最快。随着农业人口迅速增长并扩散到世界各地,食物采集者人口增长滞后,而且被排挤出富饶的地区。从全球来看,农业革命对种族的影响是,结束了数千年来的种族平衡,确立了蒙古人、高加索人和黑人的优势地位,并延续至今。

· 历史对今天的启示 ·

人性的本质 [*]

1971年，人们惊奇而兴奋地发现了塔萨代人，一个27人组成的食物采集部落，与世隔绝地生活在菲律宾棉兰老岛上。这个小团体最惊人、最重要的特征是毫无侵略性。塔萨代人之所以重要，因为他们是食物采集者，与农业革命前（占人类历史的80%）所有人类一样。如果在这数万年中，世界各地的人都像塔萨代人一样爱好和平，我们就无法接受智人天性凶残的普遍看法。可惜，就在世人发现塔萨代人时，另一个30人组成的部落即芬图人在新几内亚被发现。该部落成员都是残暴的武士，不断用弓箭战斗。面对上述发现，我们该如何看待人类的天性？历史表明：人类既非生来和平，也非侵略成性；既非合群，也非好斗。决定人类行为的并非基因，而是社会传授的处事方式。

人性问题对所有人都生死相关。随着科技的进步，战争造成了更大的伤亡，也发生得更加频繁。但历史给了我们重要的启示：战争并非不可避免。战争的根源不在于人性，而在于人类社会。而人类社会由人组成，也可以被人重新建构。

---

* 1971年，菲律宾前总统马科斯的政府官员宣布了一项震惊世界的发现：他们在棉兰老岛上发现了一个自石器时代以来就与世隔绝的人类部落，这个部落叫做塔萨代族。后经记者和人类学家勘察考证发现，塔萨代人部落完全是一个精心炮制的骗局，是捏造出来的。
作者引用这一事件时，骗局尚未被揭露，特此注明。——编者

第二章 欧亚古典文明（公元500年前）

农业革命导致底格里斯河—幼发拉底河、尼罗河、印度河、黄河等流域出现古代大河流域文明。古代文明始于公元前3500年左右，直到公元前2000年被来自中亚高原和中东沙漠的游牧入侵者毁灭。古代文明由此让位于新的古典文明。

古代文明局限于大河流域，古典文明却向外扩张、互相接壤。因此，古典时代的文明从大西洋一直延伸至太平洋，横跨整个欧亚大陆。古典文明的内容和范围与古代文明不同，其独特性至今仍影响全世界。

第一节 最早的欧亚诸文明（公元前3500—前1000年）

文明第一道曙光出现在烈日暴晒、两条大河（底格里斯河和幼发拉底河）滋润的荒原上。最早的文明中心是苏美尔，位于今天的伊拉克境内。约公元前3500年，一些农业村落运用改良的农耕技术耕种这片干旱的荒原，成功地从新石器时代的部落转变成文明社会。

一、古代文明的产生

"文明"具体指什么？人类学家指出，古代文明有一些特征不同于先前的新石器时代部落文化。这些特征包括城市中心、代表政权的国家、贡赋或税收、文字、社会等级分化、巨型建筑、专门化的艺术和科学等。

简单的新石器村庄如何转变为复杂的新文明？为回答这个问题，我们可以追溯中东地区发生的转变，这里正是文明最早产生的地方。在底格里斯河和幼发拉底河沿岸山区，人们驯化了动植物，完成了农业革命。接着，他们又开始了新的伟大冒险，从山区迁徙到河谷，逐步发展起更高产的新型灌溉农业和新的社会制度。新技术与新制度相互作用，引发连锁反应，最终导致了文明的产生。

新石器时代的农民来到低地后，发展了一系列新技术。为了在肥沃的冲积土上耕作，必须实行农业灌溉。于是，拓荒的农民便开掘沟渠，将河里的水引到田里。在发明灌溉技术的同时，人们还掌握了新的冶金术。最早用熔炼的方法从矿石中提炼的金属可能是铜。后来，人们又在铜里掺入少量锡，炼成了青铜，并广泛用于制造武器。犁的发明也很重要，用牛拉犁意味着人类首次将外力作为驱动力。风力也成为人力的补充，主要用于水路运输。横帆是人类最早借助的非人畜驱动力。轮子则是另一项基本发明，既用于制造战车，也作为陶轮以制作陶器。

伴随影响深远的技术进步，社会制度也发生了深刻的变革。人口增长导致某些村落发展为城市，宗教领袖、军事首领和行政首脑先后成为城市的统治者。在乡村发展为城市的过程中，村社圣祠发展为寺院，寺院祭司和仆从成为最早脱离生产的人，文字便由祭司阶层发明，用以记录和管理宗教、经济事务。但随着社会日益分化，宗教领袖的显贵地位逐渐丧失，权力向新的世俗精英转化。战争日趋频繁，战争领袖的任期日趋延长，最后成为终身的军事首领甚至国王。世俗国家和帝国崛起导致非农产品大量增加，强大的中产阶级新市场开始出现。另一方面，大宗商品也促进了和平贸易、武力征服等对外

第二章 欧亚古典文明（公元500年前）

耕作图，公元前13世纪，埃及第十九王朝。

交往形式的发展。军队和宫廷建设需要耗费巨资，新兴的城邦国家不堪重负，不得不以终身、世袭的王权代替传统议会来行使权力。政权的集中加剧了阶级分化，这一点表现在陪葬品的多寡上。早期各墓葬间差别极小，但随着时间往后推移，陪葬品的差别愈益明显。从中国到安第斯山脉一带，众多文明的王陵均出土了奢侈的陪葬品，说明这些文明与此前朴素的部落社会有着天壤之别。

二、古代文明的扩散

文明在欧亚大陆与美洲大陆落地生根后，开始向四面八方扩散。正如农业革命曾导致部落社会取代狩猎社会，此时文明社会又取代了部落社会。

当部落人口增加，食物需求相应增长，部落社会便无法与高产的文明社会相抗衡。结果，部落社会被文明社会无情地逐出历史舞台。

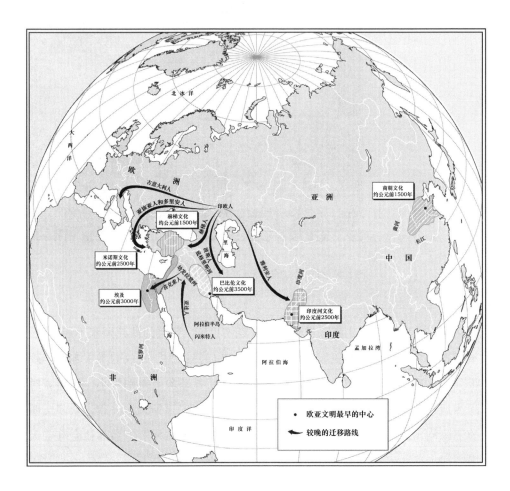

地图2　欧亚大陆的古代文明（公元前3500—前1500年）

部落农民向埃及迁移,作于约公元前3000年的埃及绘画。

早在部落文化扩散至欧亚大陆边缘时,中东核心地区已经开始被文明社会取代。取代过程继续稳步进行,文明社会也从大河流域的发源地向外传播,不断波及邻近的野蛮地区。到公元元年左右,文明社会已从英吉利海峡一直延伸至中国海。

我们如果接受美索不达米亚文明起于约公元前3500年的假设,便能对其他文明中心的产生年代做相应的推断:埃及文明起于约公元前3000年,印度河文明起于约公元前2500年,中国黄河文明起于约公元前1500年,中美洲秘鲁文明起于约公元前500年。

三、古代文明的类型

在考察各古代文明独特性之前,我们应承认它们具有一些共性。古代文明最重要的两大共性是,社会关系与两性关系都产生了新的不平等。社会关系不平等是因为,所有的文明都以纳贡关系而非亲属关系为基础。日常生活不是取决于亲属间的互助与责任,而是取决于租税徭役等纳贡关系。两性关系不平等

乌尔城（the City of Ur）透视图，约公元前2000年。

是因为，男性逐渐垄断了新的农业和技术，并因此垄断了国家的经济、政治和军事大权，还严格控制女性的性行为以确保私有财产能够父死子继。

现在我们开始考察几个文明的独特类型。

美索不达米亚

最早的美索不达米亚文明是城市文明。苏美尔是最早的中心，公元前3000年时共包含12个独立的城邦。尽管闪米特人萨尔贡大帝（公元前2276—前2221年）与汉谟拉比（约公元前1704—前1662年）均建立过辉煌的帝国，城市依然是古代美索不达米亚文明的基本单位，多数市民是农夫、工匠、商人、渔民或牧民。

城墙外是市民赖以生存的农田。大部分土地以大地产形式存在，归国王、祭司或富人所有。他们将土地分成小块，连同种子、农具和牲畜一起，租赁给农民。农民付出劳动，并以各种方式向神庙、宫廷或地主缴纳剩余产品。

管理档案与财务记录以削成三角尖头的芦苇秆印在泥板上，烘干而成。这种人类最早的文字被称作楔形文字，它的发明显然是为了方便经营管理，而不是为了科学研究或文学创作。楔形文字由图形符号组成，书写规则十分复杂，

楔形文字　　　　苏美尔人制作的群像，最高的是"植物之王"阿布（Abu）
　　　　　　　　神像，公元前3000—前2500年。

只有书吏能够书写楔形文字，他们因此在社会中享有很高的地位和特权。

苏美尔人还发展了科学与数学。他们创造了最早的时间、长度、面积、体积等度量体系。为了洞察神意，自公元前3000年起，他们已开始仔细观察、记录天体运动。

苏美尔人及其后人的宗教信仰深受自然环境影响，尤其受底格里斯河和幼发拉底河每年洪水泛滥的影响。苏美尔人认为，洪水之神尼诺塔乃凶神恶煞，绝非善类。他们认为，人生来是为了服务于神祇，而神的意志与行为却难以捉摸。于是，他们用各种办法预言变幻莫测的未来，如解梦、剖肝占卜、占星、尊奉个人守护神等。

人与人之间也充满了不安全感，美索不达米亚人用编纂巨细靡遗的法典来消弭潜在的冲突。《汉谟拉比法典》是最杰出的一部，试图明确无疑、一劳永逸地规范一切社会关系。该法典的主要特点有：

1. 奉行"以眼还眼、以牙还牙"的原则；

2. 阶级歧视，下层阶级获得的赔偿少于上层阶级；

3. 严格保护财产安全；

4. 颁布许多类似"福利国家"政策的规定，如限定生活必需品价格、利息率等；

5. 反映了前现代社会"天道不变"的世界观，诅咒任何敢于篡改法典的未来统治者；

6. 规定男人地位高于女人。

埃及

埃及文明则是一种帝国文明。尼罗河就像一根天然的纽带，将整个流域连成稳定有效的整体。这些自然屏障使它得到了特别好的保护，并且还不易遭受外族的侵犯。自公元前3100年统一至公元前525年被波斯人征服的2500年内，统治埃及的只有三个帝国，且帝国间的过渡期很短。因此，埃及文明稳定而保守。这是一个自信乐观的民族，部分原因是尼罗河风平浪静，汛期很有规律。埃及人认为洪水之神"带给众人喜悦"。

埃及宗教的主要特征是重视死亡和死人（尤其是国王）的物质安排。埃及人认为，国王驾崩并非一切终结，他们将尸体涂上防腐剂，与食物和其他生活

在生育和繁殖女神伊希斯引导下的内菲太尔皇后

斯芬克斯像

必需品一起，放入巨大的陵墓即金字塔。法老王胡夫的金字塔是所有金字塔中最蔚为壮观的一座。

法老自始至终都被视为神明。因此，埃及没有类似美索不达米亚的法律。法老的神权便是法律。

埃及文明的另一个显著特征是国家对经济生活的全面主宰。政府不仅控制了大部分农业和手工业，还负责产品分配。每个村社除缴纳赋税外，还必须指派男子服徭役。工人最杰出的劳动成果是金字塔，但他们也会采石、挖矿、修缮水渠。

埃及工匠的技术举世公认，尤其擅长生产珠宝、玻璃、皮革等奢侈品，还发展出高超的美容保养技术。

克里特

克里特岛上的米诺斯文明可称为"海洋文明"（希腊语"thalasocracy"）。克里特的繁荣依靠的是中转贸易——将地中海一端的商品转卖到另一端。

克里特村庄的社会经济关系似乎比大陆上的村庄更为平等。岛上分布着不

米诺斯王宫

设防的村庄，室外神庙是村社生活的中心。

米诺斯艺术家在日用器皿、住宅墙壁和艺术品上描绘日常生活。他们的建筑不注重外表，而关心使用的舒适。克诺索斯城王宫规模宏大，结构复杂，显然历经几世纪扩建而成，复杂的供水、排水系统直到近代才被超越。

克里特岛远离战争和大规模的军事、国家建设，所以比中东大陆保留了更多新石器时代的血亲关系。岛上的男人不像美索不达米亚和埃及的男人一样垄断经济、军事和政治权力。女人和男人一样拥有财产，也能提出离婚。在这方面，克里特文明是古代欧亚文明的伟大例外。

印度河

印度河流域的文明具有保守性、宗教性和高度计划性。整齐划一、精心规划的城市遍布印度各地，自公元前2500年左右臻于成熟后的一千年中，几乎没什么变化。即使城市被洪水摧毁，新城依然原封不动地复制老城的格局。人们推测，精神力量可能控制了这一纪律严明的社会。当地没有军事装备和城防工

印度石印

事的遗迹，也证明了猜测。

印度河文明主要是农业文明，但与外部世界也有着广泛的贸易往来。印度文明的衰落原因和详情依然有待研究，也许是因为公元前1500年来自中亚的雅利安人入侵，也许是被地下火山活动导致的泥浆淹没。但这些推测尚无从证实，因为古印度文字尚未被破解。这种象形文字上一行自左向右读，下一行自右向左读。

商朝

位于中国北部黄河流域的商朝文明是所有欧亚文明中最独特者。埃及、美索不达米亚与印度河文明早已消亡，而中华文明却延续至今而未中断。今天的中国仍以世界上最悠久的文明而自豪。

中华文明不仅最悠久，而且最独特：中国人最早学会养蚕和缫丝；他们不喝动物乳汁；自远古时代便崇拜祖先；木结构的中式建筑屋顶华美；吃饭用的是筷子而非刀叉。

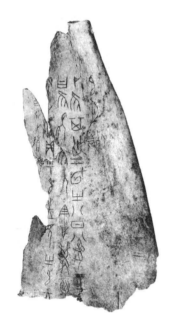

商朝甲骨文

商朝人对后来中国乃至整个东亚最重要的贡献是复杂的象形文字,它是现代汉字的直系祖先,现代中国人依然能读懂。幸存至今的商朝文字大都写在龟甲兽骨上,用以占卜吉凶祸福——这也是中国人的独特习俗。

与其他欧亚文明一样,商朝农民必须上缴一部分农产品以供奉聚居在城市的贵族、书吏与官员。统治阶级垄断了青铜冶铸业,说明商朝社会的阶级分化十分严重。

中华文明在两性地位上也存在不平等。重男轻女的思想不仅表现在出生、婚姻、继承等世俗生活中,甚至反映在中国人独特的阴阳世界观中:阴代表女性、黑暗、弱小、被动,阳代表男性、光明、强大和主动。

四、游牧部落得势

公元前 2000 年,中东、印度和远在中国的古代文明纷纷崩溃。由于内部的虚弱，古代诸文明极易成为外来游牧部落入侵的对象。促成帝国崩溃的游牧部落主要有三支：南部沙漠的闪米特人、欧亚草原西部的印欧人和东部的蒙古—突厥人。欧亚大陆边缘古老的文明中心对他们犹如不可抵抗的磁铁：丰富的粮食、堆满谷物的仓库、城市中炫目的奢侈品，无不发出诱人的召唤。侵扰与进犯不时发生。

但直到公元前2000年，欧亚大陆的力量对比才开始逆转，游牧部落开始威胁发达文明的生存。游牧部落军事实力的增强得益于两大关键发明：马的驯化与冶铁技术的采用。马是公元前2500年在俄罗斯南部驯化的。游牧民族最早利用马打仗是将马套在轻便的双轮车上，形成可怕的武器——战车。公元前2000年游牧民族的第一次入侵浪潮便是利用战车完成的。到公元前2000年末，战马代替了战车，进一步提高了战斗力。骑马作战成为古代和中世纪游牧民族的军事实力的基础，13世纪成吉思汗用骑兵完成了一系列惊人的征服。冶铁技术的发明也提高了游牧民族的战斗力。该技术公元前1500年在小亚细亚东北部产生。但直到公元前1200年赫梯帝国灭亡后，当地铁匠才将该技术广泛传播开来。铁矿分布广泛、制铁成本较低，弥补了容易发锈的缺陷。这种廉价的新金属也改变了欧亚大陆军事力量的平衡。以前，只有城市中心的统治者才拥有大量昂贵的青铜武器。如今，游牧民族也能拥有大量优质的铁制武器。

五、游牧民族摧毁古代文明

利用马和铁制武器，游牧民族掀起了两次席卷文明中心的大规模入侵浪潮。第一次入侵大约发生在公元前1700—前1500年间，入侵者通常手执青铜武器，驾着马拉战车；第二次入侵大约发生在公元前1200—前1100年间，入侵者通常骑马，手舞铁制兵器。结果，除中东文明外，各地文明均被摧毁。

中东

在中东，第一次蛮族入侵浪潮始于公元前2000年。印欧语系的赫梯人、喀西特人和胡里安人先后入侵小亚细亚，闪米特人为主的西克索斯人则蹂躏了埃及。到公元前1500年第一次入侵浪潮平息时，三股势力控制了中东：北方的赫梯人、南方的埃及人和东方的闪米特亚述人。

公元前1200年，第二次蛮族入侵浪潮打破了三角平衡。入侵的是三支闪米特人：腓尼基人占据了地中海沿岸；阿拉米人占据了叙利亚、巴勒斯坦和美索不达米亚北部；希伯来人占据了巴勒斯坦和叙利亚。公元前1100年—前600世纪，强大的第二亚述帝国一度囊括整个美索不达米亚、小亚细亚、叙利亚、巴勒斯坦和埃及，但最终还是被入侵者摧毁。

继亚述人之后，波斯国王居鲁士（公元前550—前529年在位）率军征服了西起尼罗河、东达印度河的广大地区。整个中东首次处于一个国家统治之下，蛮族入侵者被牢牢排斥在外。

希腊

与中东不同，希腊、印度与中华文明没能在蛮族入侵后幸存下来。

最早入侵希腊的是公元前2000年到来的印欧语系的亚该亚人。他们用青铜兵器，驾轻便战车。到公元前1600年，亚该亚人在从色萨利到伯罗奔尼撒半岛南端的广大地区建立了众多小王国，并以伯罗奔尼撒半岛上的定居点迈锡尼为新文明的中心。迈锡尼人瓦解了克里特岛在地中海的经济霸权，公元前1150年一举歼灭了米诺斯文明。

公元前1200年前后，新的入侵者多利安人到来。他们手执铁兵器，将迈锡尼的城市和要塞一一攻陷。多利安人的主要定居点也在伯罗奔尼撒半岛。他们由此向海外扩张，在克里特岛、罗得岛和小亚细亚沿岸建立了殖民地。与此同时，迈锡尼难民在基克拉泽斯群岛和小亚细亚西岸中部建立了爱奥尼亚定居点。伊欧里斯人在莱斯沃斯岛和小亚细亚北部建立了定居点。

关于这一黑暗时代，希腊人留下了四部伟大的诗篇：荷马的《伊利亚特》和《奥德赛》，赫西奥德的《工作与时日》和《神谱》。荷马描写了战争、冒险与王公贵族的生活，而赫西奥德则描写了农夫的生活、传说和诸神的谱系。它们展现了这段时期原始农牧业社会的生动画面。

迈锡尼的狮子门

印度

公元前1500年左右，拥有铁兵器和马车的游牧部落"雅利安人"轻松击溃了使用青铜兵器和牛车的印度河文明。到公元前2000年后半叶，新的雅利安文明出现了。

雅利安人几乎没有留下遗迹，因为他们的房屋以木头或泥土建造，也没有大型城市。但他们留下了大量的吠陀文献。"吠陀"意为知识，是印度人宗教信仰的主要来源。《吠陀本集》共有四部，以《梨俱吠陀》最重要、最古老。《梨俱吠陀》是研究早期雅利安人的主要资料，共有10卷，篇幅庞大。

中国

在中国，蛮族入侵始终没有彻底中断中国文化。

约公元前1500年，执青铜武器、驾马拉战车的蛮族入侵华北黄河流域，但很快被繁荣的商文化同化。公元前1027年，另一支蛮族周人占领中国北部，并推翻了商朝，但中华文明依然没有中断。公元前771年，周朝都城被"蛮族"与叛乱诸侯联军攻占,被迫迁往不易受边境蛮族进攻的洛阳。东周时期,周王只是名义上的统治者,但依然以精神领袖的身份幸存至公元前256年。

第二节 古典文明开启欧亚整合(公元前1000—500年)

古典时代最显著的特点是欧亚大陆的整体性。公元1世纪,在西起苏格兰高地、东至中国海的欧亚大陆,罗马帝国、安息帝国、贵霜帝国和汉帝国连成了一片,并相互影响。

一、整合的根基

技术进步是欧亚统一体的根基。促成整合的基本技术进步是铁器的发明与传播。公元前2000年中叶,小亚细亚最先发明了冶铁技术。公元前1200年左右,赫梯帝国灭亡,冶铁技术向外传播,但传播过程非常缓慢:印度约在公元前800年、中欧在公元前750年、中国在公元前600年先后掌握了冶铁技术。

廉价的铁器首先推动农业边疆扩展。运用锋利的铁斧和铁犁,中东的农业向东推广到伊朗高原,向西穿过地中海、传到中欧和北欧。同样,印度的农业扩展到恒河流域,中国的农业扩展到长江流域。

农业边疆的扩展也引起文明边疆的扩展。由于农业生产率激增,贸易量也增加,约公元前700年,小亚细亚西部的吕底亚人开始在贵金属上加盖印戳以保证质量和重量,并经希腊各城邦改进而成为金币和银币,方便了大宗贸易或地区贸易。

铁制工具还能使人们造出更大、更好的船,使大规模的海上贸易和殖民成为可能。到古典时代末期,除穿越内陆的商队路线外,海上路线也环绕了整个大陆:从北海到地中海西部,再到地中海东部;从红海到印度,再到南亚和中国。波斯帝国的"御道"和中国的驿道与运河是帝国统治的最好表现。与此同

古希腊银币，正面（左），背面（右），铸于公元前5世纪。

时，腓尼基人和希腊人在地中海、印度人在东南亚，都建立了殖民地。

随着经济发展，社会和政治也发生了重大变化。军事贵族让位于新兴的商人、工匠、水手阶层。部落首领与议事会让位于国王和帝国。新的帝国横跨欧亚大陆，加强了社会秩序和治安，反过来也保护了远途贸易。例如，波斯帝国的"御道"和中国的驿道与运河，都为商业提供了便利。

二、商业纽带

地区间的主要物质纽带是商业性的。贸易通过穿越欧亚大陆中部的陆路和环绕欧亚大陆边缘的海路进行。大部分货物都靠海陆两种方式运输，通常在埃及和印度之间走海路，在印度和中国之间走陆路。

海上贸易早自古代文明时期便已进行，但东西方贸易真正的大发展始于公元前后，持续了约两个世纪。中国（稍后再论）和罗马的存在是贸易大发展的两大原因。罗马人和所有近邻都有兴旺的贸易：北方的斯堪的纳维亚、莱茵河对岸的日耳曼、多瑙河对岸的达契亚和撒哈拉沙漠以南的非洲。但影响最大的还

阿特米修神像，古典时代初期希腊雕塑艺术的杰出代表。

斋戒的佛陀像，公元前4世纪—前2世纪。

是与东方的贸易往来。公元前1世纪，希腊水手发现的季风，促使东西方贸易急剧发展。自那时起，罗马商人只需16个星期便能到达印度（包括穿过埃及的陆路）。很多"罗马"商人都是希腊人和叙利亚人，他们以这种方式来到印度，有的还定居下来。公元2—3世纪，一些"罗马"商人甚至到达缅甸、马来亚、苏门答腊，并经马六甲海峡抵达河内，最终和中国取得直接联系。

但公元2世纪后，罗马帝国和中国动乱迭起，繁盛的贸易也渐渐衰微。

三、文化纽带

公元前2000年末发明的拼音文字是影响古典世界（除中国外）文化发展的基本因素。最早的字母表是西奈半岛的闪米特商人发明的，他们改造了埃及文字以标示辅音。13世纪，腓尼基人在此基础上发展出23个单辅音组成的字母表。希腊人改进了腓尼基字母，增补了元音。希腊字母经改进后，又被罗马人传到西方，被拜占庭人传到东方。结果，城市统治者与农民群众之间的差距虽未弥合，至少缩小了。

在古典时代，欧亚各文明的显著模

耶稣受难图，图中耶稣扛着十字架走向刑场。

式是地方文化的瓦解，各种语言、宗教与社会制度整合到新的地区文明中：希腊文化、基督教和佛教是最突出的例子。

希腊文化随着亚历山大东征中亚和印度河流域而传遍中东。公元前4世纪—前3世纪，亚历山大及其后人建立了许多城市（大都以他名字命名），它们成为传播希腊文化的中心。新的希腊语即柯因内语成为通行中东的语言。但希腊文化却并未在中东留下永久印记，受到影响的当地人几乎总囿于少数上等阶层。地中海西部的当地文化较落后，希腊文化的影响才更持久些。但直到公元前3世纪罗马人征服希腊文化中心地带的巴尔干和地中海东部地区，希腊文化的魅力才发挥出来。希腊人担任罗马上层家庭的私人教师，讲授希腊语言、修辞学、哲学和文学。希腊人对罗马和帝国其他城市的面貌也有明显影响。三种希腊建筑风格——多利安式、爱奥尼亚式和科林斯式——都被罗马建筑采纳。

比希腊文化影响更持久的是基督教和大乘佛教这两大普世宗教，于古典时代末期分别自中东和印度的发源地向外传播。此后几世纪，基督教传遍了欧洲，佛教传遍了亚洲大部。

耶稣生前与被钉十字架后不久，基督教还只是犹太人的信仰。希腊化的犹太教徒保罗使基督教广为传播，他宣布仁爱的天父派独子耶稣来到人间，为全体人类赎罪。保罗的教义使基督教吸引了罗马帝国境内千百万非犹太人。尽管经常遭到罗马政府迫害，基督教仍旧稳步发展。公元313年，罗马皇帝君士坦丁发布米兰敕令，容忍了基督教的存在。399年，接受基督教成为罗马帝国的国教。帝国崩溃后，传教士将基督教传播到英格兰人和日耳曼人（600—800）、斯堪的纳维亚人和斯拉夫人（800—1000）中，并随着欧洲的扩张而传到世界各地。

佛教创始人乔达摩·悉达多（约公元前563—前483年）出身贵族，因苦恼于生老病死而出家修行。最后，他因受到天启而大彻大悟，被后世称为佛陀，意即"觉悟者"。佛陀死后，他的弟子们宣讲他的教义，建立了强调修道、苦行和默祷的宗教团体，即小乘佛教。但在俗人尤其是非印度民族中，注重施舍、虔信和救赎的大乘佛教更加流行。公元前3世纪，大乘佛教流行于斯里兰卡和印度西北部的边远地区，公元前1世纪传入中亚和中国大部，公元4世纪传入朝鲜，6世纪传入日本，以后又传到中国西藏和蒙古。与此同时，大乘和小乘佛教也都在东南亚流行。

第三节　希腊—罗马文明

古典时代，罗马凭借军事优势，不仅征服了巴尔干半岛上的希腊本土，还征服了中东西部地区——小亚细亚、巴勒斯坦、叙利亚和埃及。罗马也由此为西方历史开启了一段继往开来的新文明。

一、形成期（公元前 800—前 500 年）

公元前 12 世纪多利安人大举入侵，希腊堕入"黑暗时代"。入侵者定居在彼此隔离的村庄中，村庄往往坐落于容易防守的高地附近，既便于危险时躲避，也便于设立神庙。这些定居点被称为"城邦"，避难之地则被称为"卫城"（意即"高城"）。到公元前 5 世纪，包括黑海在内的整个地中海地区已经布满繁盛的希腊殖民地，它们都是复制母邦的海外城邦。

殖民地的建立引发连锁反应，最终改变了希腊世界。殖民地将原料尤其是谷物运回人口过剩的希腊本土，又从希腊运回酒、橄榄油和布匹、陶器等制成品。这种贸易促使希腊母国经济飞速发展。

但农业商品化必然导致激烈的阶级斗争，黑暗时代的君主政体渐渐转向贵族寡头政治。公元前 7 世纪，各城邦都已由"僭主"（意即"独裁者"）统治。"僭主"指未经合法推选而统治的人，并没有道德谴责的含义。实际上，僭主往往支持平民、反对贵族，加速了民主政治的到来。

伯罗奔尼撒半岛南部的斯巴达是反抗民主潮流的典型。为控制大批受其压迫的当地居民，斯巴达人被迫以严苛的军事手段控制国家。一切都服从军事需要：有组织的娱乐活动、集体进餐、公众事务、军事训练与执勤活动等几乎构成了生活的全部。

与此同时，雅典却发展为截然相反的社会。公元前 594 年，梭伦任首席执政官，全力推行改革，为雅典民主奠定了制度基础。公元前 560 年左右，庇西特拉图成为雅典史上第一位僭主，继续打击贵族，提高平民地位。公元前 506 年左右，克利斯梯尼掌握政权。他取消原有的部落，建立了 10 个以地区而非血亲划分的新部落，大大削弱了贵族的政治影响。他还建立了五百人会议，所有年满 30 岁的男性公民均有代表资格；会议有权准备议案，还握有最高执政权和行政权。由于克利斯梯尼的改革，公元前 500 年的雅典已经出现了民主制。

二、古典时代（公元前 500—前 336 年）

公元前 5 世纪，伯里克利时代的雅典是古典希腊的黄金时代。

雅典的崛起与打败庞大的波斯帝国有重要关系。公元前 6 世纪中期，波斯人征服小亚细亚的希腊城邦，开始威胁希腊本土。公元前 490 年，波斯皇帝大流士从海上登陆马拉松，遭到雅典方阵沉重打击。十年后，波斯人又取道色雷斯和色萨利，发动了陆上进攻。雅典率领的希腊联军再次击退波斯人，解放了小亚细亚的希腊城邦。

希腊人尤其是雅典海军在希波战争中获胜，进一步促进了民主制发展，因为划船参战的划桨手都是没钱将自己装备成重装步兵的公民。伯里克利时期（公元前 461—前 429 年），民主制发展到高峰。

伯里克利是热诚的民主主义者，他将权力转移给公民大会。所有男性公民均是大会成员，对雅典事务具有最高决定权。大会一年召开 40 次，还可随时召开临时会议。它不仅决定所有的政策，还在外交、军事和财政等行政范围做出详细决策。

雅典因领导希波战争而逐渐在希腊世界称霸。雅典带头组织爱琴海各岛与小亚细亚各城邦的同盟。同盟总部最初位于提洛岛，故称提洛同盟。同盟旨在集体防备波斯人再次进攻。原则上同盟各邦地位平等，但一开始雅典人就掌握了执行权，并逐渐加紧对各邦的控制。到公元前 450 年，提洛同盟已经变成了雅典帝国。

海上霸主雅典必然与陆上霸主斯巴达发生冲突。毁灭性的伯罗奔尼撒战争绵延十年之久，导致希腊世界民穷财尽，困难重重。斯巴达的专横跋扈促使底比斯和雅典为互相保护而结成新同盟。公元前 371 年，底比斯人使斯巴达人遭受二百年来首次惨败。此后十年，底比斯称霸希腊本土。但城邦争斗再次爆发，结盟与冲突交替不断。外来强国征服和统一希腊的时机到来了。公元前 338 年，马其顿国王腓力二世在喀罗尼亚粉碎底比斯与雅典盟军，剥夺希腊城邦大部分自治权，但于公元前 336 年遇刺身亡。继承人是他的儿子，举世闻名的亚历山

纪念希波战争胜利的青铜头盔

大大帝。这样,古典时代终结,希腊化时代开始了。

三、古典时代的文明

"伯里克利的黄金时代""希腊奇迹""光荣属于希腊"——人们提到公元前5世纪的希腊文明,往往会说到这些溢美之词。

希腊古典文明并非完全原创。与其他文明一样,它大量借鉴历史,尤其是中东诸文明。但无论借鉴的是埃及的艺术形式还是美索不达米亚的数学和天文学,希腊人都烙上了他们独特的思维印记。这些印记可归结为:思想开明、勤于思考、热衷学习、富有常识。

希腊人的特质明显表现在宗教思想和行为中。希腊人认为神和人有相似的本性,只不过神更有力、更长寿、更美丽。因为信奉这样的神,希腊人便无忧无虑地生活在熟悉、可知的世界中。人和神的关系实质上是平等交换:人祈祷和献祭,诸神带来好运。尽管荷马的《伊利亚特》和赫西奥德的《神谱》介绍了

雅典卫城

当时流行的宗教观念,但希腊宗教从未形成统一的教义或经典。

宗教是古典希腊城邦生活的有机组成部分,渗透城邦生活各方面。每座希腊神庙都是地方民族文化中心。很多神庙不经意地发展出某种技艺。科斯岛崇拜医神埃斯科拉庇俄斯的神职人员后来变成最早的内科医生。希波克拉底是其中最为杰出者,他的医学论文完全以临床经验为基础。他基于客观观察做出诊断,否定魔法的作用。

同样,围绕酒神狄俄尼索斯崇拜而形成了演员,他们从夸张的拜神仪式发展出深刻的悲剧和令人捧腹的喜剧。埃斯库罗斯的《波斯人》戏剧性地再现了萨拉米斯湾战役的胜利,观众正是打赢这场战争的公民。索福克勒斯的悲剧经常提及诸神,但他关心的不是宗教问题。例如,英雄主义与俄狄浦斯王遭受的命运折磨才是他的悲剧的精髓所在。欧里庇得斯更是极端怀疑宗教。他以朴实无华的语言讽刺那些相信神比人高明的人。阿里斯托芬也是如此,他的喜剧充满对社会的讥讽。

希腊艺术也是城邦文明的独特产物。由于神庙是城邦文化的世俗中心与宗教中心，艺术与建筑在神庙上得到了最集中展现。神庙是众神的住所，雅典卫城著名的帕台农神庙就是供奉雅典娜女神的。雕刻是建筑的侍女，诸神的庙堂均饰以雕刻。雕刻大师菲迪亚斯、普拉克西特利斯等人不仅在主墙和垛墙上雕刻，也在神庙内雕塑神像。所有的希腊艺术都体现了希腊人平衡、和谐、中庸的基本观念。

希腊哲学也是如此。公元前6世纪，小亚细亚沿岸的理性主义哲学家爱奥尼亚学派最先对世界本质的超自然解释发出挑战。他们提出一个基本问题："世界是由什么组成的？"泰勒斯推测万物源于水，赫拉克利特认为万物本原是火，阿那克西米尼则相信气乃万物根本。重要的是，这些提问和回答都自主运用了理性，而非归结为神迹。

公元前5世纪中叶，希腊社会日趋复杂，哲学家也将关注焦点从物质世界转向了人类和社会问题。智者派杰出代言人普罗塔哥拉宣称："人是万物的尺度。"他认为世上没有绝对真理，万事万物因人需要而异。因为强调人的重要，智者派谴责奴隶制与战争，鼓吹大众利益。苏格拉底则是保守派代表，他与友人无休

希腊著名思想家苏格拉底像

希腊著名哲学家柏拉图像

无止地交谈，发展出辩证法：现有的成见须经一问一答检验，直至确立普遍真理。苏格拉底由此认为，绝对真理、绝对善或绝对美是可以发现的，它们将永远指导人类的行为。

苏格拉底的弟子柏拉图（公元前427—前347年）试图建立一个贵族统治、贫民认可的社会。他的"理想国"把人分为四等：护国者、哲学家、士兵和大众。等级划分是永久的，以神话即"高尚的谎言"为根基：神造出了四类人，分别是金、银、铜、铁。

另一位伟大思想家是亚里士多德（公元前384—前322年），他是柏拉图的弟子，后来创办了莱森学院。亚里士多德的杰出贡献主要在逻辑学、物理学、生物学和人文学科等方面，实际上他创立了这些学科。他是百科全书式的伟大学者，试图在自然界和人类社会各方面寻找秩序。他认为在整个自然界中，最低级的是矿物，其上是植物，再上是动物，人类则处于最高层级。

谈到古典希腊不能不提希罗多德和修昔底德，他们讲述了那个时代激动人心的事件，并由此创立了新的文学类型——历史。希罗多德亲历希波战争，他的《历史》最早讴歌了民主制。修昔底德撰写了以雅典失败告终的伯罗奔尼撒战争。他同情雅典，却坚决抑制情感，实事求是地分析灾难的原因。虽然从未明说，他实际上是在创建社会科学。

希腊人在众多领域取得了非凡成就，但他们也有缺点：奴隶和客籍民（外邦人）构成人口绝大多数，却从未获得公民权；妇女的社会地位也很低。

四、希腊化时代（公元前336—前31年）

"希腊化时代"指的是亚历山大大帝征服中东后，古典希腊文化传播到整个中东而形成的新文明。公元前336年，亚历山大继承父亲腓力二世的王位，首先严厉镇压了底比斯的反抗，使其他希腊城邦默认他的统治。公元前334—前330年，他又先后征服了小亚细亚、叙利亚、埃及、美索不达米亚和波斯。次年，亚历山大率军东征至兴都库什山和大夏，并由此向印度进发，直抵旁遮普。只是

马其顿国王亚历山大大帝头像

由于部下拒绝再前进,亚历山大才退回巴比伦,不久在那里病逝。此后,诸部将为控制庞大的帝国而交战,直至公元前3世纪初先后出现三个王国:控制南部希腊城邦的马其顿王国;埃及的托勒密王朝;控制亚洲诸行省的塞琉西王国。与此同时,印度行省落入丹陀罗笈多国王手中,小亚细亚被凯尔特人侵占,波斯和美索不达米亚被帕提亚人控制。公元前1世纪,罗马最终征服了地中海沿岸的其他行省,夺取了马其顿和埃及。希腊化时代结束,罗马时代开始了。

亚历山大帝国虽然短命,但其后的三大王国至少安然存在了三百年。在此期间,中东地区完成了希腊化。

政治结构发生根本变化,因为城邦遭到破坏。为了生存下去,希腊城邦尝试同盟:如伯罗奔尼撒半岛各城邦(除斯巴达外)的亚该亚同盟,希腊中部各城邦(除雅典外)的埃托利亚同盟。但它们都建立太迟、过于软弱,总是被临近的帝国控制,最后被罗马军团摧毁。至于诸王国后来兴起的城市则完全不同于希腊母国的古典城邦。城市内部因希腊移民与土著居民的隔阂而分裂。昔日城

罗马人复制的希腊化时期的雕塑杰作——拉孔奥雕像

邦的公民精神与社会凝聚力被自我中心和阶级冲突所取代。

经济状况与经济制度也发生了根本变化。希腊本土经济衰微,殖民地逐渐达到经济自足,很多人移居中东而致富。总而言之,这段时期生产效率更高,经济不平等与社会冲突却日益加剧。

希腊化时代的普通人在心理上也受到冲击。知识分子的反应是逃避俗世,从理性转向神秘主义。这种逃避反映在当时风行的冒险小说和乌托邦文学中,也反映在犬儒主义、怀疑主义、享乐主义和禁欲主义等哲学中。它们关心的都是追求个人幸福,而不是社会福利。

下层阶级的宗教则完全不同。他们转向东方宗教——密特拉教、诺斯替教、埃及大母神伊希斯和迦勒底人的占星术。这些教派都允诺来世救赎,都向饱受疾苦的民众保证天国降临。结果,古典希腊的现世主义和理性主义让位于神秘主义和彼岸思想。

尽管哲学和宗教出现反理性的倾向,希腊化时代的科技却取得了惊人进步,其水平超越17世纪以前的任何时代。希腊化国家的统治者慷慨支持科学研究，尤其是埃及。亚历山大图书博物馆是历史上最早的国家研究院，包含天文台、实验室、解剖室、植物园、动物园和藏书50万—70万册的图书馆。在数学方面，伟大的欧几里得撰写了《几何原理》。在天文学方面，希帕恰斯发明了大部分现代天文仪器，还最早编制了星座图。托勒密编写的希腊化时代天文学著作直到文艺复兴前一直是权威教材。见解最为独到的是阿利斯塔克，他最先认识到宇宙的浩瀚，提出太阳是宇宙的中心。只因他的观点与日常经验相左，整个中世纪普遍接受的还是托勒密的"地心说"。在地理学方面，埃拉托斯特尼算出地球圆周为24700英里，仅有250英里的误差。他还画了一幅标明纬度的已知世界地图，并根据大西洋、印度洋的潮汐推断所有的海洋连在一起，欧、亚、非三大陆构成一个巨岛。

希腊化时代最卓越的科学进步是在医学和力学方面。医生首次认识到心脏对血液循环的作用、脉搏的重要性、感觉神经和运动神经的功能、人脑的脑回。这些知识大都通过百科全书式的伟大医学家盖伦流传下来。直到近代前，无人敢于对他的学说提出挑战。力学方面的杰出人物是阿基米德，他是流体静力学即浮体定律（后来用以检验金属纯度）的创立者。他还发明了精巧的战争器械，发现了螺旋、滑轮、杠杆的原理。提到杠杆，他曾说过："给我一个支点，我能撬动地球。"

总而言之，希腊化时代的历史意义在于：它打破了历史上东、西方各自发展的模式，使二者合而为一。自此以后，人们开始将整个文明世界看做一个整体。

五、早期共和国（公元前264年前）

罗马人与希腊人的早期史有诸多相似，两者都起源于同一种族。当印欧语系的亚该亚人和多利安人入侵巴尔干半岛的希腊时，同属该语系的拉丁人则沿意大利半岛抵达台伯河南岸。在当时建立的拉丁村社中，罗马便是其中一个。

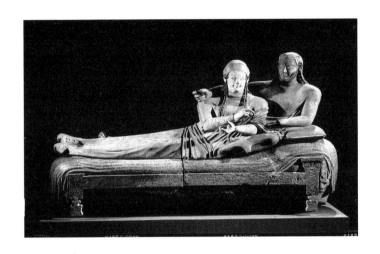

伊特鲁斯坎人的石棺

罗马的外来影响主要来自定居意大利的两支海外文明：伊特鲁斯坎人公元前800年左右来自小亚细亚，定居在台伯河北岸，后来征服了南岸的拉丁人；希腊人稍后到达，在意大利南部和西西里岛建立了塔伦坦、叙拉古、那不勒斯等殖民地。伊特鲁斯坎人和希腊人的宗教、习俗等都在罗马文化中留下了印记。

约公元前500年，罗马人赶走最后一位伊特鲁斯坎国王，开始独立建邦。与希腊一样，罗马人最初建立的是君主制。后来君主政体被废除，贵族成为社会的统治者。王权转移到两名执政官手中，元老院成为主要的立法机关。到公元前264年布匿战争开始前，罗马人已称霸整个意大利半岛，并正经历民主化过程。可惜战争深刻改变了罗马国内的制度，导致民主制夭折。

六、晚期共和国（公元前265—前27年）

罗马征服意大利半岛南部时，与迦太基人发生了冲突。迦太基起源于公元前850年的腓尼基人殖民地，几乎垄断了地中海西部的贸易运输，成为海上强国。罗马人担心迦太基对西西里岛的影响日渐增长,便发动了三次布匿战争(公元前264年—前146年,迦太基人的拉丁名即"布匿人")。经过三次布匿战争,罗马彻底摧毁了迦太基,成为地中海头号霸主。

此后,罗马人又通过马其顿战争等一系列进攻,先后迅速吞并了马其顿,希腊,小亚细亚的帕加马、比希尼亚和西利西亚,塞琉西王朝的叙利亚,公元前31年吞并了埃及。这样,罗马接管了东方的希腊化国家。但在亚洲,罗马只得到地中海沿岸诸行省,整个内地则被帕提亚人占领。公元前58—前49年,尤里乌斯·恺撒征服了英吉利海峡与地中海之间的整个高卢地区。从公元1世纪起,罗马又开始征服不列颠岛,在克莱德湾和福斯湾之间修筑起防御工事,明确了罗马在北欧的统治边界。

从公元前146年布匿战争结束至公元前27年罗马共和国结束的这段时期,处处危机四伏。罗马对新征服的行省并不像对意大利盟邦那样宽宏大量。元老院任命的总督只要保证向罗马缴纳足够的贡物、税款、谷物和奴隶,就可以为所欲为。结果,强取豪夺和敲诈勒索肆意横行。被征服地区的政策也影响了罗马本土。许多小农因连年战争而破产,被迫将土地出卖给新兴的富人阶级。公元前2世纪,意大利出现了在外地主所有、大批奴隶耕种的大庄园。

帝国的政治果实与经济果实一样苦涩。一方面,民主趋势因元老院胜利指挥海外战役而中断。下层民众随时愿意出卖选票,支持那些允诺解忧的煽动者。另一方面,平民组成的军队被职业雇佣军代替。士兵首先效忠的不是国家,而是指挥官。

帝国扩张也腐蚀了文化。强取豪夺、挥霍浪费、漠视社会准则等等成了共和国末期的主要特征。

提庇留·格拉古与盖约·格拉古兄弟曾利用保民官身份大胆推行改革运动。他们的土地分配方案虽然温和,却遭到寡头执政者坚决反对。最后提庇留及其300名支持者遇害,盖约自杀,温和有序的改革宣告失败。

此后,帝国就一直被上层将领的争夺和下层奴隶的起义所困扰。最严重的起义是公元前73年爆发的斯巴达克起义。斯巴达克在战斗中阵亡,罗马大道两旁满是钉死在十字架上的起义者。最后的胜利者则是征服高卢的尤里乌斯·恺撒。公元前49年,他渡过高卢与意大利之间的鲁比孔河,在一系列辉煌的战役中击败了庞培指挥的元老院军队。可惜,公元前44年,他被旧寡头政治的代表者暗杀。

此后13年,恺撒的养子及继承人屋大维与政治冒险家马克·安东尼争权夺利。公元前31年,屋大维在亚克兴角海战中打败了安东尼和克娄巴特拉,从此独揽大权,开创了200年和平与稳定的帝国黄金时代。

七、早期帝国(公元前27—284年)

公元前27年,元老院授予屋大维"奥古斯都"和"大元帅"的尊号,标志着罗马从共和国转变为帝国。奥古斯都创立了由他亲自监督的中央集权制度,直接控制各行省总督;使收税成为国家职权;严密控制军队;还创建了一支常备海军。通过这些措施,他建立了有效的行政体制,确保罗马帝国维持了200年的和平。

在帝国北端,福斯湾到克莱德湾的防御工事确定了边界。在东北部,莱茵河和多瑙河是天然边界,向东绕过多瑙河北面的达契亚(今罗马尼亚)也囊括在内。小亚细亚和埃及都是罗马行省,但两者之间的边境线紧靠地中海沿岸,内陆地区则归帕提亚人所有(224年后归萨萨尼亚人)。在北非,罗马人以撒哈拉沙漠为南部边界,控制了埃及到大西洋的沿海地区。

罗马浮雕,描绘了被骑兵包围的罗马步兵。

这个天然边界牢固的广袤帝

国是一个繁荣、自给自足的经济体。数百年的帝国经济繁荣由许多因素促成，包括有效的行政、稳定的币制、大规模的公共工程、广泛的国内外贸易等。

在文化方面，罗马的主要成就是将城市文明传到中欧和西欧。罗马人建立了许多城市，如不列颠的伦敦和科尔切斯特，高卢的奥顿和瓦依松，德意志的特里尔和科隆。这些城市更先进、更卫生，还拥有使身体放松的公共浴室和使心情愉悦的公共剧场，以及住宅区、公共市场和商店。城市是帝国文化和帝国政治的基本细胞。

罗马石渠，建于图拉真统治时期。

当然，帝国最伟大的城市是罗马城。游客会注意到，拥挤的贫民区缺乏卫生设备，取而代之的是设有精美的大理石座位、饰以诸神或英雄雕像的公共厕所。街上没有照明，没有月光的夜晚将漆黑一片。这样的生活还过得下去，是因为国家提供了大量娱乐活动。最受欢迎的是赛车和角斗。豪华的公共浴室也提供了更好的休闲方式。

最后，罗马还是帝国的文化中心。在工程和法律方面，罗马人因爱好实践而做出了重大贡献。罗马人虽在抽象理论上无所建树，却在开挖沟渠、铺设下水道、修建桥梁和公路方面出类拔萃。此外，罗马建筑也与希腊建筑不同，主要是世俗的浴室、圆形剧场、运动场和凯旋门等。

罗马人在思想上的最大贡献是基于理性而非习俗制定了法律。最早的罗马法是公元前450年左右制定的《十二铜表法》，它简单、保守、代表农业民族。随着商业和帝国的发展，外国人在罗马境内日益面临法律问题。为此，罗马人制定了新的《万国法》，即国际法。他们认为这部法律对罗马人和外邦人均适用。

八、晚期帝国（284—467）

公元180年，马可·奥勒留皇帝去世，罗马的伟大时代宣告结束。此后历任统治者大都昏庸无道，禁卫军不时争权夺势。中央的分裂又导致边境防御的削弱。

3世纪时，坚毅能干的皇帝戴克里先（284—305）和君士坦丁（306—337）一度挽回了帝国的颓势。他们为加强帝国统一而采取了很多措施。第一项政策是根据需要一步步推行严格的管制，如征收土地税、限制物价和利息率、禁止短缺商品出口、推行兵役世袭等。

另一项政策是实行分区治理。戴克里先将国土分成两部分，东半部由他管辖，西半部由新任命的皇帝管辖。君士坦丁进一步在博斯普鲁斯海峡西岸的拜占庭建立新都即君士坦丁堡，后来成为东罗马帝国即拜占庭帝国的首都。

对后世有深刻影响的第三项政策是调整基督教与帝国政府的关系。几百年来，帝国对新宗教一直采取镇压政策。在各种新宗教中，基督教最为成功。公元64年罗

君士坦丁雕像

君士坦丁拱门，建于公元312—315年。

马城大火，尼禄皇帝自作聪明地将灾难归咎于数量惊人的基督徒，开始了罗马帝国对基督徒的首次迫害。但历次迫害只会使殉道者成为圣徒，使更多的人改信归宗。因此，君士坦丁做出了与基督教和解而非镇压以谋求稳定统一的重大决定。公元313年，君士坦丁颁布米兰敕令，承认基督徒不是异端，准许其享有信仰自由。接着，皇帝狄奥多西（379—395年在位）使基督教成为实际上的罗马国教。此后虽有反复，但到4世纪末，基督教已获得统治地位。

3—4世纪皇帝采取的措施确实稳定了局势，却只有暂时的效果。从406年起，西罗马帝国的皇帝已无力阻止法兰克人、勃艮第人、西哥特人和汪达尔人长期、大规模地入侵高卢、西班牙和非洲，也无力阻止410年、450年蛮族两度洗劫罗马城的奇耻大辱。476年，西罗马末代皇帝罗慕路斯·奥古斯图鲁斯在日耳曼即匈奴雇佣军首领奥多亚塞逼迫下黯然退位，西罗马帝国宣告灭亡。

汪达尔武士，古罗马浮雕。

第四节 印度文明

印度是一个完全不同的世界。印度人的基本观念和制度如种姓、杀戒（非暴力）、转世轮回与因果报应等，不仅独特，而且抽象。它们是印度文明的根基，塑造了所有印度人的思想与日常行为。

公元前1500年进入印度的雅利安人与亚该亚人、多利安人拥有同样的生理特征、畜牧经济、社会制度、神祇和史诗。尽管如此，印度的雅利安人却形成了与西方血亲完全不同的文明。最简单的解释是，印度的雅利安人被印度化了。印度河流域的土著居民虽被征服和压制，却人数众多、文化先进，无法被消灭、隔离或同化。相反，当雅利安游牧者定居下来，开始农耕生活时，他们不得不与此地的居民亲密接触。几世纪的共处和通婚必然导致文化融合。

一、雅利安人的影响

雅利安人侵入印度河流域，逐渐从旁遮普地区扩散到恒河流域。人口密集的中心也从西北部转向东部。随着经济的发展，雅利安人逐渐从畜牧业转向农业，并发展了贸易。这样，恒河平原的部落转变为王国，旁遮普与喜马拉雅山山麓的部落转变为共和国。在这些早期国家中，恒河下游的摩揭陀王国很快强盛起来，成为后来孔雀帝国和笈多帝国的发源地。建立第一个帝国的是青年冒险家丹陀罗笈多·孔雀。公元前321年，他夺取难陀王位，建立了以他名字命名的帝国。

伴随着经济发展和政治发展，社会结构也出现了重大变革。到公元前500年，种姓等级制度的基本特点已经形成。虽然种姓起源的理论众说不一，但一般认为肤色是基本的因素。梵文的种姓（"瓦尔纳"）一词意即"肤色"。雅利安移民很在意自己与土著黑人的肤色差别，称后者为达塞人，即奴隶。据此，他们发展出四大种姓制度。前三大种姓雅利安人享有的职业等级：祭司（婆罗门）、武士贵族（刹帝利）和农民（吠舍）。第四种姓（首陀罗）则留给达塞人。随着时间推移，上述划分不再反映种族差异。商人和某些地主被归入吠舍，农民和一般劳动者则成为首陀罗。

在四大种姓之下又衍生出令人眼花缭乱的各种种姓。它们都具有四个基本特征：从事特定职业；种姓身份世袭；限制日常行为和仪式；尊奉道德戒律。

被排除在种姓制度之外的是贱民，即不可接触者，约占当代印度人口七分之一。他们只能从事商业或不洁的行业，这些行业或是玷污了某些仪式，或是夺去人或动物的生命，如猎人、渔民、屠夫、刽子手、掘墓人、丧葬业者、制

祭司（婆罗门）在向徒众布道

革工、皮革匠和清道夫。

社会法令和宗教法令的结合导致种姓制度至今仍发挥作用。

二、宗教改革与反改革

雅利安人定居下来，转向农耕生活后，他们信奉的自然神也被新的"三大神"代替：造物主梵天、仁慈的保护神毗湿奴、强大的破坏之神湿婆。

随着新神的到来，权力也日益集中到祭司阶级即婆罗门手中。婆罗门因为职责神圣而享有诸多特权和豁免权。他们的无理要求和强征勒索成为公元前6世纪—前5世纪印度宗教改革的原因之一。

苦行主义是信众不满的表现。一些最有才智的人开始离群索居，醉心于内心反省，发明了心无旁骛、直至出神或入定的修行方法（"瑜伽"）。这种内心反省和沉思又发展出更多的改革运动，此中最重要的是佛教。佛教否定种姓制度和婆罗门；它要求所有信众都能解读经文，不只是由少数上层祭司垄断；它还禁止巫术、献祭和晦涩难解的经文。因此，佛教很快在印度、欧亚大陆中部、

印度南部出土的青铜湿婆雕像

东亚和东南亚壮大。

但 600 年以后，佛教在印度本土衰落。一个重要的原因是，婆罗门也进行了改革，其富于哲理的经典《奥义书》提出了通往"解脱"的道路。该书指出，为追求宇宙的最高精神——婆罗门，个人必须修行、反省、摆脱感官世界。由此可见，佛教虽然在印度消失，其基本信条却被婆罗门教的反改革运动吸收，一直保存至今。

三、孔雀帝国

亚历山大撤离印度三年后，也就是公元前 322 年，野心勃勃的青年将领丹陀罗笈多夺取了摩揭陀国难陀王朝的王位，建立了孔雀王朝。此后几年，他的帝国稳步向西北方向扩张，直到囊括恒河和印度河两大流域。丹陀罗笈多的儿子征服了南部的德干高原，孙子阿育王（公元前 273—前 232 年）征服了羯陵伽，即印度东部。因此，阿育王时期的孔雀帝国包括除南端以外的整个印度半岛。

孔雀帝国富裕、强大，首都华氏城井然有序。国家依靠"国王的六分之一"

收成来治理，实际税率往往达到四分之一，农民只能糊口。总而言之，孔雀帝国是一个高效、严苛、官僚政治的社会。

但阿育王的统治与上述帝国模式完全不同。在残酷征服羯陵伽王国后，阿育王突然放下屠刀立地成佛，致力于推行佛陀的温和教义。阿育王并未将佛教奉为国教，但也未迫害其他教派。他的宽容和非暴力态度十分成功，在民众欢呼声中统治长达 41 年。

阿育王去世后半世纪，孔雀王朝被推翻，帝国崩溃。印度历史的这一模式一直延续至现代：短暂的统一与长期的分裂总是交替出现。

四、侵略者、商人和传教士

公元前 2 世纪初孔雀帝国崩溃，继之而起的是 500 年的混乱和黑暗。但在此期间一个因素一直发挥作用，即印度与外部世界的往来日趋增长。

最先到来的是不计其数的入侵者，如亚历山大帝国的希腊人、帕提亚人、西徐亚人、贵霜人等。他们的帝国不仅以印度为中心，也以中亚、中东为基地。

侵略者的到来促进了印度与外国的陆上贸易和海上贸易。罗马商人来到印度南部和西部，印度商人则遍布东南亚。

文化领域也出现了双向的交流。印度佛教

阿育王圆柱上的狮形柱头，公元前273—前232年。

和婆罗门教传到周围各国；1世纪时，基督教传入印度。

五、笈多古典时代

4世纪，伟大的笈多时代开始，这是印度文明的古典时代。笈多帝国与孔雀帝国一样，以恒河流域的摩揭陀国为发源地。

笈多时代始于320年左右丹陀罗笈多一世登基时，在其孙子丹陀罗笈多二世（375—415）统治下达到巅峰。丹陀罗笈多二世大大扩张了帝国：从印度河到孟加拉湾、从北部山区到纳巴达河流域。但笈多帝国只是北印度帝国，并未统一整个半岛。

笈多帝国十分繁荣。尤其是丹陀罗笈多二世采用标准金币和银币后，印度半岛内外的贸易量急剧增加。笈多帝国的统治比孔雀帝国更温和。笈多王朝信奉印度教，但并不歧视佛教徒。

在语言和文学方面，笈多时代是梵语获得成功的时代。这种从前婆罗门学者使用的古老语言，重新用于官方文书和世俗文学。由于王室慷慨资助，诗歌散文欣欣向荣。最杰出的是"印度的莎士比亚"迦梨陀娑撰写的著作，他将古代传说和民间故事改编成戏剧或抒情诗。笈多时代最伟大的文化成就，是两大

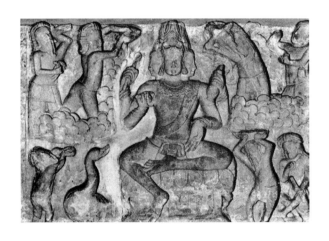

婆罗门浮雕，约公元600—700年。

民族史诗《摩诃婆罗多》和《罗摩衍那》被编成定本。这两部书中的主人公成为印度人民生活的一部分，书中的大量故事为历代作家所引用，书中的哲学诗《薄伽梵歌》成为印度教最重要的圣典。

在科学方面，笈多时代也很杰出。阿耶波多是天文学史上最伟大的人物之一，他认为地球是一个自转的球体；月食是地球阴影落在月亮上引起的；一个太阳年的长度为 365.3586805 天——误差极小。

笈多时代最伟大的贡献无疑是提出了"0"和十进制。简洁的印度数字被阿拉伯商人和学者传到西方，并被称为"阿拉伯数字"。直到 15 世纪后期，印度—阿拉伯数字才在西方流行，打开了现代数学与科学的大门。

第五节 中华文明

中华文明的特点是统一和连续。由于入侵的蛮族与本土民族都是蒙古人种，中国历史保持着种族的统一性。由于中国人早在古典时代便统一了文字，中国历史也保持着文化的统一性。同样重要的是，中国历代的政治也保持着惊人的统一性。这很大程度上是因为中华文明特有的现世主义——它是唯一从未产生过祭司阶层的伟大文明。因此，中国不存在其他文明常出现的僧侣与俗众、教会与国家的分裂。中国的经典强调人的社会活动，尤其强调家庭、君臣关系，这种现世主义为政治组织和政治稳定提供了稳固根基。中国人在古典时代即实行独特的科举制度（通过全国性的竞争考试选任文官），更进一步维护了政治统一性。类似制度至少 2000 年后才出现在西方或全球其他地方。

一、过渡期

东周时期（公元前 771—前 256 年）朝廷软弱，诸侯相争，表面上是多事之秋。但社会经济的根本变革却在永久地决定中国发展的方向。变革的原因是铁器的使用。铁器很晚传入中国，直到公元前 600 年才大量出现。但到公元前 5

世纪—前4世纪，它已给中国社会和政府留下了烙印。

更高效的铁制工具使农业从黄河流域向南扩展到森林茂密的长江流域。生产率的显著提高促进了贸易和工业的发展，最终使大部分经济商品化。新的商人和匠人阶级产生，挑战着封建地主的领导地位。

伴随经济变革而来的是政治变革，封建分封制变为中央集权制。由于新开垦的土地不属于封建关系范畴，其地租都直接进入诸侯的府库。盐铁的生产和分配也日益被诸侯垄断。结果，诸侯将分封的采邑变成了各自为政的独立王国。实际上，秦国能统一中国便是因为率先采取了上述措施，并由此得益。

二、哲学家和经典

东周是伟大思想创造和发酵的年代。

中华文明注重世俗，杰出的思想家都是注重实际的政治家，渴望各国统治者能接受他们的观点。当时各种思想十分活跃，因此中国人称之为"诸子百家"时期。

因为崇拜过去，中国人仔细保存和研究古代的著作，视之为齐家治国必不可少的指南。在这些古代著作中，最重要的是《五经》，包括诗歌、传统思想和历史文献等。在研究和利用《五经》的哲学导师中，最著名的是孔子。孔子的影响深远恒久，"孔教"甚至足以概括过去2000年中国人的生活方式。孔子的学说从根本上说是保守的，他不想打破现存的社会秩序，主张"君君、臣臣、父父、子子"。但在坚持统治者的统治权时，他也强调统治应符合正确的道德原则：仁、义、礼、智、信。孔子是理性主义者。他虽然承认鬼神和上帝，却对它们敬而远之。公元前2世纪，孔子的学说成为帝国的官方学说，《五经》成为学者和政治家的主要研究对象。直到2000多年后，也就是1911年满洲国覆灭为止，孔子学说一直没有遭遇挑战。

在儒家学说之后，最有影响的中国哲学是道家学说。道家学说强调个人奇思怪想和顺从大自然。这种做法称为"道"（也就是"路"），道家信徒也被称为

孔子像

道教徒。顺从道的关键在于抛弃志向,避开荣誉和责任,在沉思冥想中回归大自然。理想的臣民筋骨强健、头脑空洞,理想的统治者"使人民无欲无求……填饱他们的肚子……无为而治"。

与儒家和道家完全不同的是法家。法家人物都是注重实践的政治家,而不是哲学家。他们关心的是改革社会,加强诸侯力量,使诸侯能武力统一国家。秦国统治者采纳法家学说,成功征服其他诸侯,建立了第一个帝国。但秦始皇去世不久,帝国便被推翻。法家学说名誉扫地。儒家学说被推崇为官方教义。其他学说渐渐消亡。道教则吸收了各种民间迷信和鬼神传说而成为无知群众的信仰。

三、秦帝国

漫长的中国历史有三次根本改变了政治社会结构的伟大革命:第一次发生于公元前221年,它结束了封建制,建立了中央集权的帝国;第二次发生于1911年,它推翻了帝国,建立了民国;第三次发生于1949年,它建立了共产党领导的政权。

秦始皇像

第一次大革命是地处西北部渭河流域的秦国领导人发动的。到公元前221年,秦王统一了中国,采用了"始皇帝"的称号。

秦始皇将在本国取得成功的法家学说应用到全中国。他废除了所有采邑和王国,将广阔的国土划分为若干郡县,由中央政府任命官员治理。他还统一度量衡和货币,实行经济集中化。

从后来的历史看,秦始皇最重要的革新是废弃了战国时代的各种文字,代之以统一的小篆。文字的统一对未来中国的民族统一和中华文化在整个东亚的影响都具有重大意义。

因为改革遭到激烈反对,秦始皇下令"焚书",剥夺文人学士的知识靠山。所有经典都被付之一炬,只有具备实用价值的书,如医学、农业和卜筮等著作幸存下来。秦的迫害虽不能阻止知识流传,却有效遏制了东周时代的百家争鸣,中国思想史的黄金时代就此结束。

与此同时,更有效地利用人力和自然资源带来了显著经济效益。度量衡和货币的统一促进了经济发展。驿道网以首都咸阳为中心,向遥远的边境延伸。为了最大限度地利用驿道,秦始皇统一了两轮车的车轴长度。国家疆界向南扩展

秦始皇陵兵马俑　　　　　　　　长城

到今天的越南。在西北面，皇帝击退了游牧部落。为防止他们卷土重来，他下令修建了举世闻名的长城，西起甘肃，东至大海，延绵1400英里。

然而民愤日深、后继乏人导致公元前207年的民众起义推翻了秦朝，此时秦始皇去世才四年。秦朝虽然短命，却对中国历史影响深远。国家已由松散的分封制转变为中央集权的帝国，并将一直存在至20世纪。

四、汉帝国

汉帝国繁荣了4个世纪，约相当于罗马帝国的统治时期。帝国领土也与罗马帝国一样辽阔，汉武大帝（公元前141—前87年）时期，帝国疆界向四面八方扩展，初步呈现今天中国的版图。汉帝国的人口数量也与罗马帝国相仿。公元元年的人口普查（据说较准确）表明，汉帝国有1220万户人家，总人口是5960万人。

居于帝国最高层的是皇帝,他是政治大权的集中代表。皇帝之下是两名丞相,相当于现代的总理和首相。丞相之下是九卿,分掌宗教、警卫、车马、罪犯、朝贡、户籍、税收、财政等事务。除中央政府外,往下依次还有管理州、郡、县、乡的地方官僚机构。

官僚是特权集团,但不世袭。汉朝发明公开考试选拔文官的独特制度,原则上所有人都可参加考试。考试以儒家经典为基础,所以帝国实际上由儒家学者根据儒家原则来治理。

汉朝在许多领域都处于领先地位,最重要的发明有水力磨、肩轭(大大提高了效率)、铸铁技术、造纸术和陶器上釉术。文学方面的卓越贡献主要表现在史著上。公元前1世纪,出现了一部内容比以往任何著作都全面而复杂的历史著作。这部著作便是《史记》,由父子两代人合写而成,但人们通常认为原作者是儿子司马迁,因为他完成了该书主要部分。《史记》共约52万字,实际上是一部通史。后来的中国史家十分推崇司马迁,纷纷效仿他的写法。因此,中国的历史编撰绵延数千年,留下了其他国家望尘莫及的浩瀚史料。

五、帝国的衰落

汉武大帝的东征西伐虽然取得节节胜利,将中国疆界远扩至中亚,但帝国的资源也被耗费殆尽。为应付危机,他采取了种种措施,如货币贬值、出卖官爵和恢复对盐、铁、酒的垄断。在他统治期间,财政尚能收支相抵,但后来的皇帝则因纳税的自耕农减少而深陷困境。大规模的起义纷纷爆发,朝廷也将各种预兆解释成上天的警告,王朝似乎末日将至。

实际上,汉朝只被王莽暂时篡位(9—25)。王莽的大胆改革以失败而告终。东汉(25—222)继之而起,其历史基本上与西汉相同。公元220年,东汉在纷乱的农民起义、军阀政变和游牧部落侵袭中退出历史舞台。中国陷入漫长的分裂和混乱期,这一点也与西罗马帝国的崩溃相似。

第六节 古典文明的终结

在古典时代,伟大的希腊、罗马、印度和中华文明主宰了欧亚大陆核心区。但边远地区的游牧民族最终践踏了四大文明,从根本上改变了世界历史进程。

游牧民族的入侵在各地造成不同的影响。中国北部与印度北部虽遭蹂躏,依然保持了独特的文明。中国南方和印度南方因远离游牧民族而幸免于难。拜占庭和波斯帝国强有力地击退了侵略者。相比之下,西方却屡遭日耳曼人、匈奴、穆斯林、马扎尔人和维京人侵略,古典社会秩序遭到无法比拟的破坏。讽刺的是,这种破坏正是导致近代西方走在世界前列的主要原因。

一、古典文明的衰落

古典文明衰落的基本原因是技术相对停滞,导致社会生产率长期低下。在城市革命发生后的几千年中,除铁器、字母和铸币这三大发明外,大部分进步都只是早期技术的改进或扩散,如牛挽具改进为马挽具、小亚细亚与中国的水磨传到罗马。

发人深思的是,唯有战争才能促使古典文明改进技术。希腊人发明了带棘轮的精巧石弩,靠滑车驱动的轮式攻城车,能有效地烧毁敌船和攻城器械的汽油燃烧剂"希腊火"(8世纪)。但这些发明显然不能创造财富,也不能解决古典文明的经济问题。

由于新发明无法提高生产率,古典文明只能依靠开垦荒地或征服剥削来增加财富。但荒地毕竟有限,帝国也不能无限扩大。当军事官僚机构超过生产力负荷时,衰退必然降临。汉帝国和罗马帝国是两大最明显的例子。捐税提

《罗马法汇编》早期手稿中的一页

高，贫困增加，激起城乡暴动，招致蛮族入侵，最终导致内部起义、外来侵略频仍，形成近代以前帝国周而复始的循环。

二、蛮族入侵

3—6世纪，欧亚大陆普遍遭受蛮族入侵。这些侵略结束了古典文明，宣告了中世纪的到来。

游牧民族往往自东向西迁徙。主要入侵路线横贯欧亚大陆中部的草原走廊，东起北京附近，西至中欧的匈牙利平原。众多游牧民族抵达匈牙利后便不再四处迁移，而是以匈牙利为根据地，袭扰周围的欧洲国家。

由于侵略活动遍布欧亚大陆，众多民族遭受影响。中国汉朝、印度笈多王朝、伊朗萨珊王朝都遭到匈奴人（即突厥—蒙古人）攻击。罗马帝国位于入侵路线西端，不仅遭沿路各民族入侵，还遭周围蛮族的侵扰。侵略者包括日耳曼人、伊朗人、波罗地—斯拉夫人、维京人和突厥—蒙古人。

侵略结果因入侵者而异。在中国，公元222年，汉朝被突厥—蒙古人打败，分裂成三个王国：长江以北的魏国、南方的吴国和西部的蜀国。经过数十年征伐，魏国击败对手，于265年建立晋朝。晋朝统治中国直至316年，新的游牧民族入侵中国北部。晋王室迁至南京，只能统治长江流域和汉族人居住的南部地区。南北分裂一直延续到589年，隋朝重新统一了中国。正因为此，中国史学家将这几个世纪称为"乱世"。

印度遭受侵略要比中国晚得多。但到公元5世纪，东匈奴即"白匈奴"已渡过奥克苏斯河向南进入印度；西匈奴则越过俄罗斯平原进入欧洲。6世纪上半叶，笈多王朝在匈奴冲击下崩溃。大规模的新移民形成了新的文化和社会集团。其中最突出的是勇敢坚强的拉其普特人，得名于印度西北部的拉其普特地区。拉其普特人属于军事贵族，入侵后很快被吸收为刹帝利种姓，即武士贵族。他们虔诚地信仰印度教，一度统治了印度北部和中部。

三、西方的日耳曼人和匈奴人

欧洲的入侵者以日耳曼人居多，他们占领了中欧和东欧从波罗的海到多瑙河、从莱茵河到俄罗斯平原的广大地区。日耳曼人由若干部落组成，最重要的是法兰克人、汪达尔人、伦巴第人、东哥特人和西哥特人。他们都有相同的宗教信仰和社会制度，使用相近的语言，能够相互沟通。

日耳曼人的社会结构分三层。最上层为世袭贵族，通常是大地主。中间阶层是大多数自由民，拥有一小块土地。没有土地的人只好以佃农身份为贵族劳动。最底层人既非自由民又非奴隶，他们被束缚在土地上，但不得被买卖。这种依附关系与罗马帝国的隶农制相似，是中世纪西欧盛行的农奴制雏形。日耳曼部落的权力集中于自由民大会。国王和军事首领通常选举产生。女性地位远高于罗马帝国的妇女。

早自公元前1世纪，日耳曼人已开始进逼罗马帝国边境。当时罗马军团十分强大，保卫边境绰绰有余。但到4世纪时，罗马人已无力抵御入侵，防守的闸门被冲开了。

这次进攻由欧洲人前所未闻的可怕侵略者匈奴人发起。匈奴人显然被其他游牧民族驱使而离开中亚牧场，372年向西渡过伏尔加河。在俄罗斯平原，他们迅速击败了最东方的日耳曼部落东哥特人，又迫使邻近的西哥特人渡过多瑙河，败走罗马帝国寻求避难。在亚拉里克领导下，西哥特人两次洗劫了罗马城。

最后，西哥特人在高卢南部和西班牙北部定居下来，建立了罗马帝国境内第一个日耳曼王国。匈奴人紧随其后，在匈牙利平原建起王国，并以此为基地袭击罗马帝国东、西各省。452年，可怖的首领阿提拉率匈牙利人突现未设防的罗马城前，只因教皇劝说才未攻城。阿提拉的帝国在他死后便四分五裂，匈奴人从欧洲历史中消失。

但匈奴人的大肆破坏粉碎了罗马帝国对西部各省的控制，使日耳曼部落如入无人之境。汪达尔人渡过莱茵河，经由高卢和西班牙，越过直布罗陀海峡，进入北非，在那里建立了王国。他们还以新王国为基地，发动海上进攻。455

查士丁尼一世雕像

年，汪达尔人远征队洗劫了罗马城。与此同时，勃艮第人占领了罗讷河流域；法兰克人在高卢北部深深扎根；407年罗马士兵撤离后，盎格鲁人、撒克逊人和朱特人迅速占领了英格兰。当地的凯尔特人逃进苏格兰和威尔士山区，盎格鲁—撒克逊人成为英格兰的主要民族。这样，在相继崛起的日耳曼王国控制下，西罗马帝国分崩离析。476年，末代皇帝罗慕路斯·奥古斯图鲁斯被日耳曼首领奥多亚塞废黜，西罗马帝国终结。

6世纪时，法兰克国王和东罗马帝国皇帝试图重新统一欧洲。

法兰克人建立的墨洛温王朝以克洛维国王最为杰出（481—511年在位）。他团结法兰克各部落，打败罗马人、拜占庭人和西哥特人，使王国疆界从比利牛斯山脉经高卢直达德意志。

拜占庭的查士丁尼大帝（527—565年在位）也试图收复西方领土。他的将领一度占领北非的汪达尔王国。他还从西哥特人手中夺回了西班牙东南部，又经过18年的艰苦奋战征服了意大利的东哥特人。在20年间，整个地中海又变成了罗马的内湖。

查理曼大帝头像

北欧海盗船，出土于1904年。

四、对西方的持续侵犯

但事与愿违。新的侵略浪潮粉碎了法兰克王国和拜占庭帝国刚建立的脆弱格局，西方再度陷入混乱和分裂。蒙古的动乱又一次迫使游牧部落沿着入侵路线一路西行。这些被西欧人称为"阿瓦尔人"的入侵者以匈牙利平原为基地，向四面八方发起进攻。他们将日耳曼族伦巴第人赶入意大利（568）；伦巴第人又把拜占庭人赶出半岛，粉碎了查士丁尼恢复帝国的梦想。阿瓦尔人还迫使斯拉夫人向南进入巴尔干半岛，占据了从亚得里亚海到黑海的广阔地带。

8世纪中期，加洛林王朝取代墨洛温王朝，取得了一系列惊人的胜利，重新点燃西方帝国统一的希望。查理曼是加洛林王朝最杰出的国王。到8世纪末，他的帝国从北海扩展到比利牛斯山脉，从大西洋扩展到斯拉夫人诸国。查理曼成为无可争辩的西方征服者。

但梦想注定破灭。查理曼死后不久，来自南方、东方和北方的侵略浪潮再次淹没整个欧洲。在南方，穆斯林海盗和冒险者征服了克里特岛和西西里岛，横扫地中海沿岸，严重破坏了海上贸易。在东方，来自中亚的游牧部族马扎尔人于895年到达匈牙利平原，与匈奴人和阿瓦尔人一样侵袭了邻近各国。北欧人即维京人的侵略范围最广。到10、11世纪时,他们占领并统治了法兰西北部大部和不列颠群岛。

穆斯林、马扎尔人和维京人的三面夹击使加洛林王朝土崩瓦解。西欧再次成为屠宰场。10世纪是西欧最黑暗的时期。

五、西方历史的独特性

纵观古典时代向中世纪过渡的蛮族入侵,不难发现欧亚各地区所受的影响迥然不同。

只有西方古典文明永久湮没,被一种崭新的东西所代替。欧亚其他文明或是免遭侵略(如印度南方和中国南方),或是击退了入侵者(如拜占庭和波斯),或是遭受侵略却幸存下来(如中国北方和印度北方)。唯独在西方,古典文明消散殆尽,无法复原。

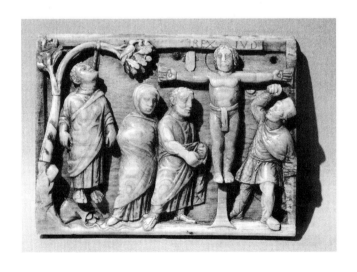

耶稣受难图,罗马晚期象牙雕版画。

·历史对今天的启示·

文明：诅咒还是福音？

每个文明中都不乏厚古薄今的诗人和思想家。他们认为史前人类是"高尚的野蛮人"，未沾染上文明的影响。

这种失乐园的观念是有史实根据的。就经济关系和社会关系而言，文明以前的部落成员能自由平等地获得生活必需的自然资源。经济平等和社会地位相同是新石器时代村社的特征。但当部落成员变成农民，他们就不再能自由获得土地，也不再能完全占有自己的全部劳动成果。

文明的到来也使政治关系发生巨大变化。新石器时代的村民只受到少数内部和外部制约。但是到了文明时代，部落首领和长老被国王、皇帝和无处不在的官僚集团取代。与帝国行政机构密切联系的是宗教等级的出现。"全职"祭司代替"业余"萨满，为官方神学的产生和祭司统治集团的形成创造了条件。

文明引起的文化变迁影响深远。新石器时代的村社文化是自主和单一的。所有成员都有同样的知识、风俗和观念，其生活方式不由外界决定。但随着文明到来，更复杂的新社会出现了。高雅文化与低俗文化取代了单一的文化。高雅文化出现在学校、寺庙和宫殿中。低俗文化则存在于乡村。高雅文化通过哲学家、神学家和文人学士撰写的著作流传。低俗文化则在目不识丁的农民中口耳相传。高雅文化和低俗文化之间常常关系紧张。

文明的到来显然导致人类平等倒退。但文明也带来巨大的好处和成果。以历史眼光看,尽管存在种种不公平和剥削,文明依然是重大的进步。生产率大大提高,生活水平也日益改善,书写积累和传播了知识。这些宝贵的进步仅使少数人得益。但对人类历史重要的是,它们的确是进步。这些进步积累了数千年,最后使我们战胜自然,以科学技术提高生产率,让很多人一起受益。

因此,让我们回到题目中的问题:文明是诅咒还是福音?答案是:在过去,它既是诅咒又是福音;将来则取决于文明积累的知识用于破坏还是建设。

第三章 欧亚中世纪文明（500—1500）

中世纪以日耳曼人、匈奴人和突厥人的侵略拉开序幕。每个世纪都以欧亚各地连绵不断的侵略告终。7世纪开始，伊斯兰武士不仅横扫发源地中东，还控制了北非、西班牙、巴尔干半岛、印度、东南亚和中亚大部。1000—1500年，突厥人和蒙古人征服的地区更加广阔，囊括了从波罗的海到太平洋的欧亚大部。

侵略者来势凶猛，却未毁灭大部分欧亚文明。只有西方例外，盛行一时的古典文明被彻底夷灭。

但中世纪并非因欧亚蛮族的入侵而结束，而是因西方人的海上冒险而终止。

第一节 中世纪文明完成欧亚整合

一个成熟的欧亚统一体将中世纪与古典时代区分开来。技术进步，尤其是造船业和航海业的发展，使欧亚整合成为可能。但更重要的是，这几个世纪首次出现了庞大的帝国，它们横亘数个地区，覆盖了欧亚大部。

8世纪中叶，伊斯兰帝国的疆土从比利牛斯山脉延伸到印度洋，从摩洛哥直抵中国边境。此后数世纪，伊斯兰教又进一步扩散到中亚、东南亚和非洲腹地。

13世纪，蒙古帝国的疆界更令人惊叹，囊括了朝鲜、中国、中亚全部、俄国和中东大部，成为空前绝后的大帝国。空前辽阔的帝国消除了长期的地区隔离状态，使各地有可能直接联系、相互影响。

一、商业纽带

中世纪，伊斯兰教帝国和蒙古帝国相继出现，因蛮族入侵而中断的欧亚贸易再度复兴，并达到了新的高度。

穆斯林通过征服统一了整个中东，横贯欧亚大陆的商路均在此通过：既有通往黑海和叙利亚各港口的陆路，又有穿过红海和波斯湾的水路。穿越阿拉伯海、同印度西南马拉巴尔沿海地区进行的贸易尤其繁荣。自印度和锡兰（今斯里兰卡）出发，穆斯林商人继续航行到达马来亚沿海的卡拉巴尔（吉达）。接着，有些船驶往苏门答腊和爪哇，有些船穿过马六甲海峡北上抵达中国南方的坎富（广州）。

12世纪末，中国人开始取代穆斯林在东亚和东南亚的海上优势。蒙古人征服中国建立元朝（1279—1368）后，中国船体积最大、配置最佳，中国商人遍布东南亚和印度港口。明朝（1368—1644）中国的航海活动达到极盛，15世纪初短暂而辉煌地主宰了太平洋和印度洋。1405—1433年，宦官郑和率船队七次下西洋，规模和成就均史无前例。可惜，1433年皇帝突然下诏终止了远航。中国人撤离后，东亚和南亚海域出现权力真空。倭寇骚扰中国沿海，穆斯林阿拉伯人再次称霸印度洋。

与此同时，蒙古帝国兴起正带来陆上贸易大变革。第一次也是唯一一次，历史上出现了一个横跨欧亚大陆的政权，其领土从波罗的海延伸到太平洋，从西伯利亚直抵波斯湾。1264年，忽必烈自蒙古草原的哈拉和林迁都北京，中国的大门自动向往来欧亚商路的欧洲商人打开。但比到达中国更有经济意义的，是首次到达香料发源地印度和东印度群岛。自此以后，香料可通过两条商路运往欧洲：或经由红海和埃及，或先到达波斯湾，再经由陆路运抵黑海或地中海

宋朝沿海港口兴盛景象，17世纪皮质壁画。

东部港口。第一条商路由阿拉伯人和威尼斯人控制，阿拉伯人将香料装船运到埃及，威尼斯人从亚历山大港将货物销往欧洲。第二条路由波斯和美索不达米亚的蒙古统治者（伊儿汗国）和热那亚人控制，热那亚人负责在港口等候分销香料。

蒙古统治下的陆上贸易复兴十分短暂。1368年蒙古人被赶出中国，帝国崩溃导致中亚四分五裂，欧亚贸易中断。更重要的是，伊儿汗国的合赞汗（1295—1304）改信伊斯兰教，自然禁止欧洲商人通过陆路前往香料群岛。自此以后，几乎所有的香料都走红海—尼罗河的海路，阿拉伯人和威尼斯中间商赚得盆满钵满。

二、技术纽带

伊斯兰帝国和蒙古帝国不仅加速了欧亚贸易交往，还加速了技术传播。三角帆船便是明显的例子。阿拉伯船很早就使用了这种高大的三角形纵帆，它比

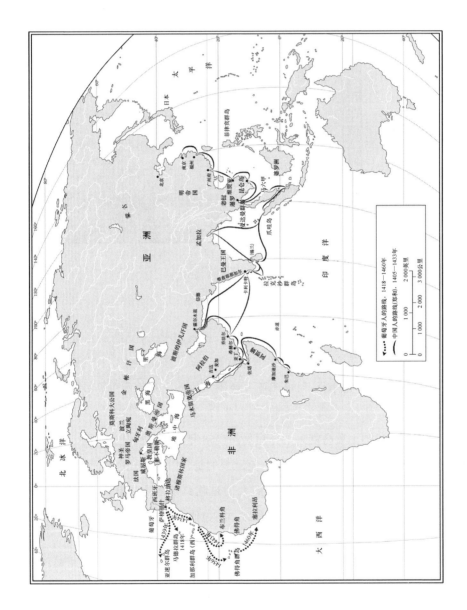

地图3　15世纪早期中国人和葡萄牙人的航行

中国活字印模

地中海其他船只使用的横帆更灵活,能逆风航行,在河流和狭窄的水域里转变航向。因此,三角帆船很快在黎凡特地区代替了横帆船,11世纪更是成了地中海通行的运输工具。三角帆今天被称为"拉丁帆",实际上却是阿拉伯人随穆斯林入侵传入地中海的。后来,这种帆又从地中海传到大西洋。15世纪,葡萄牙和西班牙的造船者将前桅横帆与主桅、后桅的三角帆结合,制造出了三桅帆船。三桅帆船可以应付各种天气,使哥伦布和达·伽马得以完成远洋航行。

与此同时,中国人发明的印刷术、火药和磁铁分别从文学、战争和航海技术上根本改变了世界。现存最早以整块木板刻字印刷的雕版印刷品是868年的中国佛经。活字印刷是中国人最早发明的,1041—1049年间,一位普通工匠制作了泥土焙烧的字模。此后数世纪,中国人用木活字和金属活字代替了泥活字。印刷术从中国传到中东,又再传入欧洲。欧洲现存最早的雕版印刷品制作于1423年,最早的活字印刷品《古滕堡圣经》出现于1456年。

火药早在中国唐朝(618—907)就已用于制造鞭炮。1120年,中国人发明了以火药填塞竹筒的武器"突火枪"。"突火枪"很可能就是1280年左右出现的金属管枪前身,不过人们还不清楚是中国人、阿拉伯人还是欧洲人发明了金属管枪。

15世纪阿拉伯人的手稿

磁石是公元前240年左右最早明确出现于中国文献的。但此后几世纪，司南仅用于风水活动。1125年，指南针才开始用于航海。来到中国的阿拉伯商人显然掌握了这种仪器并将其传入欧洲。

除了三大发明，中国人传给欧亚邻邦的发明还有很多，如造纸术、船尾舵、马镫和胸带挽具等。

三、宗教纽带

宗教信仰在中世纪也得到了空前的传播。基督教和佛教从古典时代末期就开始传播，在中世纪继续流传。但中世纪最重大的宗教变革是伊斯兰教的产生。自632年穆罕默德去世后，伊斯兰教冲出阿拉伯半岛，影响遍及欧亚大陆和非洲的广大地区。

伊斯兰教的传播（详情后叙）分两个阶段：632—750年为第一阶段，伊斯兰教传遍中东，并向西传到比利牛斯山脉，向东传到中亚，地中海变成了穆斯林的内湖；1000—1500年为第二阶段，伊斯兰教进一步远传印度、东南亚和非洲，印度洋也变成了穆斯林地区。

四、扩大的视野

蒙古帝国建立后，欧洲人对世界的认

马可·波罗觐见忽必烈

识有了重大突破。蒙古帝国的存在使人们的视野从地中海转向欧亚大陆。商人、传教士和战俘长途跋涉,使人们发现远东有一个伟大的帝国,其人口、财富和文明程度远远超过欧洲。这种认识并不是单向的,东方也开始了解西方。马可·波罗使西方了解了中国,也使中国和中东了解了西方。

这段时期,莫斯科、大不里士和诺夫哥罗德都有中国侨商殖民。中国技师在美索不达米亚受聘修筑灌溉工程。中国官僚陪同成吉思汗出征,巡察足迹遍布欧亚大陆两端。1278年,北京出生的聂斯脱利僧侣拉班·巴尔·索马曾到巴格达觐见伊儿汗朝廷,并被派往欧洲,请基督教反对伊斯兰教。他于1287年出发,到过君士坦丁堡、那不勒斯、罗马、巴黎和伦敦,求见了法王腓力四世和英王爱德华一世。中世纪游历范围最广的旅行家是穆斯林伊本·拔图塔(1304—1378)。他从老家摩洛哥前往麦加朝圣,接着经由撒马尔罕抵达印度,又以印度法官和使节身份被派往中国。回摩洛哥后,他继续北上到达西班牙,随后南下进入非洲内地,到达廷巴克图。等他返回摩洛哥定居时,已至少旅行了75000英里。

西方最著名、最重要的旅行家则是马可·波罗。1275 年，他跟随第二次访华的父亲和叔叔来到忽必烈的朝廷。忽必烈对他赞赏有加，委以重任，使他能以各种身份游历中国各地长达 17 年之久。1295 年马可·波罗回到家乡威尼斯，不久在与热那亚的战争中被俘，在狱中口述了他的旅行见闻。《马可·波罗游记》以最详尽、最可靠的方式向 16 世纪的欧洲人介绍了中国。实际上，这本书使西方人眼中的世界突然扩大了一倍。

第二节 伊斯兰教的兴起

600—1000 年，伊斯兰教出现，成为欧亚乃至整个世界历史的重要转折点。穆斯林战士南征北战，统一了整个中东。7—8 世纪，从比利牛斯山到信德省，从摩洛哥到中亚的广大地区都被统一在星月旗下。

伊斯兰教的文化成就比军事扩张更为显著。到 11 世纪，被征服地区的语言文化都受到阿拉伯人的影响。从波斯到大西洋，阿拉伯语成为日常用语。新的伊斯兰教文明借鉴犹太教文明、波斯—美索不达米亚文明和希腊—罗马文明而又自成一体。

一、穆罕默德

穆罕默德生于 569 年，是中世纪最有影响的历史人物。约 40 岁时，他曾经精神极度紧张，相信上帝将他选为先知，步亚伯拉罕、摩西和耶稣的后尘。有人问他受天启的经过，他声称《古兰经》的所有文字都保存在天国，由天使加百列一字一句地传授给他，再由他背诵出来。

穆罕默德死后不久，他的教义被记录下来，成为新宗教"伊斯兰"教（"伊斯兰"意为"顺服上帝的旨意"）经典。穆罕默德并未建立教士组织，也未规定拯救灵魂所必需的圣事，但他要求信徒遵从"五功"，由此极大地加强了信徒的

阿拉伯文字

社会团结。伊斯兰教不区分世俗生活和宗教生活。在伊斯兰教中，凡属于哈里发的也属于安拉，凡属于安拉的也属于哈里发。"沙里亚"即圣典直到近代都是通行伊斯兰世界的法律，在个别国家至今仍是基本法。

穆罕默德的教义逐渐赢得了皈依者。首先皈依的是他的亲人和朋友，后来被尊为"先知的同伴"。622年，穆罕默德移居麦地那，并说服那里的阿拉伯人皈依伊斯兰教。阿拉伯人称该事件为"希吉来"（"迁徙"之意），该年为伊斯兰教历（希吉来历）元年。一个以穆罕穆德的教义为基础的神权国家出现了。

以麦地那为基地，穆罕默德不断袭击麦加商队。这种袭击是通行于阿拉伯牧民的经济活动，只不过如今以"先知"的旗帜为号召，既能获得战利品，又能得到灵魂救赎。到630年，强大的穆斯林占领了麦加，穆罕默德将克尔白天房的黑石定为朝拜圣物。这样，他既维护了伊斯兰教的基本教义，又使其扎根于阿拉伯的传统习俗。632年穆罕默德去世时，大多数阿拉伯部落（但并非全部）已经承认了他的至高无上，并向他进贡。

耶路撒冷的石制穹顶，建于公元7世纪。

二、征服时期

穆罕默德去世后，为防止归顺部落变节，穆斯林统治者不断发动对外袭击，以便获取贝都因人喜爱的战利品。袭击的领导者是哈里发，即先知的世俗代表。在首位哈里发、穆罕默德的岳父艾卜伯克尔领导下，变节的部落重新归顺，最早的对外袭击开始。634年，欧麦尔继任新哈里发，早期的对外袭击发展成大规模的征服战争。

636年，阿拉伯人在约旦河支流耶尔穆克河谷重创拜占庭帝国，获得整个叙利亚。637年，阿拉伯人又在卡迪西亚大败波斯帝国，夺取了富裕的伊拉克。耶尔穆克和卡迪西亚的惊人胜利为穆斯林带来闻所未闻的财富，也使西南沙漠的贝都因人纷纷归顺。阿拉伯人势不可挡，向西攻入埃及，向东进犯波斯。此后数任哈里发受宗教狂热和贪婪野心驱动，继续高举伊斯兰教大旗，向更远的战场进发。在北非，阿拉伯人获得柏柏尔皈依者增援，一路横扫摩洛哥，穿过直布罗陀海峡，攻入西班牙。711年，他们打败西哥特王国的末代国王罗德里戈，并越过比利牛斯山进入法国。但732年，他们在法国的图尔被查理·马特打败。

穆斯林祈祷仪式中的动作次序图

与此同时,另一支穆斯林军队向东进入了印度西北部的信德省。接着,他们掉头北上,一直到达中亚的怛罗斯。至此,沙漠中的小教派仿佛一夜之间膨胀为横贯欧亚的大帝国。到750年,伊斯兰教统治了从比利牛斯山到信德省、从摩洛哥到中亚的广大地区。

三、从阿拉伯王国到伊斯兰帝国

第一阶段的扩张完成后,阿拉伯人安顿下来,享受胜利的果实。作为征服地区的占领军,阿拉伯人大都居住在军事重镇,控制着周围的乡村。伊斯兰教只是阿拉伯武士——贵族的特权,并不为众多的被征服臣民所信奉。

很快,"麦瓦利",即非阿拉伯穆斯林日益增多,打破了上述状况。新的皈依者涌入城市,充当雇员、工匠、店主和商人,为阿拉伯贵族服务。同为穆斯林,他们要求与阿拉伯人平等,却得不到承认,日益成为城市不稳定的因素。661年,完成征服的阿拉伯人从麦地那迁都大马士革,建立了伍麦叶王朝。非阿拉伯人将这个王朝看做百无一用的寄生集团。

754年,阿拔斯王朝结束争夺王位的十年内乱而建立。"麦瓦利",尤其是波斯人,代替了旧贵族。阿拉伯人不再是享有薪俸和特权的战士,其地位被以波斯人为主的皇家常备军取代。军事重镇变成了"麦瓦利"控制的大规模商业中心。

帝国结构也发生了根本变化,尤其是762年首都从大马士革往东迁入巴格达后。迁都实际上意味着阿拔斯王朝放弃地中海,转而向波斯寻求传统和支持。哈里发不再是阿拉伯部落的酋长,而是君权神授的东方专制者——"安拉在大地上的影子"。

四、伊斯兰文明

阿拔斯王朝的经济十分繁荣。首都巴格达人口将近100万,全国各地商业、矿业、林业、工业都十分发达。繁荣的经济区遍布全国,极大地促进了跨地区贸易。哈里发在奢侈豪华的宫殿里纵情享受,《一千零一夜》描写了最著名的哈里发哈伦·赖世德(786—809)。

阿拔斯王朝还以西方绝不可能有的宗教宽容而著称。伊斯兰教法是宗教宽容的主要原因,它认为基督教徒、犹太教徒和穆斯林一样,都是"有经人",都有一部成文的启示书。基督教和犹太教信仰是真理,但不完整,因为穆罕默德超越了摩西和耶稣基督。因此,伊斯兰教容忍基督教徒和犹太教徒的活动,只对他们偶有限制和惩罚。

阿拔斯王朝还以科学成就而著称,不过其主要特色是守成而不是创新。巴格达的"智慧宫"拥有翻译学校、图书馆、天文台和研究院。学者们翻译和研究希腊科学家和哲学家的著作、波斯和印度的科学论文。在天文学方面,穆斯林毫不间断地延续了古人的天文观察,积累了约900年的天文记录。在地理学方面,他们积累了欧亚大陆的系统、可靠的资料。比鲁尼关于印度的名著不仅论述了印度的地理特征,还讨论了印度的社会制度、宗教信仰和科学成就。此外,穆斯林还绘制了航海图和地图。

除了原创的贡献,穆斯林在翻译和改编古典著作方面也功不可没。巴格达

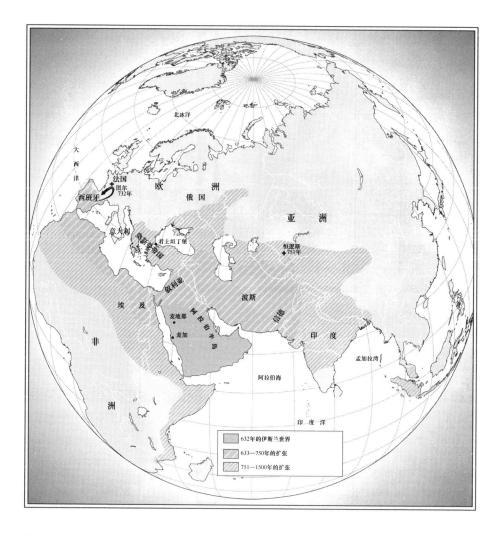

地图4　1500年以前伊斯兰教的扩张

14世纪阿维森纳《医典》手稿

迪奥斯科里斯的手稿

的"智慧宫"拥有一大批翻译家，基督徒侯赛因·伊本·易司哈格（809—873）是最为杰出者，他同助手一起翻译诸如希波克拉底、盖伦、欧几里得、托勒密、柏拉图和亚里士多德等人的作品。穆斯林西班牙的托莱多市是另一个翻译中心。12、13世纪，这里的翻译家包括犹太人、西班牙人和来自欧洲各地的学者。

五、哈里发统治的衰落

哈伦·赖世德哈里发统治时期，阿拔斯王朝达到鼎盛，此后便逐渐衰落。到9世纪中叶，土耳其雇佣军已经能够随意处置军事事务和行政事务。

帝国的虚弱引来蛮族入侵，哈里发遭到来自北部、南部和东部的进攻。

来自北方的是十字军，他们在叛变的当地穆斯林支持下占领了西班牙、西西里和叙利亚。在西西里，当地王朝于1040年灭亡，1091年被诺曼底王国彻底征服。在西班牙，伍麦叶王朝于1031年被推翻。到13世纪末，穆斯林只剩下半岛最南端的格拉纳达。在叙利亚，十字军从1096年起发动远征，在巴勒斯坦建立了四个国家：埃德萨伯国（1098）、安条克公国（1098）、耶路撒冷王国（1099）和的黎波里伯国（1109）。但这些公国在萨拉赫丁率领的叙利亚和埃及联军进攻下纷纷瓦解。一个世纪后，十字军被完全赶出叙利亚。

除了北方的十字军，哈里发在南方还要对抗摩洛哥、塞内加尔和尼日尔的柏柏尔人，以及上埃及的两个贝都因部落希拉勒和苏莱姆。这些进攻最后摧毁了北非文明。

第三支侵略军是东方的突厥人和蒙古人。他们的侵略持续数世纪，横扫整个欧亚大陆，构成了世界历史的重要一章。

第三节 突厥人和蒙古人入侵

1000—1500年间最惊人的变化是突厥人和蒙古人从辽阔的中亚向四处

扩张。征服分三个阶段：第一阶段（1000—1200）突厥人兴起，先是充当阿拔斯王朝的雇佣军，后来成为统治者。他们击败拜占庭和印度斯坦，将疆土扩张到小亚细亚和印度北部。第二阶段（13世纪）蒙古人不仅吞并中亚、东亚和俄罗斯，还占领了穆斯林中东，遏制了穆斯林突厥人的扩张。第三阶段（1300—1500）是蒙古帝国的崩溃，这为突厥人复兴和挺进欧洲和印度斯坦扫清了道路。

一、突厥人入侵

突厥人是一个语言群体，一般说突厥语系的某种语言，种族混杂，但体貌特征以高加索人为主。到6世纪中叶，他们统治了从蒙古草原到奥克苏斯河（即阿姆河）的广大平原地区。从8世纪起，由于阿拉伯人征服了波斯，并在怛罗斯打败了中国人（751），突厥人日益受到伊斯兰教的影响。

哈里发王朝衰弱后，突厥雇佣军反客为主，在巴格达任意废立哈里发。约970年，突厥人的一支塞尔柱人未受抵抗便进入穆斯林地区，很快独揽政权。1055年，哈里发宣布塞尔柱首领托格卢尔·贝伊为"苏丹"，正式承认了这一政权。哈里发名义上仍是帝国元首，但实际的统治者变成了突厥人苏丹。在好战的突厥人领导下，伊斯兰教帝国边境进一步向两大地区扩展。

一是小亚细亚。1071年，塞尔柱人在小亚细亚东部的曼齐刻尔特大获全胜，俘虏了拜占庭皇帝罗曼努斯四世。这一战成为中东历史的转折点。11—13世纪，小亚细亚大部分地区从希腊人的基督教地区变成了突厥人的穆斯林地区，至今不变。

与此同时，另一支突厥人向着南方的印度挺进。杰出的马哈茂德（997—1030）以阿富汗的加慈尼为基地，连年进犯印度，最终吞并了旁遮普，也使其永远成为穆斯林地区。阿富汗的其他突厥人也跟随马哈茂德而来。他们向南抵达古吉拉特，向东进入恒河流域。1192年，德里被占领，成为突厥苏丹国首都。佛教寺院被毁，佛教徒被杀，佛教再也没能在发源地复兴。

成吉思汗画像

二、成吉思汗的征服

突厥人称霸伊斯兰世界之时,遥远的蒙古出现了一位不起眼的首领,他将建立历史上最大的帝国。成吉思汗生于1167年,原名铁木真。1206年,他击败所有对手后统一蒙古部落,被部落酋长会议推举为全蒙古大汗,尊称成吉思汗,意为"世界的统治者"。

1205—1209年,成吉思汗首先征服西夏,迫使其纳贡;1211年进攻中国北方,占领了长城以北地区;1213年突破长城防线,进入黄河平原;1215年占领北京;1216年攻占满洲;1218年攻占朝鲜;1219年消灭喀拉汗国。完成这些征服后,成吉思汗已经直抵花剌子模边境,并于1219—1221年将其消灭。1227年,他消灭了叛乱的西夏后离世。

三、蒙古帝国

成吉思汗之子窝阔台(1229—1241年在位)继续对欧亚大陆两端的中国和欧洲展开进攻。在中国,蒙古人于1234年歼灭北方金国残部,最终又灭了南宋。在欧洲,成吉思汗之孙拔都两次西侵(1237、1240),分别到达波罗的海和亚得里亚海岸。至此,蒙古军队控制了从亚得里亚海到日本海之间的欧亚大陆广大地区。

1242年春,窝阔台大汗去世后不久,拔都撤回伏尔加河下游,并建立金帐汗国。拔都的继任者决定征服中国南部,推翻巴格达的阿拔斯王朝。在中国,1277年,蒙古大军占领南方大港广州,忽必烈大汗将帝国首都从蒙古草原的哈拉和林迁到北京。在中东,1258年,蒙古大军占领了阿拔斯王朝的首都巴格达。

出人意料的是,1260年,埃及马木留克军队在巴勒斯坦大败蒙古人。这场失败标志着蒙古帝国在中东由盛而衰,正如进犯日本、爪哇失败标志着它在远东由盛而衰。一旦无法继续扩张,蒙古帝国迅速瓦解。

四、蒙古帝国的衰落

蒙古帝国衰落的基本原因是:与被征服民族相比,他们人数太少,文化太落后。结果,他们采用了被征服者的语言、宗教和文化,丧失了自己的特点。这就是帝国创立不久即告崩溃的根本原因。

忽必烈汗迁都北京后,很快变成了中国式的皇帝。旭烈兀定都大不里士、建立伊儿汗国后,很快变成了波斯式的统治者。同样,高加索山另一侧的金帐汗国也接受了当地东正教和官方伊斯兰教的影响。最后,只有蒙古草原上的蒙古人仍保持着蒙古传统,吸收了佛教影响,变得默默无闻。

五、突厥人的复兴

蒙古帝国分裂后,穆斯林突厥人卷土重来。为控制欧亚中部平原,一批批军事冒险家脱颖而出。最著名的是帖木儿。1369年,他占领撒马尔罕,由此向各处出击。帖木儿帝国盛期,疆土从地中海延伸直至中国边境。但他去世后,帝国分裂得比蒙古帝国还快。

继帖木儿之后,最显著的扩张是穆斯林突厥人侵占印度和拜占庭。在印度,14世纪,突厥人开始向南扩张,抵达吉斯德纳河,占领了印度半岛的三分之二。在中东,1299年,土耳其领袖奥斯曼宣布摆脱塞尔柱君主而独立,伟大的奥斯曼帝国初露端倪。1340年,土耳其人征服了残留在小亚细亚的拜占庭领土;

1354年渡过达达尼尔海峡，在加利波利建起第一个欧洲要塞；1453年攻陷君士坦丁堡，结束了拜占庭帝国1000年的历史。

六、突厥人和蒙古人入侵的意义

1000—1500年间突厥人和蒙古人的侵略造成的一个结果，是欧亚出现了新的势力平衡，伊斯兰教成为最主要的决定性力量。15世纪末西欧人开始海外扩张时，伊斯兰教已经传播到四面八方。奥斯曼人渡过多瑙河进入中欧；中亚完全皈依，只剩东部边缘地区；莫卧儿人即将征服印度半岛大部。在欧亚大陆外，伊斯兰教也从两个中心向非洲内陆稳步传播：从北非沿岸穿过撒哈拉沙漠传入西非，促使众多黑人伊斯兰王国兴起；从东非沿岸的阿拉伯殖民地传入内地各国，如基督教努比亚王国。伊斯兰教也被阿拉伯和印度商人传到了东南亚：15世纪末菲律宾的棉兰老岛出现穆斯林；而且东南亚贸易最活跃的地区马来半岛和印度尼西亚群岛都是伊斯兰教中心。

500年中，伊斯兰教在欧亚大陆的传播面积几乎增加了两倍，使整个印度洋成为伊斯兰世界的内湖。这意味着亚洲运往欧洲的所有货物都沿着穆斯林控制的陆路和水路运输，尤其是1295年伊儿汗国皈依伊斯兰教后。

突厥人和蒙古人的侵略影响深远，还因为他们促进了欧亚大陆的交流。蒙古和波斯统治下的和平促进了中国发明的西传，也促进了西方商人和使节的东行，欧亚大陆出现了前所未有的紧密联系。

但只有欧洲得益于互惠互利的交流，其他欧亚文明则始终一成不变。

第四节 传统拜占庭文明

拜占庭是经历蛮族入侵而从古典时代幸存至近代的传统文明之一。持续千年而不断的历史最终却遭致废弃和灭绝，尤其是在政治上。拜占庭先于1204年崩溃，1261年部分恢复，并苟延残喘至1453年。

一、拜占庭的出现

330年，君士坦丁大帝建立东罗马，宣布拜占庭为首都，即后来的君士坦丁堡。476年西罗马帝国灭亡后，东罗马帝国的皇帝查士丁尼试图恢复罗马帝国，一度从蛮族手中夺得了北非、意大利和西班牙部分地区。但复兴的帝国却十分短命。查士丁尼死后不久，新的蛮族部落伦巴第人占领了意大利大部。在多瑙河边境，阿瓦尔人和斯拉夫人向南涌入巴尔干地区。在东部，波斯人占领了叙利亚、巴勒斯坦和埃及，并在君士坦丁堡对面的博斯普鲁斯海峡沿岸安营扎寨。

在希拉克略大帝（610—641年在位）领导下，拜占庭开始反击周围的敌人。627年，希拉克略大败波斯人，夺回了所有被占领土。但多瑙河边境已被新来的斯拉夫移民占领，希拉克略接受了他们的纳贡，允许他们定居下来。

7世纪后期，拜占庭帝国遭到穆斯林的海上袭击和保加利亚人的陆上进攻。伊索里亚王朝的利奥三世（717—744年在位）粉碎了阿拉伯人的围攻，并将他们赶出小亚细亚。在他治下，帝国边境比较稳固，但与查士丁尼时期相比已不可

查士丁尼和随从们，镶嵌画。

同日而语：意大利被伦巴第人占去；巴尔干北部被斯拉夫人和保加利亚人侵占；叙利亚、巴勒斯坦、埃及和北非则丢给了阿拉伯人。

8世纪的拜占庭帝国虽然很小，却更加统一。它抛弃了东西方行省的多元种族、文化和宗教，只留下占主导的希腊成分。这样，6世纪的东罗马帝国变成了8世纪的拜占庭帝国，其文化既不同于东方的伊斯兰教，又不同于西方的新欧洲。

二、拜占庭的黄金时代

9世纪初—11世纪初，拜占庭帝国臻于极盛。帝国以省为行政单位，各省由将军统辖，既主管行政，又主管军事。在强大的皇帝控制下，分省统辖确保了有效的行政和可靠的军务。农民负担大部分税捐，保证了国库充盈。

拜占庭的经济牢固建立在自由农民村社基础上，村社与大地主庄园并存。城市自希腊罗马古典时代就已存在，城里的工匠手艺高超，生产的手工艺品只有中国的手工艺品能与之媲美。

这是一个文化上稳定、统一的时期。拜占庭人仍自称罗马人，但希腊语是通行的书面语和口头语言。宗教也进一步统一：克里特岛重新征服后，岛上的

查理曼加冕，14世纪法国泥金写本。

穆斯林皈依东正教；巴尔干北部的斯拉夫人、保加利亚人、基辅公国的俄罗斯人、塞尔维亚人也先后皈依了东正教。

拜占庭皇帝和东正教主教互相支持，使帝国更加稳固。东正教教会必须依附于拜占庭朝廷的原则举国公认、传承已久。

三、拜占庭的衰落

1071年，拜占庭帝国发生两大灾祸，标志着长达数世纪的衰落开始了。第一场灾祸发生在意大利南部的巴里，诺曼人占领了拜占庭最后一个据点。另一场决定性的打击发生在小亚细亚的曼齐刻尔特，塞尔柱人打败拜占庭皇帝，小亚细亚开始变成突厥人根据地。

自作聪明的亚历克塞·康尼努斯皇帝（1081—1118年在位）试图挽救帝国。他给威尼斯人宝贵的商业特权，请他们帮助击退进攻君士坦丁堡的诺曼人。他还请求西方天主教国家帮助打击穆斯林塞尔柱人。但他得到的不是少量的雇佣军，而是大量不受约束的十字军。第四次十字军东征因为贪婪和仇恨的驱使而改变了

1204年，十字军占领君士坦丁堡，疯狂屠城，德拉克洛瓦作于19世纪。

第三章 欧亚中世纪文明(500—1500)

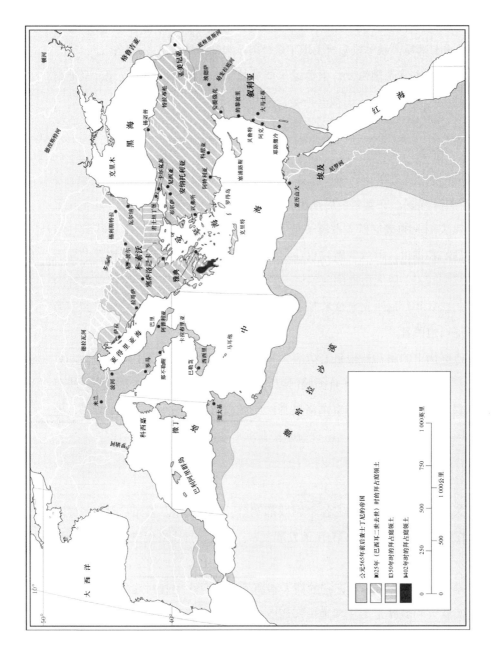

地图5 拜占庭帝国的衰落

解放耶路撒冷的初衷，转而进攻君士坦丁堡。1204年春，法兰克人、威尼斯人、佛拉芒人和日耳曼人联军攻陷君士坦丁堡，屠杀和劫掠持续了三天三夜。

1261年拜占庭帝国恢复，但再也未能从拉丁人征服的创伤中复原，只能苟延残喘到1453年君士坦丁堡被奥斯曼帝国占领。

四、拜占庭的灭亡

得胜的拉丁人在拜占庭帝国废墟上建立起封建国家。他们在君士坦丁堡建立了一个拉丁帝国，在塞萨洛尼基建立了一个拉丁王国，在希腊建立了几个拉丁公国。热衷商业的威尼斯人占领了君士坦丁堡的四分之一，兼并了通往黎凡特的诸多岛屿和港口。但这些新政权注定短命。反抗他们的希腊东正教居民先后建立了三个国家：伊庇鲁斯的阿尔塔，黑海南岸的特拉布宗和小亚细亚西部的尼西亚。1261年，尼西亚皇帝米海尔·巴列奥略夺回君士坦丁堡，赶走了拉丁皇帝和威尼斯殖民者。

拜占庭历史的最后阶段自1261年米海尔·巴列奥略收复君士坦丁堡始，至1453年君士坦丁·巴列奥略在首都城门被突厥人杀死为止。这两个世纪中，残存的帝国仅包括君士坦丁堡和塞萨洛尼基两座城市及其周围小片不稳定地带，外加两个属地：伯罗奔尼撒的米斯特拉和小亚细亚北部的特拉布宗。

五、拜占庭的遗产

回头来看，拜占庭显然在各个领域都做出了重大贡献。首先它起到了屏障作用。在它阻挡下，西方得以自由地发展文明。其次，拜占庭促进了贸易和经济的全面发展。几个世纪以来，拜占庭一直是整个地中海盆地的经济发动机，它的货币是当时国际标准货币，它的商人和商品促使西欧摆脱封建的自给自足经济，促使意大利城邦走上主宰地中海商业的道路。第三，在文化领域，拜占庭挽救了无数古代文化艺术珍品，并连同其自身遗产一起传给了子孙后代。拜占庭传下了查士丁尼编纂的罗马法，传下了直到最近才被理解和欣赏的宗教艺术，

莫斯科红场上的俄罗斯东正教圣巴西勒大教堂

传下了古典和希腊化时代的文学和学术作品,它们由严谨的学者汇集、注释和保存。

最后,对东斯拉夫人而言,拜占庭帝国是伟大的教育者、宗教和文明的源泉。早期的俄罗斯公国沿河流依次排开,依靠与拜占庭的商业而日渐繁荣。与希腊产品一起到来的是希腊的文化制度。对东斯拉夫人来说,最重要的是东正教。约在988年,弗拉基米尔大公皈依东正教。这不仅是宗教信仰的改变,还意味着拜占庭式教会统治集团形成了。集团的首领是基辅大主教,由君士坦丁堡主教任命和领导。东正教还给俄罗斯带来了新的宗教文献和法律文献,包括《圣经》、基督教作家作品、圣徒传记和法律书籍。石头教堂、马赛克、壁画、油画,尤其是肖像画等拜占庭艺术也传入俄罗斯。俄罗斯人青出于蓝胜于蓝,形成了独具一格的俄罗斯—拜占庭风格。东正教还带来了拜占庭教会法,建立了宗教法庭。在政治领域,新教会加强了俄罗斯大公的权力。大公从众人追随者的首领变成了"上帝的奴仆"和神权统治者。根据拜占庭传统，俄罗斯教会还对世俗权力有最高控制权。

第五节 传统儒家文明

隋唐代确保了中华文明传统不断。此后1000年是中国的黄金时代，一直是全球最富裕、人口最多、文化最发达的国家。

从6世纪隋朝建立到16世纪西方人海上入侵的1000年间，中国的政治、社会和文化空前稳定。但矛盾的是，这种稳定既是好事又是坏事。好在这1000年的中国社会提供了比其他地方更多的物质保障和心理安全；坏在中国因这种成就和舒适而停步不前。

一、隋朝和唐朝

隋朝重修了毁坏严重的长城，开挖了庞大水运系统"大运河"，满足了将全国经济中心长江流域同北方政治中心相连的迫切需要。但两项工程耗费了巨大的人力物力，隋炀帝失去了民心，削弱了统治基础。

开疆拓土的战争也所费不赀，帝国疆域延伸至台湾、印度支那的安南和占婆、西北部的甘肃。但对朝鲜半岛最北部国家高句丽的征服带来灾难性结果。四次进攻都被高句丽军击退。不满的士兵发动兵变，赋税过重的农民在各地起义。618年，逃到南方的隋炀帝被杀。几位觊觎王位者展开争夺，获胜者建立了中国历史上最辉煌的朝代唐朝。

唐朝最显著的成就是帝国扩张。通过一系列大战，其疆域超过了汉朝。在中亚的塔里木盆地、帕米尔高原另一侧的奥克苏斯河流域各国，甚至印度河上游地区，唐朝都建立了宗主权。

对外征服之所以能进行，是因为国内重建起强大的中央政府。为了防止地方大地产与中央政权对抗,隋朝和唐朝政府提出了"均田制":中央政府授予每位有劳动能力的农民约19英亩土地。"均田制"多少削弱了大家族控制,加强了唐朝统治,也增加了国家税收。唐朝还建立了一支能干的官僚行政队伍。隋朝恢复汉朝的科举制度后,唐朝进一步继承和发展,形成了以儒家经典为内容、从地方到中央的层层考试制。

首都长安人口约100多万,是一个各国商人、使节云集的大都会。

唐朝思想自由,在宗教信仰上尤为明显。帝国疆域辽阔,海陆商路重新开放,各国宗教思想和传教士纷纷涌入。佛教便是如此,它于汉朝自印度传入,影响日益增长,唐朝初期达到顶峰,因此唐朝被称为中国的"佛教时代"。但在传播过程中,佛教完全被中国化。它从根本上促成了理学的产生。各种佛教宗派也相继形成,其中著名的是禅宗,后来传入日本。

唐朝最后一个半世纪时,衰落的表现纷纷出现。财政入不敷出,"均田制"难以为继,土地兼并,农

隋朝立佛像

唐朝坐佛像

唐朝战马浮雕

民遭受剥削,边境蛮族首领起兵叛乱。907年,叛将朱温废黜了末代皇帝,洗劫了长安城。帝国四分五裂,历时半世纪的"五代"开始了。最后,能干的将军赵匡胤重新统一全国,建立了宋朝。

二、宋朝的黄金时代

宋朝的外交十分被动。第二代皇帝只想从游牧民族手中收复北京和长城之间的幽云十六州,却惨遭失败,此后干脆放弃了这片领土。他甚至每年向游牧民交纳"岁币"——一种变相的纳贡。因此之故,宋朝从未收复东北地区和西北地区。

"岁币"政策实行了一个半世纪,宋朝皇帝突然草率决定收复东北领土。结果宋朝惨败,游牧民族大规模入侵中国北部。宋朝土崩瓦解,只保留了长江流域和南方地区。因此,宋朝的后半期(1127—1279)称为"南宋",前半期(960—1127)被称为"北宋"。

唐宋时期,中华文明在很多方面达到了顶峰。在这几世纪中,佛教经文和儒家经典汗牛充栋;学者撰写的各朝历史无所不包;众多诗人和艺术家杰作涌

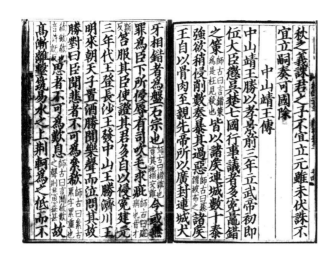

木版印刷的《汉书》书页，1208—1224年间。

现；书于卷轴的书法与绘画饱受赞誉；精美的瓷器薄如蝉翼、吹弹可破；印刷术印制出大量佛经；科学技术取得非凡进步。

除了文化成就，宋朝还出现了影响欧亚大陆的商业革命。在国内，贸易量随着经济活动迅速发展而上升，中国历史上首次出现了商业中心城市。发展更惊人的是国际贸易，中国历史上首次出现了与外国联系的海港城市。

三、元朝蒙古人的统治

1234年，蒙古人消灭了中国北方满族女真人统治的金国，开始转而对付宋朝。战争持续了几十年，直到1279年末代皇帝死于海战，宋朝灭亡。中国历史上第一个、也是唯一的一个游牧民族王朝建立，元朝一直统治到1368年。

蒙古人建立了与前代统治者类似的行政机构，但保持了游牧民族的语言、习惯和法律，与被统治者形成差别。他们有意任命了许多外国人以抗衡大多数中国人，马可·波罗是最著名者，但更多的人是中亚的穆斯林。忽必烈大汗迁都北京后变成了中国式皇帝，按儒家传统治理帝国。

因为游牧民族的特性和统治时间较短，蒙古人并未在中国留下深刻影响。定都北京也许是其最持久的贡献。北京位于华北平原，西通中亚，东达满洲，至今仍是重要的军事、经济、政治中心。蒙古人的统治还促进了陆上贸易的激增，因为此时中国成为横跨欧亚大陆的大蒙古帝国一部分。宋朝出现、元朝推广的纸币促进了商业繁荣。

雄才伟略的忽必烈死于1294年，继位的是他的孙子帖木儿。但帖木儿享位不长，此后的大汗均软弱无能。1368年，平民朱元璋在农民起义中脱颖而出，建立了汉族人统治的明朝。明朝的统治一直延续到1644年。

忽必烈汗狩猎图

四、明朝的自满与内向

明（1368—1644）、清（1644—1911）两朝统治了中国500多年，成为世界史上国泰民安的重要阶段。国家之所以能空前持久稳定，主要是因为新的儒家思想"新儒学"取得了主导地位。

新儒学的代表人物是朱熹（1130—1200）。他结合佛教、道教思想，使儒家学说更适应时代发展。他以经验理性主义方法教导说，万物皆有理，人可格物致知。他还相信人性本善，教育可以纠正邪恶。明朝中国刚推翻蒙古人的统治，回顾历史传统，民族优越感油然而生。在这种背景下，朱熹逐渐被奉为绝对的权威。儒家经典和朱熹注疏成为科举考试的依据，新儒学作为官方思想一直延续到19世纪后期。结果，悠久而独特的中国文明虽延绵不绝，却拒绝任何外来创新。

中国社会的稳定不仅要归因于新儒学，还要归因于士大夫阶层的顽固统治，他们在这个农业官僚帝国中同时占有了土地和官职。士大夫往往是地主，也中过科举，拥有一官半职。在中国，乡绅、贵族和官僚身份总是无法明确区分，这致使激进的土地改革不可能推行。

中国将军像，北京城外通往明朝陵墓的道路旁。

相比之下，明朝政府率先开始严厉控制约束商人阶级，导致宋朝的商业革命未能开花结果。商人行会首领受到政府监管；朝廷和政府消费的商品都由政府垄断；甚至民众生活必需品如盐、铁等也由政府垄断。这些限制剥夺了中国商人自由发展的机会，也束缚了经济的繁荣。

对内限制的另一项政策是禁止海外贸易。1603年，马尼拉的中国人遭到屠杀，福建官员不予追究，反而谴责海外华人背井离乡，死有余辜。1712年，皇帝下诏禁止中国人在东南亚经商和定居。五年后又下令海外华人及时返乡，可免责罚。1729年，第三道诏令限定华人回国日期，逾期未归者再不许回国。

五、日本的中华文明

日本人基本上起源于东北亚的蒙古人，但还有另外两支起源：来自北方诸岛、多毛的高加索虾夷人，以及来自南方的马来人和波利尼西亚人。早期日本由许多氏族组成，每个氏族由世袭的祭司族长统治。1世纪末，邪马台氏族控制了各氏族，建立起松散的政治宗教霸权。邪马台首领成为天皇，邪马台之神成为全日本的神。

6世纪初，中国文明大规模传入日本，氏族组织遭到破坏。大化改新始于645年，试图将日本变为唐朝式的中央集权国家。但强有力的世袭贵族反对这种中国式的改革，对行政机构进行了日本式改造。藤原家族完善了双头政治，即双重政府体制。他们实际统治国家，为天皇选择嫔妃，充任高级行政军事官员。天皇则过着奢侈的隐居生活，不理朝政，不与民众接触，主要职责只是保证天皇万世一系。这种双重政府体制在中国绝无先例，在日本却一直保持到19世纪欧洲人到来为止。

在文化上，日本也采用了同样的借鉴方式。日本人借用了汉字，但发展出独特的书写体系。他们借鉴了儒家学说，但修改了伦理思想和政治学说以适应日本社会。他们采纳了佛教，但根据日本人的精神需要进行修改，还保留了本民族的神道教。他们效仿唐都长安，在奈良、京都先后建立了都城，但庙宇、楼阁、神龛和花园具有明

泥塑武士

日本园林

显的日本风格。帝国宫廷是高度发达的文化艺术活动中心。11世纪，紫式部女士的著名小说《源氏物语》以轻快的笔调描写了宫廷生活。

六、日本的封建制度

645年大化改新引进的中国式帝国体制在日本有效运作了很长时间。但到12世纪，这种体制已被日本的种种封建制破坏和取代。到12世纪末，纳税土地只占全国耕地不到百分之十，地方权力被新的农村贵族所控制。

与此同时，因为贫穷的农民无法负担兵役，农村贵族又日益成为军队主力。他们成为骑兵武士，军事战斗力逐渐增强，最后完全控制了帝国军队。农村贵族与他们的侍从即武士（意即"为人服务的人"）形成封建关系，这种关系以"武士道"理想为基础。武士享有法律和礼仪上的特权，但必须绝对效忠于封建领主。

到12世纪，日本已处于各大封建领主集团控制之下，各集团为了争取土地而相互争斗。结果，大地主即"大名"兴起。16世纪初，日本的大名已达几百个，都企图统治全日本。

七、日本的内向与孤立

大名控制时期日本经济迅速发展。生产率的提高使国内外贸易更加繁荣。15、16世纪，各战略要道、海港或主要寺庙所在地出现了城镇。15世纪后期，海盗兼商人已经活跃于整个东南亚。

但这一趋势并未继续发展，日本撤回到与外界隔离的状态。转变的主要原因，是西方强国对东南亚和东亚海域的入侵使日本人惊恐。17世纪初，德川幕府采取锁国政策。外国传教士都被赶出日本，皈依者被迫放弃信仰。结果，只有少数中国人和荷兰人获准在九州岛的长崎港进行有限的商业活动。锁国政策还禁止日本人出国，违者处以死刑。这样，日本开始了长达两个多世纪的闭关自守。

第六节 革命的西方文明

新的西方文明十分独特：多元化、适应性强、摆脱了传统枷锁。这种新文明不仅为西方、也为整个世界带来历史性变革。

一、西方的多元化

中世纪西方社会基本分成三大阶层：教士、劳动者和骑士。罗马帝国崩溃后未能重兴，这三大阶层形成独特的社会地位和相互关系。他们依靠三种制度发挥作用：封建制、采邑制和教会。

"封建制"是一种政治体制。在这种体制下，拥有地产者同时拥有政权，国家权力被封君与封臣间的契约所取代。封建制源于日耳曼国王，他们夺取罗马帝国后，缺乏资金维持官僚机构、法院和军队，只能把地产当做报酬赠与手下。但接受地产的"封臣"却把地产看做私人领地。查理曼大帝十分强大，尚能让封臣宣誓效忠。但其后继者软弱无能，权力旁落到封臣手中，封臣的地产即"采

采邑

邑"变成了私有财产。这些强大的领主又将土地细分成更小的采邑,授予更小的封臣。结果,每个封臣只对直接领主而不是国王效忠。领主与封臣之间有封建契约,规定双方的义务。最重要的是,领主除提供封地外,还需提供保护;而封臣则根据惯例每年服一次兵役,通常约40天。查理曼帝国瓦解后,各封建王国迅速封建化。由于采邑的合法性来自王权,大领主往往会小心推选合适的国王,即使无意尊重王权。但1000年,西欧安顿下来,外来侵略停止,国王逐渐开始收回封建权力,加强君主专制。随后几世纪,国王与贵族的斗争成了西方政治史的实质。

采邑制的产生是因为大规模经济组织的崩溃。采邑是农奴经营的自给自足的村庄,农奴不能随便离开,用劳动供养教会或世俗领主。采邑大小各不相同,其居民少则数十人,多则数百人。农奴与奴隶不同,既有义务,也有公认的权利。他们受到保护,拥有一块土地,能养活自己和全家,有许多宗教假日和收获节日。作为回报,他们需要耕种领主的土地,为领主干家务活和其他杂活,并将自己的部分收入交给领主。尽管（或者说正因为）采邑是自给自足的，其效率稳步增长，最后中世纪西方的农业技术超越了希腊罗马时代。

罗马天主教的发展也很不可思议。罗马帝国灭亡反而使教皇更强大。为加强自身地位，教皇采取了两种办法：一是与崛起的法兰克人结盟，800年教皇利奥三世为查理曼大帝加冕；二是派传教团劝说北欧异教徒皈依，建立承认教皇权威的新教会——597年英格兰教会建立，7世纪伦巴第和弗里西亚教会建立，8世纪德意志教会建立。

二、地理背景

地理因素是欧洲在中世纪领先其他地区的重要原因。其中一点是有利的位置。地处欧亚大陆西端，欧洲躲过了1000年后多次大规模侵略。

同样重要的是欧洲独特的自然资源优势。北欧大部分地区是平原，西起比利牛斯山，向北、向东辐射，一直延伸到黑海和波罗的海。大西洋季风吹过这片平原直到俄罗斯。因此，地中海盆地以北的欧洲气候宜人，雨水充沛，土地肥沃，是理想的农业用地。河流终年不冻，水量充足，有利于交通运输。曲折的海岸线使内陆地区很容易到达沿海口岸。

三、技术进步

西欧在中世纪取得的技术进步比整个古典希腊罗马时代更多。这些技术进步主要是在农业领域。首先是8世纪开始采用的"三田"轮作制，它极大地提高了生产率。其次是重型轮式犁，它装有锋利的铁头，翻土深度可达6—8英寸，犁头后的犁壁可翻起草皮。欧洲中、北部肥沃而难以耕翻的洼地便是用这种犁开垦的。

更有效的马具也有助于农业发展，如10世纪采用的马挽具和马蹄铁。

最后，水车和风车在中世纪西欧也得到广泛应用。

11—12世纪的市场贸易,绘于15世纪。

四、繁荣的经济

900—1300年,西欧经济稳步发展。14世纪,因为粮食歉收、饥荒、黑死病、英法"百年战争"和德意战争等原因,经济出现大萧条。但很快,1400年后经济开始复苏并一路上升。

欧洲经济的发展在各个领域中都很显著,如采矿业、渔业、林业、农业等。农民耕种附近的荒地,还随着人口增长而移居到人烟稀少的边疆。日耳曼人渡过易北河向俄罗斯边境移动,进入了东斯拉夫人和波罗的海民族聚居的地区,或是向南进入穆斯林西班牙;盎格鲁—撒克逊人则挺进威尔士、苏格兰和爱尔兰,进入了凯尔特人生活的地区。

人口增长和农业、矿业、渔业、林业的繁荣刺激了商业和城市的发展。到14世纪,商业已经成为日常生活的中心。城市作为地区贸易和地方行政中心开始出现。意大利尤为突出,威尼斯、阿马尔菲和那不勒斯因被伦巴第侵略者切断与内地的联系,反而成为海上商业中心。接着,在西欧内地商路沿途和波罗的海沿岸,也相继出现城市。沿内地商路发展起来的大型集市对商品流通也很重要,尤以香槟集市最为著名。

14世纪末的意大利银行

中世纪西欧城市的人口和贸易量微不足道,但自治权和政治力量却与日俱增,十分独特。一旦获得财力和影响力,市民往往可以得到君主的特许状,组成共同体。共同体有权组成社团,用社团印章签订协议,拥有市政厅、法院和城外的附属地区。特许状还允许商人和工匠组织行会。这样,市镇逐渐成为新的社会成分,市民不受封建法约束。

在有的地方,城市联合起来组成联盟,成为强有力的政治经济体。例如,意大利北部的米兰、布雷西亚、帕尔马、维罗纳等富庶城市结成伦巴第联盟,抵制霍亨斯陶芬皇帝的征税和管制。波罗的海沿岸的不来梅、吕贝克、斯德丁、但泽等90个市镇组成汉萨同盟,垄断了北欧贸易。

城市权力的发展给欧洲商人带来了地位和权力,这在欧亚大陆是独一无二的。只有在欧洲,商人才逐渐获得了政治和经济权力。商人成了伦敦市长、德意志帝国自由市参议员、荷兰州长。

五、新君主国的崛起

大致来说,查理曼死后,西欧政治发展分为三阶段。第一阶段是9—11世纪，教皇和皇帝相互合作。教皇支持皇帝反对日耳曼贵族，皇帝支持教皇反对拜占庭教会。第二阶段，随着 1073 年格列高里七世任职，教皇地位开始上升。到 13 世纪，教皇英诺森三世插手欧洲各国事务，任意任免君主。这两百年中，教皇是天主教国家最高统治者。第三阶段始于 1302 年，教皇卜尼法斯八世因声明教皇权力至上而遭法国国王威胁，羞愤致死。1305 年，法国大主教当选教皇，成为克雷芒五世。他未去罗马，而是以法国东南部的阿维尼翁为驻地。此后 70 年，阿维尼翁教皇成了法王的傀儡，不再是天主教国家的最高统治者。

欧洲君主的权力主要来自与新兴商人的非正式联盟。市民向君主提供财政支持，并担任国王的内侍、监工、账目保管人和皇家造币厂经理等。作为回报，新君主向市民提供保护，防止封建领主和主教的频繁战争和苛捐杂税。为保护商人利益，君主还废除了五花八门的关税、法律、度量衡和货币等地方自治权。封建障碍消除，国家法令推行，君主制国家出现了。到 15 世纪，君主制国家已大致包括了今天的英国、法国、葡萄牙和西班牙。

六、文艺复兴的酝酿

罗马陷落至 1000 年的几世纪是"黑暗时代"，文化缺乏创造力。修道院教士确实保存了部分古典文化，但保存重点自然是符合宗教信仰的部分，更世俗的内容被忽略了。

11 世纪，主教为了教育教区内的教士而创办了教会学校。一百年后，教会学校发展为早期大学。它们是具有合法身份的自治团体，明显与众不同。除了教会学校开设的文科外，早期大学还开设了教会法、民法、医学和神学等专业。12 世纪，博洛尼亚、巴黎和牛津出现了第一批大学。13 世纪，帕多瓦、那不勒斯和萨拉曼出现大学。14 世纪，中欧的布拉格、克拉科夫和维也纳也建立了大学。

1350—1600 年，文艺复兴的酝酿发酵，教育和学术环境也发生改变。文艺复兴发源于意大利，反映了意大利的社会条件和价值观。

博洛尼亚大学的讲座,浮雕。

大卫像(局部),米开朗琪罗雕于1501年。

现世主义和个人主义在学术和教育中均有体现。

文艺复兴的精神最深刻地体现在达·芬奇、米开朗琪罗、拉斐尔和提香等大师的作品中。

文艺复兴不只限于意大利，16世纪，这股新风潮传播到了北欧。

七、西欧的扩张

10—14世纪，欧洲开始反守为攻。十字军在西班牙、意大利南部、西西里和"圣地"击退了穆斯林，甚至占领了基督教拜占庭帝国。在东北欧，日耳曼领主夺取了易北河东岸的土地。为了向奥得河东岸继续扩张，他们以条顿骑士团名义组织了十字军东征，讨伐异教的普鲁士人。骑士团建立了许多要塞，日耳曼人也在要塞周围定居下来，为进一步进攻提供人力物力。很快，日耳曼商人在沿海、沿河的战略要地建立了城市。到15世纪末，原来属于斯拉夫人和波罗的海民族的广大地区开始转归日耳曼各阶层：领主、主教、市民和农民。

如果没有技术进步、商业复兴、人口增长和普遍的精神焕发，十字军东征不可能发生。这些因素继续发展，并在14世纪大萧条后加速作用，最终导致十字军扩张到了海外。海外扩张的一个重要动力是基督教的普救说、传道热情和

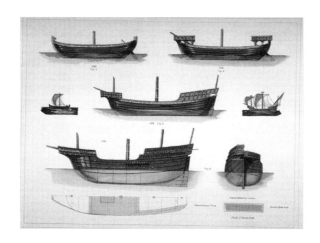

帆船的演变

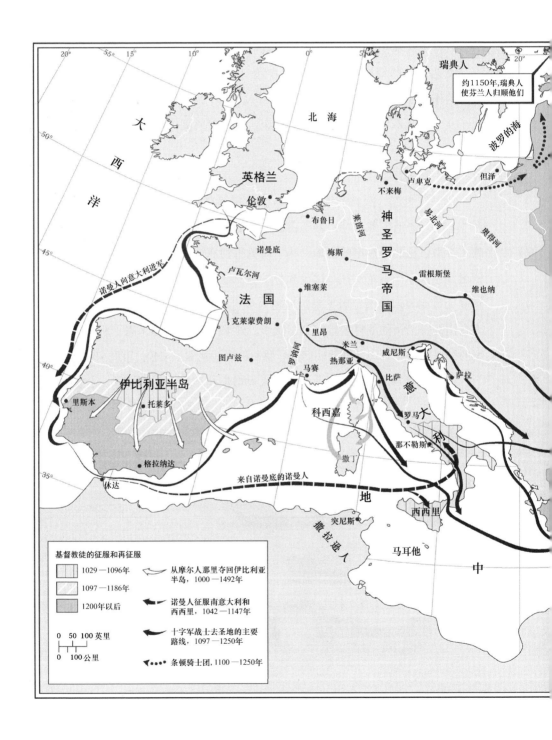

地图6 中世纪西方的扩张（11—15世纪）

十字军的好战精神。上帝和黄金是促使欧洲人海外冒险的最强烈动机。西方技术水平的不断发展,尤其是造船、仪器、航海技术和海军装备上的进步,也直接促成了对外扩张。同样重要的是商业经营方面的技术革新,如意大利复式簿记法、货币、银行、商业证券、贷款和利息、合股公司等创新和发展。

总之,上述因素互相结合,使欧洲获得了独一无二的扩张动力。

八、西方文明中的女性

在新的西方文明中,女性地位主要由两种制度决定:天主教会和封建制。理论上说,教会主张性别平等。但在实践中,教会的态度却极为矛盾。它视女人为夏娃、亚当的妻子、男人的诱惑、救赎道路的巨大障碍。但它也视女人为"万福"玛利亚、圣母、贞洁的女王、上帝和人的中保。结果,中世纪女性既是天使也是魔鬼。在教会内部,妇女不能担任神职,也不能布道。

但教会专门为中世纪妇女设立了女修道院这一重要机构。女修道院是一种"阶级制度",想做修女的人依惯例需要带来一份嫁妆。嫁妆数额虽不及真正的嫁妆,却说明女修道院主要面向富有的女性,她们往往来自贵族家庭,中世纪后期更多地来自商人家庭。几乎所有的中世纪女性都要结婚,而且婚龄很小。

佛罗伦萨的妇女做针线活

少数妇女因各种原因不能结婚,女修道院为她们提供了另一种生活选择。

对中世纪妇女影响最大的另一项制度是封建制。封建制规定领主授予封臣土地,封臣服兵役回报领主,这就构成了男性主导的社会。封建地产和军事义务只传给男性继承人。除非没有男性继承人,女性才能继承。中世纪女性一生都受男性监护——先是父亲,后是丈夫。丈夫死后,孀妇的监护权归领主,地产所得归领主所有,直至她再嫁。地主有权决定她嫁给谁,所以"待价而沽"十分常见。如果孀妇不想嫁人或想自由择偶,领主也常强行收取一笔费用。贵族妇女需要忍受无所事事、漫无目的的生活。她们的悲惨命运就是充当政治经济联盟的工具,为家族生育继承人。相比之下,大部分农村和城镇的劳动妇女却能避免依附性生活。她们与丈夫并肩从事各种农活和劳作。但负担和责任并未带来相等的权利。在乡村会议和市镇政府机构中,女性都没有一席之地。

不平等的两性关系明显表现在很多中世纪通行的行为中,例如殴打妻子、对男女通奸持双重标准等。

·历史对今天的启示·

发展中社会与"障碍性领先"

在长达千年的欧亚中世纪史上,最惊人、最重要的变化是贫穷、默默无闻的西欧突然崛起。在500—1500年的多数时期西方一直是欧亚大陆的不发达地区。但我们发现,这种不发达却是一种优势。相比之下,中国的发达反成了自身的阻力。

落后边缘地区领导一个时代向另一个时代变迁,这在历史上并非首次。古代文明时期(公元前3500—前1000年),中东作为文明中心主导了农业、冶金术、文字和城市生活的创新。但在古代文明转变为古典文明的过程中,这一高度发达的中心反而落后了。在古典文明时期,中国、印度、欧洲等落后边缘地区领导了冶铁、铸币、字母、宗教等创新和变革。

这一模式说明"物极必反",人类学家称之为"障碍性领先法则",即适应性最强、最成功的社会在转型期最难保持领先地位。相反,滞后的、不成功的落后社会更可能适应变化,后来居上。

在当今这个变革日益加速的时代,适应能力对个人和民族的成功甚至生存都是至关重要的。

第四章 1500年前的非欧亚世界

> 1500年前,欧亚大陆与非欧亚世界很少交流。从范围上讲,这几百万年的人类史基本上是地区史,而不是全球史。人类一旦分散到各大陆,便互相失去了联系,数千年间在各自的大陆上与世隔绝地生活。

第一节 非洲

在世界地图上一眼就能看出非洲位置居中,但人们却向来误以为非洲与欧亚大陆和世界其他地区隔绝。本节将讨论非洲的内部发展及其与外部世界的联系。

一、地理

综观非洲大陆,南北两端是肥沃的狭长地带,往里是广袤无垠的大沙漠,即南方的卡拉哈里沙漠和北方的撒哈拉沙漠。再往里是绵延起伏的草甸或大草原,北方称为苏丹草原,意即"黑人之国"。再往里便是热带雨林,最稠密的地方比沙漠还难穿越。

非洲经常被人为地分成北非和南非,以撒哈拉沙漠为界。但撒哈拉沙漠在非洲史上从来就不是隔离带或屏障。纵横交错的商路连接着非洲各地区，还穿越红海、地中海和印度洋，将非洲与外部世界连在一起。非洲很早就建立了发达的社会、政治、经济组织，有效地控制着贸易、商路和市场，并将侵略者阻挡在外。

二、农业和铁器

非洲很多地区早在公元前就掌握了冶铁知识。铁器出现在今坦桑尼亚大湖区是公元前7世纪，在麦罗埃是公元前5世纪，在西非的诺克是公元前4世纪，在东非的大湖区北部是公元前3世纪。这说明很多地区独立发明了冶铁技术，而不是从外地引入的。2—5世纪，班图族农民将冶铁技术传播到中非、东非和南非大部分地区。

铁制锄头和斧头将农业带进了非洲森林。结果是农业产量提高，商业贸易发展。生产率的提高导致社会分工，出现了统治者与被统治者。约9世纪，负责军队与行政管理的国家机构出现，必要的税收来源也已具备。

技术发展影响了非洲大陆的种族构成。采纳农业和冶铁技术并从中受益的是容易接近的黑人，而不是不易接近的俾格米人和桑人。因此，黑人增长很快，他们带着铁制工具和武器向南扩张，赶走了桑人和俾格米人。黑人的扩张尤以操黑人语言的班图人为甚。他们从发源地喀麦隆高原出发，1世纪初进入刚果盆地，与人口稀少的桑人狩猎者形成共生关系。600—900年，班图人进入东南部肥沃开阔的大湖地区，并进一步向南穿过热带大草原，赶走了桑人。这些迁徙说明，为什么当欧洲人到来时，他们看到的主要是黑人。

非洲农业

7000年前，撒哈拉沙漠尚未形成，那里曾经出现过畜牧社会，放牧过成群的绵羊、山羊和牛。人们还用镰刀状、叶片状的石器来捕鱼和捕兽。

这些人何时开始种植作物我们还不清楚，但农业系统确实发展起来，供养了人口密集的市场和贸易中心。

非洲人在锻造锄头

非洲传统农业技术图

非洲人与农业种植密切相关。尽管农业出现于埃及是公元前6500年左右，但密集收割作物的整套工具和粮食作物的产生却可以追溯到18,000年前。考古证据表明，这些工具源自非洲而非近东。

另外，西非森林地区的油棕、豇豆、高粱，热带大草原的水稻，埃塞俄比亚的多数作物等，都是本地培育的品种。

三、伊斯兰教

7世纪，穆斯林阿拉伯人侵占了整个北非，并以商人和殖民者身份向东部海岸扩张。从这些沿海地区，伊斯兰教对非洲人产生了深远影响。伊斯兰教最明显的影响体现在生活上，如姓名、穿着、日用品、建筑风格、节日等。其影响也体现在农业与技术进步上，例如阿拉伯人将印度的水稻和甘蔗引入了东非。

伊斯兰教还将非洲经济与穆斯林商人控制的欧亚商路网连在一起，促进了贸易。结果在数世纪中，地中海支持了北非和中东、欧洲的往来，印度洋也支

坐落于廷巴克图的Djinguereber清真寺

持了东非与中东、印度、南亚以至远东的往来。

伊斯兰教还促进了苏丹的思想文化生活。随着可兰经学校建立,识字的人越来越多。学者在苏丹各大学里从事高深的研究,廷巴克图的桑科尔大学是其中最著名的一所。

皈依伊斯兰教还加强了苏丹诸王国的政治组织。穆斯林学校培养的文人成为帝国官僚,使国家行政机构摆脱了血亲集团和家族势力的影响。

四、贸易与苏丹帝国

与跨撒哈拉贸易最早建立联系的是加纳帝国(400—1200),由居住在撒哈拉以南草原的索宁克人建立。加纳因控制着金矿而被阿拉伯人称为"黄金之国"。国家的行政和贸易受穆斯林影响,但根本上仍由国王控制。国王也仍信奉祖先的宗教。11世纪中叶加纳帝国达到全盛时期,此后逐渐衰落。

加纳帝国没落后,马里帝国(1200—1500)取而代之。马里的扩张和声望得益于两位能干的统治者:曼萨·穆萨(Mansa Musa,1312—1337在位)和曼萨·苏莱曼(1341—1360在位)。穆萨将伊斯兰教引入宫廷,1324年赴麦加朝圣,沿途因一路散发黄金厚礼而声名远播。但内部斗争和外敌入侵使帝国逐渐衰落。

西苏丹最后一个大帝国是桑海帝国(1350—1600),其起源至少可追溯到8世纪。帝国时期,桑海人民分成三个阶级:渔民为主的索库人,农民为主的杜尔人,猎人为主的戈人或加比比人。帝国的拓展和稳固归功于两位皇帝:桑尼·阿里(1464—1492在位)和阿斯奇亚·穆罕默德(1492—1528在位)。穆罕默

非洲古代铁制钱币

西非的陶像

德夺取了战略要地廷巴克图,复兴了对于帝国至关重要的贸易。他认识到伊斯兰教的重要性,主动与伊斯兰世界交往。他接触穆斯林学者,鼓励教育,他设立的桑科尔大学产生了许多著名学者。但内乱和摩洛哥入侵也使帝国衰落。到16世纪末,桑海帝国已徒有虚名。

三个帝国的根本特征相似:它们都以商业为基础,因此每个帝国都向北扩张以控制食盐进口,向南扩张以控制黄金交易。帝国财政收入大都来自商品的交易税。有了这些赋税,帝国得以发展出更复杂的行政组织。

马里帝国和桑海帝国还因皈依伊斯兰教而促进了贸易,培养了官僚,刺激了思想文化。伊斯兰教还是苏丹国从孤立的非洲地区变身为伊斯兰世界的一部分。

不过应该指出,伊斯兰教主要还是城市信仰。只有商人和市民变成穆斯林,乡下人依然崇拜传统的神。正因如此,在危急时刻,以城市为中心的帝国往往不堪一击,迅速崩溃。

苏丹帝国脆弱的另一个原因是容易遭受攻击。北方的柏柏尔人不是想寻找黄金的发源地，就是想传播独特的信仰。1076年，狂热的阿尔摩拉维德人推翻了加纳帝国。1591年，摩洛哥人摧毁了桑海帝国。桑海帝国灭亡标志着苏丹帝国时代的终结。

五、王国与城邦

三大帝国是非洲中世纪最醒目的政治体制。但在非洲其他地区也存在各种不同的政治结构。例如，15世纪东南非出现了内地的莫诺莫塔帕帝国和沿海的基卢瓦城邦。莫诺莫塔帕帝国包括津巴布韦和莫桑比克等地，控制着金矿和通往沿岸的要冲。基卢瓦岛城邦是沿海港口，控制着从莫诺莫塔帕帝国到穆斯林商船的物流，这些商船往返于印度洋，甚至远达中国海。

莫诺莫塔帕帝国和基卢瓦城邦都是被海外葡萄牙人征服的。

结论

与流行看法相反，欧洲扩张之前的非洲绝不是孤立的。7世

贝宁国王和随从，约公元前1680—前1550年。

绘有耶稣受难图的铜十字架

纪以来，由于伊斯兰教的刺激，外部接触和内部联系不断发展。更有效的交通方式促进了跨地区贸易的增长，骆驼在7世纪被广泛使用。贸易的增加也促进了航海事业，在东非与印度洋、红海和地中海国家贸易的过程中，阿拉伯人建立起强大的船队。商业城镇也有了惊人发展，如跨撒哈拉贸易中转站西基马萨，东西方穆斯林与草原地区贸易的中心城市开罗，连接北非与草原地区的中心市场奥代古斯特。东非的商业城镇成为穆斯林商人的定居点，如摩加迪沙、马林迪、蒙巴萨、基卢瓦、索法拉等。

1500年前数世纪，非洲的经济、社会和政治有了显著发展。但事实依然是，非洲与西方的差距远大于欧亚其他地区与西方的差距。

第二节 美洲和澳洲

哥伦布登上西印度群岛、詹姆斯·库克船长登上新南威尔士后，美洲和澳洲发生了致命的变化，本节将考察这两大洲的地理环境和文化背景。

一、土地和民族

与非洲相反，美洲大陆向欧洲人敞开胸怀。美洲海岸没有阻碍登陆的沙漠，曲折的海岸线上港口众多，很容易上岸。此外，美洲拥有发达的内河航道，能轻松进入内陆地区。

整体来看，美洲气候比非洲更加宜人。确实，亚马孙河流域气候炎热、空气潮湿，南北美洲两极地区气候异常寒冷。但格兰德河北部的英法殖民地温和湿润。墨西哥和秘鲁的西班牙殖民地也气候宜人。

欧洲人在美洲见到的印第安人，是从西伯利亚渡过白令海峡到达阿拉斯加的移民后裔。他们约30,000年前就已生活在美洲大陆上。印第安人最后一次大规模迁移约发生在3000年前。此后到来的是因纽特人，他们继续往来迁徙直

奥尔梅克头像，奥尔梅克文化兴盛于公元前1500—前800年间。

至现代。所有的印第安人都属于蒙古人种，具有颧骨高凸、头发硬直粗黑、体毛稀疏等生理特征。

二、文化

移民来到美洲时，几乎没带来什么文化，因为他们来自西伯利亚东北部，欧亚大陆最落后的地区之一。

此后几千年，美洲印第安人发展起丰富多彩的文化。有些印第安人还组成狩猎团体，有些则建立了王国和帝国。他们的宗教信仰五花八门，也出现了一些神教。他们使用2000种截然不同的语言，有些差异就像汉语和英语一样大。

以获取食物的方式为标准，印第安文化可分为三类：高级农业文化、中级农业文化、渔猎采集文化。高级农业文化位于中美洲（墨西哥中部和南部、危地马拉和洪都拉斯）和安第斯高原地区（厄瓜多尔、秘鲁、玻利维亚和智利北部)。中级农业文化一般位于高级农业文化邻近地区。渔猎采集文化则地处偏远地带(南美洲南部、北美洲西部和北部)。

印第安人培植了100多种植物,与整个欧亚大陆培植的植物一样多。

三、文明

三大美洲文明是:位于今尤卡坦、危地马拉和伯利兹地区的玛雅文明,位于今墨西哥地区的阿兹特克文明,自厄瓜多尔中部到智利中部、延绵3000英里的印加文明。

玛雅人创造了美洲最古老的文明,并以艺术和科学的杰出成就而闻名。他们发明了象形文字,还发展出复杂精深的天文学。

玛雅人的算术图谱

古代玛雅的神明塑像

地图7　西班牙征服前夕的美洲印第安人帝国

体现阿兹特克文化的双头大蟒蛇

位于马丘比丘的印加城市

玛雅城市是庆典中心，而不是要塞、住地或行政首府。因为刀耕火种，土壤肥力下降，玛雅人两三年便会迁徙村庄。为了补偿奔波的生活，他们在庆典中心竖立起巨大的石头建筑，象征社会统一。这些巨大的金字塔台庙也是公共住宅，可供祭司和新入教者居住。台庙完全靠石制工具建成，饰以精美的雕刻，在美洲无与伦比，跻身世界最伟大的艺术之列。

4—10世纪，玛雅文明非常繁荣，但随后便衰落，原因尚不清楚。

与风雅的玛雅人相比，阿兹特克人显得粗野好战。11—12世纪，阿兹特克人从北方进入墨西哥，在特斯科科湖的岛屿上定居下来。15世纪初，阿兹特克人与特斯科科湖沿岸各城镇结成联盟，并向四面八方扩张。西班牙人到来时，阿兹特克人控制的范围西至太平洋，东达墨西哥湾，南边几乎到达尤卡坦半岛，北抵格兰德河。首都特诺奇蒂特兰已是人口达二三十万的大城市。但阿兹特克人并未建立帝国，它只是城邦国家，与附属国只存在纳贡关系。

阿兹特克人在宗教仪式上实行大规模的人牲，令西班牙人毛骨悚然。献祭仪式在中美洲很普遍，但没有一个地方像阿兹特克人那样着魔似的大规模屠杀活人。实际上，阿兹特克人发动侵略不仅是为了迫使附属国纳贡，还是为了捕捉俘虏用以献祭。

印加人实际上是克丘亚人的一支，"印加"只是其"王中之王"的称号。12世纪，他们在库斯科谷地定居下来，很快统治了这个地区。他们建立了由战争首领组成的王朝，本部落成员则成为其他部落的贵族。这种王朝世袭制和贵族制的结合在美洲大陆绝无仅有，有效地维系了帝国统治。由于历代"印加"即国王才能卓越，帝国十分强大。"印加"唯一合法的妻子是他的亲姐妹，因此每个"印加"都是兄弟姐妹通婚的后代。这种近亲繁殖延续了八代，说明"印加"先祖的基因肯定十分健康，因为西班牙人发现，王子们相貌堂堂、精力旺盛。

西班牙人入侵前，印加人已将版图从厄瓜多尔延伸至智利中部，南北长约2500英里。他们的领土比阿兹特克人更广，而且建立了真正的帝国：遍布全国的道路系统、灌溉系统和邮政系统，复杂的朝廷仪式和基于太阳崇拜的国教等，都加强了帝国的统一。

四、历史上的美洲人

三大美洲文明尽管取得了惊人的成就，却还是被一小撮西班牙冒险者轻易推翻，数千万人口被彻底消灭。西班牙人不费吹灰之力，归根到底是因为美洲大陆的与世隔绝：不仅美洲文明同其他大陆文明没有交往，而且美洲文明之间也基本隔绝。在2500年中，没有证据表明中美洲文明和秘鲁文明有过交往。这意味着，当西班牙人入侵美洲时，印第安人在经济上和技术上远远落后于侵略者。

但技术落后还不是印第安人失败的唯一原因。印第安各民族间很不团结，致使西班牙人挑拨离间。印第安人习惯绝对服从首领，一旦国王被擒，便丧失抵抗力。宗教也起了思想禁锢作用。当地人视西班牙人为天神降临，乖乖坐以待毙。阿兹特克人的战争观念也带来灭顶之灾。他们认为战争的主要目的是捕捉俘虏、用以献祭，因此总以最少伤害的方式来捕捉俘虏。这样的军事传统显然是致命的。

比上述一切更严重的是美洲人缺乏抵御欧洲疾病的免疫力。因为印第安人跨过白令海峡后，已有数千年未与其他大陆民族发生联系，他们对欧洲人和非洲奴隶带来的天花、麻疹、伤寒、黄热病等毫无抵抗能力。各地的印第安人一经接触欧洲人便以骇人的比例死亡。

后来，当大批欧洲移民到来时，印第安人被彻底击溃。格兰德河以北地区的印第安人本来就十分稀少，幸存下来的寥寥无几，最后被赶到了保留地。阿兹特克、印加和玛雅地区的印第安人较密集，很多人在欧洲移民潮过后幸存下来。幸存者逐渐对欧洲人和非洲人的传染病产生免疫力，人数开始反弹。今天，印第安人在玻利维亚、危地马拉等国构成人口大多数。

尽管美洲印第安人未能抵抗欧洲侵略者，他们还是对人类发展做出了突出

西班牙征服墨西哥,绘于16世纪。

月亮金字塔

贡献。最重要贡献当属多种植物的培育，如玉米、马铃薯、大豆、果汁、西红柿和巧克力等，它们已成为全世界最主要的日常食物。

五、澳大利亚

澳洲大陆是世界上最与世隔绝的大陆。18世纪末首批英国移民到来时，当地人还处于旧石器阶段。最新考古发现表明，土著至少在50,000年前就来到了澳大利亚。这意味着，他们可能是世界上最早的水手，因为当时要从东南亚到达澳洲陆地，必须横渡40英里的广阔水域。

来到澳大利亚的是三个种族，至今仍可辨别。多数人身高体长，皮肤棕色，发须卷翘，体毛较少。他们为数众多，因为居住白人不愿涉足的沙漠地区。在气候凉爽、土地肥沃的东南部，生存着少数完全不同的土著。他们身材粗壮，皮肤呈浅棕色，体毛很重，胡须浓密。在东北海岸稠密的热带雨林地区，居住着第三支土著。他们属于尼格罗人，身材瘦小，头发鬈曲，皮肤黝黑。

由于完全与世隔绝，整个澳大利亚的土著都处于旧石器时代的食物采集阶段。政治组织也一样落后，人们以家族集团形式聚居，还没有真正的部落，也没有酋长、朝廷或其他正式的政府机构。

18世纪末欧洲人到来时，澳大利亚土著还很少，总共约30万。他们缺乏抵抗所必需的武器和组织手段，历经疾病、酒精中毒、肆意屠杀和大批没收土地等等，人数变得微不足道。

第三节 欧洲扩张前夕的世界

到12世纪，历史潮流开始逆转。西方的内在资源和活力突然爆发，先是表现为十字军反对穆斯林和异教徒的胜利东征，后来又表现为在世界各地的海上扩张。相比之下，明朝开始闭关自守，奥斯曼土耳其人未能将葡萄牙人赶出印度洋，莫卧儿帝国也从未试图恢复穆斯林在印度洋上的优势。结果，全球海洋空荡荡地留给了西方人，而他们迅速把握了机会。

除了无人挑战海上霸权外，西方人还拥有更重要的全面技术优势——此后数世纪，这一优势又稳步增长。因此，16世纪的欧洲人拥有航海帆船和海上大炮，19世纪的欧洲人拥有轮船、大机器工业和机枪。他们建立起全球霸权，与各大陆直接接触，结束了世界历史的欧亚大陆时代，开始了全球时代。

· 历史对今天的启示 ·

历史上的种族

西欧人开始航海探险时,发现散居在世界各地的人发展水平大不相同。例如,中国人富足、先进、治理有方,被早期欧洲人视作高人一等。相比之下,有些海外种族赤身裸体、茹毛饮血,简直不配做人。

这就引发一个争讼至今的问题:各种族究竟天生平等,还是生来有别?绝大多数科学家都认为,各种族是平等的。人类历史证明,发展水平取决于接触外界的程度。社会与外界交流越多,越容易突飞猛进。相反,与世隔绝、不受威胁刺激的社会既没有选择压力,也没有生存威胁,其生活方式可以保持数千年不变。

可见,1500年后西方人主宰全球并非因为西方人天生优越,只是因为这段时期他们占尽了天时地利。

第五章 1500年前的孤立地区

为什么西方会率先开始影响深远的海外冒险？为回答这一问题，我们将分析伊斯兰世界和儒家世界的传统社会，并考察西方世界截然不同的社会机制。

第一节 西方扩张时的伊斯兰世界

值得回味的是，伊斯兰世界的富足和先进使他们自鸣得意、自我满足，无法适应变动的世界。

一、现代伊斯兰帝国的崛起

632年穆罕默德去世后，阿拉伯人冲出阿拉伯半岛，迅速占领中东的拜占庭帝国和萨桑王朝。接着，他们向东方的中国和西方的北非和西班牙扩张。750年第一阶段扩张结束时，伊斯兰帝国囊括了从比利牛斯山到印度、从摩洛哥直抵中国的广大地区。750—1500年，穆斯林又进行了另外两个阶段的扩张，向西渗入中欧，向北扩至中亚，向东入侵印度和东南亚，向南深入非洲腹地。结果，穆斯林版图扩大了一倍，远远超过欧亚大陆西端的基督教世界和东端的儒家世界。

1500 年的伊斯兰世界不仅疆域最广，而且继续大力向外扩张。16 世纪初，皈依伊斯兰教的中亚民族——奥斯曼土耳其人入侵中欧。他们占领匈牙利，1529 年攻陷哈布斯堡帝国首都维也纳。与此同时，印度莫卧儿帝国稳步向南扩张，几乎控制了整个半岛。此外，伊斯兰教还继续在非洲、中亚和东南亚传播。

除了不断扩展疆域，1500 年的伊斯兰世界还以三大帝国著称：中东、北非、巴尔干半岛的奥斯曼帝国，波斯的萨菲帝国和印度的莫卧儿帝国。它们臻于强盛，统治着伊斯兰教中心地区。

奥斯曼帝国

奥斯曼土耳其人是中亚分布广泛的突厥人分支，数世纪来不断入侵中东富饶地带。早在 8 世纪，他们已成为伊斯兰教帝国雇佣军。10 世纪蒙古人西征迫使更多突厥部落迁入中东，塞尔柱人便是其中之一。1071 年，塞尔柱人在曼齐克尔特战役中大败拜占庭军队，突破小亚细亚的传统边界（保护罗马和拜占庭帝国长达 1400 年）托罗斯山脉。这场决胜使小亚细亚大部分地区被塞尔柱帝国控制，只有西北角还归拜占庭所有。

塞尔柱帝国曾经历衰落，分裂成众多苏丹国。13 世纪后期，大批新的突厥部落涌入，更是加重了混乱。其中一支部落定居在塞尔柱帝国西北边缘，距分隔欧亚的战略要地达达尼尔海峡不足 50 英里。1299 年，该部落首领奥斯曼向塞尔柱帝国宣布独立，伟大的奥斯曼帝国由此诞生。

奥斯曼帝国辉煌战绩的第一步，是夺取拜占庭在小亚细亚的残余领土。1340 年，伊斯兰教控制了整个小亚细亚。1354 年，土耳其人渡过达达尼尔海峡，在加利波利建立要塞，成为第一个欧洲据点。

于是，土耳其人以小亚细亚为基地，发起了一系列进攻：1384 年攻占索非亚，不久控制保加利亚全境；5 年后在科索沃战役中大败南斯拉夫人，消灭塞尔维亚帝国。这些战果使土耳其人将君士坦丁堡团团围住。1453 年，围困多年的都城陷落，拜占庭帝国千年史宣告终结。

苏莱曼清真寺

奥斯曼帝国苏丹

接着,土耳其人又南下进犯富裕的伊斯兰国家叙利亚和埃及。1516年,经过一场旋风似的大战,叙利亚被占领,次年埃及陷落。

土耳其人征服的最后阶段是在中欧。1526年,著名的苏丹苏莱曼大帝率军渡过多瑙河,在莫哈奇战役中一举击溃匈牙利。此后数十年,土耳其人又取得了很多小规模的胜利:1570年攻占塞浦路斯岛,1669年夺得克里特岛,后来又占领了波兰的乌克兰。

奥斯曼帝国鼎盛时期国力雄厚。土耳其人聚居的小亚细亚是其核心地带,但大部分人口却是南方的阿拉伯穆斯林和西方的巴尔干半岛基督徒。帝国横跨三大洲,人口5000万。

萨菲帝国

这段时期的第二大伊斯兰帝国是波斯的萨菲帝国。它也曾被塞尔柱人征服，但却依然保持了波斯即伊朗的种族和文化。

塞尔柱人对波斯的统治从1000年左右延续至1258年蒙古人入侵。新来的蒙古统治者伊儿汗最初是佛教徒或基督徒，但1300年左右皈依了伊斯兰教。蒙古人摧毁了波斯的很多城市和灌溉工程，幸而1500年伊儿汗王朝被萨菲王朝推翻。

萨菲王朝的君主们是几个世纪以来波斯最初的土著统治者。沙·伊斯梅尔一世是这一新王朝的缔造者，他在位24年，靠自己的军事才能和宗教政策统一了整个波斯。他宣布伊斯兰教的什叶派为国教，并无情地镇压了敌对的逊尼派。波斯人认为自己是什叶派，这就将他们与大部分是逊尼派的土耳其人和周围其他穆斯林民族区别开来。

萨菲王朝最伟大的统治者是阿拔斯一世（1587—1626年在位）。他建立炮兵，将波斯军队现代化。在他治下，波斯成为国际强国。欧洲各国使节纷纷前往波斯请求结盟以反对奥斯曼帝国。实际上，奥斯曼帝国和萨菲帝国都已成为欧洲外交家无法忽视的世界强国。

莫卧儿帝国

莫卧儿帝国的杰出统治者巴布尔和阿克巴也在印度缔造了"民族"王朝。

穆斯林入侵印度的浪潮共计三次，时间相隔很远。第一次是712年，阿拉伯穆斯林入侵印度河河口的信德地区。这次入侵未能深入内地，影响有限。

第二次是1000年左右，突厥穆斯林自阿富汗根据地不断来袭。侵略时断时续，长达四个世纪，结果在印度北部建立了许多伊斯兰王国，南部则依然是印度教诸国。但即使在北印度，印度人依然占人口大多数，印度教依然是主要宗教。印度并未像小亚细亚那样伊斯兰教化和突厥化。

第三次是1500年，入侵者也是突厥穆斯林，他们的首领是巴布尔，伟大的突厥征服者帖木儿直系后裔。1524年，巴布尔以少胜多，占领德里，定为新都。四年后巴布尔去世，儿孙继续帝国的扩张。在巴布尔之孙、著名的阿克巴大帝

莫卧儿建筑晚亚泰姬陵

(1556—1605年在位)统治期间,帝国臻于鼎盛。

阿克巴是莫卧儿帝国最杰出的皇帝。他向西征服布达纳和古吉拉特、向东夺取孟加拉、向南吞并德干高原上的几个小邦,大大扩展了帝国版图。阿克巴下令停止歧视印度教徒,规定他们与穆斯林平等。这样,穆斯林统治者与印度教臣民构成的分裂社会终于转变为统一的民族国家。

二、伊斯兰帝国的辉煌

军事实力

穆斯林军队的火炮装备往往比欧洲军队落后。他们靠欧洲人提供最先进的武器和最富有经验的炮手。穆斯林尤其是土耳其人十分精明,愿意出钱购买西式火炮、聘请西方炮手,但他们缺乏相应的技术和产业,无法紧跟西方最新装备。

另一方面,伊斯兰世界的庞大兵力令欧洲人印象深刻。帝国臻于鼎盛时,军队纪律严明、训练有素。

行政效率

所有穆斯林皇帝都对臣民有绝对权力。因此，国家治理的水平取决于皇帝的才能。16世纪的穆斯林皇帝均有雄才大略。苏莱曼、阿拔斯和阿克巴堪比任何时代、任何国家的君主。

阿克巴时代，帝国职官组织完善，官品以骑兵军衔表示。因为待遇优厚、晋升迅速，优秀的印度人和外国人争相报效朝廷。据估计，70%的官吏是波斯人、阿富汗人，其余的才是印度穆斯林和印度教徒。官吏死后财产充公、职位空缺，减少了腐败和世袭等困扰西方国家的弊病。阿克巴的官僚机构向所有臣民开放，任命和擢升官吏的标准是才能而非宗教。

经济发展

即使以今天的经济标准衡量，近代早期的伊斯兰国家都算得上发达国家。奥斯曼帝国、莫卧儿帝国的富庶令西欧人眼花缭乱。

同样重要的是，穆斯林商人控制了南亚贸易。数世纪以来，香料、中国丝绸、印度棉布等重要商品自南、北商路来回运输。北方陆路自远东经中亚直抵黑海沿岸和小亚细亚各港口；南方海路自东印度群岛和印度沿印度洋穿过波斯湾或红海，在叙利亚和埃及各港口登陆。1340年蒙古帝国崩溃后，中亚陷入战乱，北方陆路关闭。此后，大部分商品都沿穆斯林控制的南方海路运输。

这种贸易为伊斯兰世界的繁荣做出了巨大贡献。它不仅以关税形式提供政府岁入，而且还为无数直接、间接从事该贸易的商人、文员、水手、造船工人、赶骆驼者和码头工人提供了生计来源。

三、伊斯兰帝国的衰落

17世纪，伊斯兰帝国开始衰落；18世纪，它们已远远落后于西欧，时至今日依然如此。

衰落原因之一，是统治帝国的王朝日益腐化堕落。1566年，谢里姆二世继承苏莱曼大帝，他懒惰、愚钝、放荡，嗜酒如命，人称"酒鬼谢里姆"。波斯的

1571年10月7日在希腊沿海爆发的勒班陀战役

阿拔斯皇帝和印度的阿克巴皇帝也后继乏人。

更基本的衰落原因,是伊斯兰世界缺乏类似欧洲的动力。例如,在穆斯林的经济领域,农业、工业、金融方法或商业组织,均未发生根本变化。

帝国衰落的另一原因和表现,是穆斯林盲目的优越感,他们自以为对西方是战无不胜的。因此,穆斯林官员和学者对基督教欧洲的一切均嗤之以鼻。这种态度在16世纪也许合情合理,但在18世纪却是自取灭亡。

唯我独尊最可怕的后果,是在伊斯兰世界和西方之间筑起了一道铁幕,尤其是在日益重要的科学领域。西方在医学、解剖学、天文学领域的进步,穆斯林一无所知。而穆斯林自己的科学早已停滞,缺乏进一步发展的动力。

解释衰落的最后一个因素是,三大伊斯兰帝国都是陆上强国。帝国建立者土耳其人、波斯人和莫卧儿人均无航海传统。他们的帝国面向中亚内陆,而不是面向大洋。统治者毫不重视海外贸易。因此,当葡萄牙人夺取印度洋商路时,他们无动于衷。

第二节 西方扩张时期的儒家世界

儒家世界以中国为主宰,其外围是朝鲜和日本。儒家文明也是以农业为根基的内向型社会,沿古代社会的基本框架缓慢发展。但儒家世界与伊斯兰世界有根本上的不同,因为它更加统一。这种内在统一性并不新鲜,自数千年前中华文明起源时便已存在,且延续至今。

一、中华文明的连续性

中华文明源远流长,这与地理因素有关。中国历史上大部分时代领土都被山脉、沙漠、辽阔的太平洋所围绕。地理隔绝使中华文明的发展较少遭到外来入侵的中断,因而,中华文明更具连续性,也更为独特——中国与欧亚其他伟大文明之间有着更为根本的差别。

中国人口众多,也有助于文明的延续。因为土壤和气候适宜,中华大地自古孕育了庞大的人口。无可比拟的人口数量使中国人无论经历任何事态,均能延续文明。

造成中国统一性的另一重要因素,是早自数千年前的商朝便已形成的文字。汉字在中国各地发音不同,写法却一致。统一的文字为中国的文化统一和历史连续提供了重要的力量。汉字的影响甚至遍及东亚。实际上,中文的书写方式已被周边的日本人、朝鲜人和部分东南亚人全部或部分采纳。

孔子施教图

与统一的文字相关的，是有着近2000年历史的科举制度。它保证了中国行政管理的有效而稳定，赢得了欧洲人的尊敬和羡慕。但另一方面，科举制度扼制创新，鼓励顺从。因此，当富有活力的西方人入侵时，中国人缺乏有效的反应和调整。

最决定中华文明统一性的也许是通称"儒家思想"的道德准则、文学、思想遗产，其主要代表人物是孔子。同中国大多数思想家一样，孔子（公元前551—前479年）主要关心的是社会治理完善，人人安居乐业。他的首要原则是"各安其位"：即"君君、臣臣、父父、子子"。

上述因素共同解释了发源于公元前1500年的中国文明为何源远流长。中国历史从未被颠覆性剧变中断。无数次入侵、两度外族统治，都只是扰乱而非改变中国。历代王朝更替总是局限于传统框架之内。

二、朝代更迭

周期性的改朝换代源自中国历史反复重现的特点。新朝代开始都能有效统治国家，开启一段和平繁荣的时期。思想和文化繁荣，蛮族被剿灭，边疆扩展，国泰民安。但渐渐地，统治者腐化堕落，贵族宦官斗争不断，王室衰落。腐败和倾轧削弱中央权力，助长官僚腐败。宫廷生活愈益奢侈，只好日益加重赋税，农民必须终日劳作以支持国家运行。对外战争耗资巨大，皇帝又对很多士绅、寺庙免税，更进一步加重了农民的赋税。政府越来越懈怠，荒废了发展农业所必需的灌溉系统等公共工程。

结果，日益贫困的农民不得不承受日益沉重的税负。一旦歉收和饥荒使农民生活雪上加霜，反抗租税的起义便频频爆发。随着时间推移，地方起义逐步扩大为全国动乱。动乱又引发蛮族入侵，尤其是这时军队已名存实亡。内忧外患结合，预示着新一轮循环的来临——旧王朝灭亡，新王朝建立。

就这样，从中国第一个王朝商朝（公元前1523—前1028年）开始，历经周、秦、汉、唐、宋、元、明、清，似乎静止不变，实际上却开始逐渐落后于西方。

俄国远东扩张图

三、与西方的早期关系

直到哥伦布与葡萄牙航海家的航行引发海外扩张，中国才开始与西欧持续往来。葡萄牙商人1514年与广州通商，1557年在澳门设立永久商业据点，但只是扮演亚洲内部贸易的承运商和中间商。

17世纪初，荷兰人和英国人到来，打破了葡萄牙对中国贸易的垄断。他们均未得到中国官方通商许可，数十年来只能在南方沿海劫掠葡萄牙商船，进行非法贸易。18世纪中叶，中国向各国开放贸易，但地点仅限于广州和澳门。英国人很快占据了最大份额。

与此同时，西伯利亚的俄国人也试图与中国通商，中国也报之以严格的限制和监管。《尼布楚条约》（1689）和《恰克图条约》（1727）规定，俄国人可在边境的三个地点经商，每三年可派遣商队到北京一次。他们获准在北京建立一所教堂，派一名牧师和三名副牧师驻守，但在京人数不得超过300人。

这几世纪，中国与西方的文化交往仅限于耶稣会的传教，传教效果微乎其微。

四、日本吸收中华文明

6世纪开始，中华文明大规模传入日本。但实际上，日本人改变调整了借鉴中国的一切。他们允许贵族保有大地产，限制了天皇权力。他们借用了汉字写法，但建立起了自己的文字体系。他们借鉴儒家思想，但改变了道德标准和政治原则以满足本民族精神需要；他们还保留了本土的神道教。他们以唐都长安为范本，在奈良和京都先后建立了京城。但寺院、楼阁、神龛或庭园都明显具有日本特征。

五、德川幕府

到12世纪，封建领主集团竞相控制日本。最后，其中一位脱颖而出，被天皇封为"征夷大将军"，封号可世袭。这样，幕府将军统治了日本。他们控制军队，天皇则幽居在京都。1603年德川家康建立的德川幕府最为重要，它统治日本直到1868年明治维新。德川家族制定了一系列政策维持家族统治。幕府的物质基础是幕府直辖领地，占全国可耕地1/4—1/3，是遍布各战略要地的大庄园，

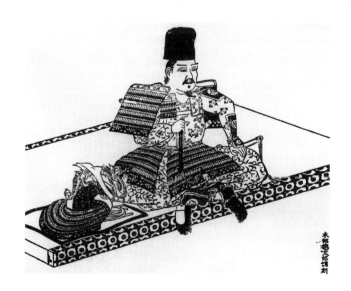

镰仓幕府创立者源赖朝
（1147—1199）像

幕府以此为基地，控制有异心的大地主即大名。德川家族及其家臣控制了幕府高级职务。天皇及少数宫廷贵族的日常开销由幕府拨款，但天皇既不履行政治职能，也不具有政治权力。

　　为了防止权力旁落，幕府维持严格的社会等级制。贵族为第一等级，占人口6%。农民为第二等级，占人口绝大多数，既有无地的佃农，也有占地0.25—85英亩不等的地主。最后两个等级是手工业者和商人。德川幕府时，长期的和平与安定使得城市居民的人口和财富大大增加。

　　德川幕府以儒家朱熹学派为统治思想，强调忠孝。这种思想导致日本家庭尤其是武士家族服从幕府或大名的利益，与社会紧密融为一体。家庭与国家关系和谐，为19世纪全国统一推行现代化提供了自下而上的基础。

　　六、与西方的早期关系

　　16世纪中期，葡萄牙商人最早来到日本，发现中日贸易获利颇丰。商人在贸易的同时也积极传教。1549年，方济各·沙勿略等耶稣会传教士抵达日本，获准向民众传教。传教活动异常成功，悲惨的农民从基督教义中获得了情感的满足。

　　1603年德川幕府建立时，荷兰商人与少数英国商人也开始来到日本。德川家康担心基督教破坏日本传统社会，便于1614年勒令所有传教士离境，30万基督徒放弃信仰。命令得到严格执行。为便于控制，改宗者必须归属佛教寺院，很多人因拒绝入寺而被处死。传教士纷纷殉道，但商业活动和宗教活动很难区分。因此，1624年日本进一步下令驱逐所有西班牙人，因为他们最目中无人。1637年，所有葡萄牙人也被驱逐出境，只留下从不传教的荷兰人。结果，荷兰人成为唯一可在日本经商的欧洲人，但还遭受诸多限制，活动范围仅限于长崎港出岛。1636年，孤立政策扩大到日本臣民：日本人禁止出国，违者处死。于是，长达两个多世纪的闭关自守开始了。

第三节 扩张的西方文明：文艺复兴与宗教改革

中世纪后期，欧亚大陆西端正经历前所未有的深刻变革。西欧人的生活发生了全面的变化。结果，充满活力、扩张成性的新文明——现代文明出现了。

一、现代化

从世界历史来看，现代化的意义在于欧洲势不可挡地成为全球主宰。中世纪晚期和近代早期，现代化进程包括文艺复兴、宗教改革、经济扩张、资本主义出现、国家建构和海外冒险。这些变化触发科学、工业和政治领域的伟大变革，塑造 17 世纪至今的人类史。

二、文艺复兴

"文艺复兴"一词颇有争议。它意为"新生"或"再生"，是由 15 世纪知识分子创造的，他们相信当时是紧跟中世纪"黑暗时代"而来的古典文化复兴期。现代史学家虽未丢弃这个术语，却视之为中世纪向现代文明的过渡（约 1350—1600 年），而不是断裂或转折。

文艺复兴源自意大利，反映了意大利的社会条件和价值观。威尼斯、热那亚、佛罗伦萨、米兰和比萨的商人家族成为艺术家和作家的资助者。他们的需要、兴趣和品位影响了文艺复兴，使文艺复兴充满世俗主义和人道主义色彩——关注现世而非来世，关注异教经典而非基督教神学。

现世主义和个人主义在学术和教育中均有体现。文艺复兴文学之父弗朗西斯科·彼特拉克（1304—1374）强调古典文学能训练自我修养、指导社会行动。新的寄宿学校培养商人的儿子而不是牧师。课程以古典教育和体育训练为中心，为的是培养快乐、健康、有责任感的公民。

文艺复兴的精神最深刻地体现在艺术中。在达·芬奇、米开朗琪罗、拉斐尔和提香等大师的作品中着重揭示灵魂的内在奥秘，醒目的色彩和形式令人赏

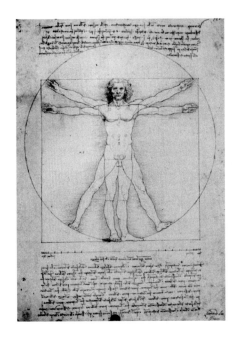

达·芬奇《人体研究》中的一页

心悦目。

1550年左右，经历两个世纪的辉煌后，意大利文艺复兴开始衰落。1494年法国入侵意大利，引发连年征战；1498年达·伽马登陆印度加尔各答港，结束意大利的贸易垄断；16世纪末，英国、法国和荷兰的工业超越意大利。用现在的话来说，曾是中世纪欧洲发达地区的意大利此时变成了"欠发达地区"，文艺复兴的经济基础不复存在。

三、文艺复兴的遗产

文艺复兴并非只是意大利的现象。16世纪，这股新风潮传到了北欧。传播者是意大利使节、北欧君主雇佣的意籍将军，以及加速书籍和思想传播的印刷机。在北向传播的过程中，文艺复兴的特征也发生了变化。意大利文艺复兴主要体现在艺术和文学领域，北欧文艺复兴则更多地体现在宗教和道德领域。

文艺复兴时代印刷品的一页

　　北欧的识字率比东南欧高，因此印刷品在北欧影响更大。大量书籍引发大众对政治和宗教问题的关注，从根本上促成了宗教改革以及随后的宗教战争和王位继承战。印刷品还刺激了近代早期民族文学流派的产生。路德翻译的《圣经》为德国现代文学奠定基础。同样，詹姆斯国王的《圣经》和莎士比亚（1564—1616）的戏剧为英国现代文学奠定基础。在西班牙，塞万提斯（1547—1616）的小说《堂·吉诃德》为民族语言的形成做出了同样的贡献。在法国，弗朗索瓦·拉伯雷（1490—1553）和米歇尔·德·蒙田（1533—1592）扮演了类似角色。

　　四、德意志宗教改革

　　"宗教改革"一词也有歧义。路德一开始是改革者，最终却成了革命者，这是挑战和摈弃罗马教廷的权威导致的必然结果。表面上看，宗教改革是对教会

胡斯被送上火刑柱（约1450年）

腐败的反应：如传教士普遍文盲，部分牧师甚至教皇生活放荡，出售神职、特权（可免除教会法处置）和赎罪券（可免去罪孽）。但为了解释这场打破西方基督教统一的重要运动，我们有必要透过腐败现象考察积累数世纪的历史背景。

第一个因素是14世纪教皇权威的削弱，如法国国王逮捕卜尼法斯八世，以阿维尼翁教皇对抗罗马教皇等。另一个因素是英国的约翰·威克里夫和波希尼亚的约翰·胡斯等异端学说遗留的影响。

政治因素也促成了宗教改革，北欧国家民族观念增强，许多国家出现"新君主制"的发展。君主与臣民日益把教皇看做无权干政、无权征税的外国人。

上述因素结合，导致矛盾首先在德意志爆发。这里聚集了上百个公国——采邑、教会城邦、自由市、郡、公爵领地，统治者十分软弱，无法抵抗教会的强取豪夺。1517年，教皇决定在全欧兜售大量赎罪券，为重修罗马的圣彼得大教堂筹款。为批判无法无天的赎罪券，维滕堡大学牧师路德将《95条论纲》贴到教堂门上。这篇拉丁文很快被译成德文，广泛印刷。公众反应激烈，说明路德说出了民众内心深处的不满。不久举行的公开辩论传播了路德的革命思想——相信教士和仪式并非个人与上帝的必要中介。1520年末，路德和教会彻底决裂，宣布威克里夫和胡斯的学说是真正的基督教。1520年10月，路德焚烧了教皇的绝罚训令。次年，沃尔姆斯皇家议会宣召他出庭。由于路德拒绝改变主张，皇帝强行通过了斥路德为异端的法令。

萨克森选帝侯弗雷德里克同情路德，允许他在自己的城堡中避难。在那里，路德把《圣经》译成了德文，并创建了独立的德意志教会。皇帝由于忙于战争，无暇全力对付路德。直到1555年《奥格斯堡和约》签署，双方斗争才告结束。和约规定德意志诸侯有权选择并迫使臣民信奉天主教或路德派。这样，德意志最终形成了天主教和路德派平分天下的局面。

马丁·路德（左）维腾堡改革派与萨克森选帝侯约翰·弗雷德里克（中）

五、德意志以外的宗教改革

《奥格斯堡和约》为各种异端学说敞开了大门。在瑞士，加尔文宣扬天定命运——个人命运早在出生前已由上帝决定。他在日内瓦主事时期（1541—1564），

圣巴托洛缪惨案

长老院将城市改造成简朴神圣的基督教社区,令到访者震惊不已。此外,加尔文利用印刷机将日内瓦变成了宣教总部,深刻影响了波希尼亚、匈牙利、荷兰、苏格兰、英格兰和 13 个英属北美殖民地。

再浸礼派是另一支截然不同的新教派别,要求完全的宗教自由,包括教会与国家分离。他们的社会观念也很激进——反对个人积累物质财富、反对阶级和地位差异、反对服兵役、反对为战争而收税。这些主张显然颠覆了所有的宗教权威和政治权威,所以再浸礼派在欧洲到处遭受迫害和屠杀,只有其分支哈特派和门诺派幸存至今。

有一半的德语国家皈依了路德派,包括波罗的海的条顿骑士团国、丹麦—挪威和瑞典—芬兰的斯堪的纳维亚王国。

1534 年,英王亨利八世建立独立的英国教会。其继任者又根据个人喜好改变立场。爱德华六世(1547—1553)皈依清教,玛丽女王(1553—1558)恢复天主教，伊丽莎白女王（1558—1603）则主张温和的清教。

在尼德兰（包括现在的荷兰和比利时），宗教和政治纠纷导致长年战争。血腥的战争直至1609年才导致妥协的结果：信奉加尔文教的北部诸省作为荷兰共和国而独立，信奉天主教的南部比利时诸省仍受西班牙控制。

在法国，加尔文教广泛传播，导致国家分裂成两派：不断壮大的胡格诺派和人数众多的大的天主教派。随后的宗教战争在1572年8月24日的"圣巴托洛缪日大屠杀"达至顶峰，全国数千名胡格诺派教徒被杀。斗争不断继续，直至1598年亨利四世颁布《南特法令》，承诺胡格诺派信仰自由。

六、天主教改革

天主教改革曾被称为"反宗教改革"，但如今历史学家认为它不只是反清教运动。其根源可追溯至路德之前，故与清教改革相似。15世纪末、16世纪初，各国天主教领袖曾试图整治教会腐败，复兴精神价值。他们曾建立新的修会如嘉布遣会以恢复对天主教的虔诚、改善社会服务。但这些改革者过于沉默和高雅，未能赢得普罗大众或罗马教廷的支持。直到在德意志面对路德日益严峻的挑战，天主教改革运动才呈现出一点活力和效力。教会中的改革者对发动一场针对清教徒的反抗运动犹豫不决，因为他们担心西方基督教世界会因此造成不可挽回的分裂。教皇长期无视路德，认为他仅是过去众多批判家和异教徒之中的一个，也会像他们一样被镇压或转化过来。

直到16世纪末，保罗三世（1534—1549年在位）及其三位继任者主持罗马教会，教皇才认识到清教的重要性，并开始采取改革措施。

保罗三世采取了两项重要措施，决定了天主教改革的进程和特点：一是1545—1563年间召集了"特伦托公会"；二是1540年批准建立耶稣会。特伦托会议的成就在于：坚决反对清教，重申天主教传统教义，决定采取措施消除教会腐败、恢复教会纪律。这些措施包括禁止出售赎罪券，禁止主教拥有多份俸禄，每个主教辖区必须修建神学院以培训牧师，出版禁止天主教教徒阅读的书籍目录。

耶稣会由西班牙巴斯克贵族依纳爵·罗耀拉（1491—1556）按军队方式创建。其成员认为自己是耶稣的战士，严格遵守罗耀拉《神操》的规定，无条件地服从"等级森严的教会"。

耶稣会的严明纪律和军人作风保障了特伦托公会改革的推行。1542年宗教裁判所建立，以铲除异端为己任，很多耶稣会士参与其中。还有很多耶稣会士创建学校，培养新一代牧师和信众民众，向他们灌输坚定的信仰和信心，令清教徒望而生畏。耶稣会士为扑灭奥地利、巴伐利亚和波兰的清教做出了重大贡献，令许多异端皈依天主教。耶稣会士还在全球传教，将上帝的福音传给亚洲、非洲和美洲的异教徒。

七、宗教改革的遗产

宗教改革的遗产具有两面性。它引发教义冲突和互不宽容，导致血腥的宗教战争。但分裂的基督教世界不得不承认，任何教派都不可能获得垄断地位——结果，宗教宽容被广为接受。

宗教改革对个人的看法也很矛盾。路德支持个人解释《圣经》，但这导致再浸礼派的激进主义和农民暴乱，而路德又号召当权者予以镇压。不过提倡阅读《圣经》提高了大众识字率，这为非宗教的书籍和思想传播创造了条件。

宗教改革对女性地位也有正负两方面影响。在某些方面，宗教改革提高了妇女地位。新教摈弃禁欲主义，肯定婚姻和家庭，鼓励了男女平等、婚姻自主的新道德。但新教领袖从未全面重估女性的地位。他们强调夫妻相敬相爱，却又认为丈夫在家庭中理应处于首要地位。一些激进派如罗拉德派、再浸礼派、平等派却与新教主流不同。他们主张离婚自由，允许女性担任神职和布道，有的甚至支持性自由。他们的思想超越了时代。

最后，宗教改革的直接结果是粉碎了中世纪的普世教会，形成了大量地方教会——国家教会、公国教会、行省教会、城市教会等。它们都由世俗统治者控制。从这个意义上来说,宗教改革是现代民族国家发展的一个阶段。

第四节 扩张的西方文明:经济增长与国家建构

经济增长与国家建构对西欧现代化进程的贡献更为直接。它们为欧洲的海外扩张提供了必要的资源和动力。

一、扩展中的经济

除14世纪的衰退以外,自中世纪早期开始,西欧经济一直稳步增长。结果,10—14世纪中欧和西欧的人口增长达到50%左右。农业发展和人口增长促进了商业和城市的发展,尤以波罗的海沿海为最。不仅欧洲内部贸易在发展,欧洲与外部世界的贸易也在增长。贸易的扩大和繁荣具有重大影响。欧洲经济对国际贸易的适应程度开始远远超过较自足的东方经济。欧洲消费者和生产者都变得习惯于依赖外国商品和市场。这种依赖与繁荣的经济活动相结合,促使欧洲船只航行于各大洋,使欧洲商人出没于各港口。

二、技术的发展

有助于欧洲扩张的重大技术进步包括造船、航海设备和技术、海军装备。航海术方面最重要的发展来自地中海。欧洲人从阿拉伯人那里引进了确定方位的罗盘(中国人发明)、观测天体高度的星盘和象限仪。精度最初用沙漏测量,17世纪开始改用伽利略发现的钟摆原理,测量精度大大提高。航海情报汇编和地图也对航海者大有助益。中世纪地中海水手的航海图是最早的精确地图,图上清楚标明罗盘的精确方位和海岸线、港口详情。

面对高度发达的东亚和南亚军事强国,欧洲人的海军装备具有决定性优势。16世纪前20年,弗兰德斯、德国和英国冶金学家先后发展了铸炮技术。

1500年的造船术

铸炮图

此时，海军战术也由攻入敌船转为舷炮齐射，军舰重新设计，很快能平均装备40门炮。

同样重要的是，欧洲人发现了全球大气环流系统。印度洋、太平洋、大西洋上的海风规律都已被西欧探险家和航海者所掌握。

三、资本主义的出现

来自美洲的大量金银涌入欧洲，带来巨大的经济刺激。16世纪，欧洲白银储量增长了两倍，黄金储量增长20%。除了新大陆贵金属的涌入，欧洲也因各种海外事业而繁荣。奴隶贸易、香料贸易、殖民地与母国的进出口贸易，甚至海盗劫掠都带来源源不断的财富。对外经济繁荣与内部商业复兴和技术进步一起，导致欧洲经济的货币使用不断增长。

货币化削弱了罗马帝国崩溃后发展起来的封建制。西欧农奴越来越多地支付货币地租而不是服劳役——于是封建领主变成了地主，农奴变成了自由农民。农奴制衰落了，这是西欧扩张的先决条件，它创造了一个流动性更强的社会，这个社会能够积累资本，提供组织，解放探险、征服和移民事业所需的劳动力。欧洲各国海外事业的成功程度与封建束缚的解放程度成正比，这不是偶然的。

同样，货币的使用也削弱了城里的工匠行会与商人行会。行会严格规定手艺、定价和交易方式，目的不在谋利，而是为维护传统的生活方式。企业家绕过行会，购买原材料供给乡村空闲的工匠，支付计件工资。这种"外包"制度的逻辑是利润，而非"公平价格"。

各地铸造通用的标准硬币、银行和信用票据出现，也都促成了欧洲经济的变革。1252年，佛罗伦萨率先铸造金币弗罗林，不久其他城市和国家也都纷纷仿效。12世纪，意大利已出现简单的汇票。渐渐地，大银行家族首先在意大利，稍后在北欧出现。

于是，欧洲出现了一种全新的经济制度，今天被称为"资本主义"。资本主义是"以各种手段和方法大量积累资本、赚取利润的制度"。

佛罗伦萨政治家、银行家梅迪契像

资本主义的出现具有划时代意义。它不仅影响了经济，还影响了人们生活的方方面面。新的"资本家"不再满足于糊口，而是渴望扩大财富。为了"赚钱"，富格尔等银行家向别人提供贷款以收取利息。他们还组成很多合股公司，控制了所有的海上贸易，获取巨额利润。资本主义经济制度不但在近代早期主宰了世界经济，时至今日仍然如此。

四、新君主的兴起

到15世纪末，民族国家的君主制趋势十分明显，西班牙的斐迪南和伊莎贝拉（1479—1516年在位）、英国的亨利八世（1509—1547年在位）、法国的弗朗西斯一世（1515—1547年在位）等君主都建立了强有力的政权。

新君主最著名的辩护者和鼓吹者是尼可罗·马基雅维利（1459—1527）。他的《君主论》为渴望统一意大利半岛、击退法国和西班牙入侵的意大利君主提供了

马基雅维利像

指导。他坚持冷酷无情的现实主义,摈弃道德约束,将政治与宗教、哲学分离。

民族国家的君主依《君主论》原则行事,必然导致国家与教会冲突。西班牙王朝通过联姻而突然崛起,更加剧了矛盾。斐迪南和伊莎贝拉之女胡安娜嫁给哈布斯堡的菲利普,他们的儿子查理不但继承了西班牙王国及其美洲、意大利(萨丁、西西里、那不勒斯)领地,还继承了哈布斯堡家族的中欧领地(奥地利公国、施蒂里亚、卡林西亚、卡尼欧拉和蒂罗尔伯国)。此外,查理的祖母——勃艮第的玛丽还留给他勃艮第领地、弗朗什—孔泰、卢森堡和富饶的尼德兰。1519 年,19 岁的查理当选神圣罗马帝国皇帝。

但欧洲其他王室,尤其是法国的瓦卢瓦王朝坚决抵制哈布斯堡王朝的霸权,引发一系列带宗教性质的王朝战争。1618—1648 年,波旁王朝和哈布斯堡王朝又为控制欧洲大陆而开战,三十年战争造成哀鸿遍野、民不聊生。

战后签订的《威斯特伐利亚条约》(1648)影响深远。主权国家在欧洲开始成为基本的政治体,国际关系依公认的外交原则处理。这样,一个由主权至上的国家组成的无政府国际社会诞生,延续至今。

五、扩张前夜的西欧

欧洲的海外扩张和20世纪欧洲殖民帝国的解体主导了近代世界历史。这种扩张源自各种历史因素的推动:技术进步、人口膨胀、经济资源和生产力增长、资本主义出现、新君主国崛起。

简言之,扩张源自赢利的渴望和机会。中世纪的种种局势孤立和限制了西欧人,更激发了海外冒险的倾向。因此,中世纪末欧洲出现了很多突破或绕过穆斯林屏障的计划。

·历史对今天的启示·

历史与流行的理论

为了证明美洲是一个"新世界",人们以各种理论解释印第安人的起源。最早流行的是"犹太失落部落说"。18世纪,"腓尼基人说"盛行。19世纪以来,印第安人的祖先更是五花八门,如埃及人、希腊人、特洛伊人、罗马人、伊特鲁斯坎人、塞西亚人、蒙古人、中国佛教徒、曼丁哥人或其他非洲人、早期爱尔兰人、威尔士人、北欧人、巴斯克人、葡萄牙人、法国人、西班牙人,甚至"缪"和"亚特兰蒂斯"这两大"消失的大陆"上的幸存者。

这类讨论对历史研究有何意义?首先,它提出了人类文明如何发展的基本问题——是从一两个最早的中心向外扩散?还是在世界各地独立创造?

我们越来越发现,答案不是非此即彼,而是多大程度的扩散和多大程度的独立创造。只有艰苦的研究和客观的评价才能回答"多大程度"的问题。

第六章 新兴的西方世界（1500—1763）

近代早期，生气勃勃的西方开始崛起。他们凭借武器、造船等技术优势，摆脱了中世纪的边缘地位。此时，两只巨大的欧洲铁钳围住了欧亚大陆：在陆上，俄国人穿过西伯利亚，到达太平洋；在海上，西欧人绕过非洲，到达印度、东南亚和中国。与此同时，以哥伦布为首的西方人开始向西穿越大西洋，发现美洲，环航全球。

第一节 西欧的扩张：伊比利亚阶段（1500—1600）

伊比利亚半岛的西班牙和葡萄牙在16世纪的欧洲扩张中居领先地位。

一、伊比利亚扩张性的根源

宗教是欧洲海外扩张的重要因素，在伊比利亚半岛尤其突出。半岛大部分地区都曾受穆斯林统治，即便到15世纪，南部的格拉纳达仍是穆斯林的据点。1415年，葡萄牙王子航海家亨利跨越直布罗陀海峡，攻占北非要塞休达，一举成名。1492年，西班牙的伊莎贝拉女王也夺取了格拉纳达，并越过直布罗陀海峡，占领梅利利亚城。地理大发现时代，伊比利亚人带着这种十字军精神漂洋过海，发现了更多需要剿灭的穆斯林和需要拯救的异教徒。

诱使伊比利亚人向海外航行的还有四个群岛——沿非洲海岸依次向南的马德拉群岛、加那利群岛、佛得角群岛和向西越过大西洋的亚速尔群岛。这些群岛非常诱人,因为它们富饶多产,还是战略基地和港口。自然,西班牙和葡萄牙水手会认为还有更多的岛屿等待他们去发现和开发。

但领导15世纪海外冒险事业的是葡萄牙,而非西班牙。1415年占领休达港后,葡萄牙人探险兴趣大增。1445年,葡萄牙的早期探险有了重大进步——亨利王子的船队经过非洲的沙漠海岸,在南方发现了肥沃的绿洲。到亨利去世时,沿海探险已到达塞拉利昂,沿海据点纷纷建立。

二、哥伦布发现美洲

1492年8月2日,哥伦布的三艘小船从帕洛斯角起航。10月中旬,他们登陆巴哈马群岛的一个小岛,将它命名为圣萨尔瓦多。哥伦布至死都确信他已抵达亚洲。

西班牙君主坚定地支持哥伦布,又斥巨资为他装备了三支远征队。但直到1519年,西班牙人才在墨西哥发现富庶的阿兹特克帝国。这次意外发现离哥伦布首次探险已过了20多年,其间的发现大都以失败告终。但发现新大陆有一个直接影响,它促使葡萄牙人航行绕过非洲,直达印度。

三、葡萄牙在亚洲

1487年,葡萄牙人在西非沿岸的探险取得重大进展,巴托洛米乌·迪亚斯绕过了非洲最南端的海角,

哥伦布发现新大陆,木雕。

后被葡萄牙国王命名为"好望角"。1497年7月8日，达·伽马率四艘帆船从葡萄牙启航，次年5月底抵达卡利卡特港。1499年9月，载满胡椒和肉桂的船队返回葡萄牙，船上香料的价值相当于整个远征队费用的60倍。炫目的前景令葡萄牙人满心欢喜，曼努埃尔国王接受了"埃塞俄比亚、阿拉伯半岛、波斯和印度的征服、航海和贸易之主"的称号。葡萄牙人十分看重这一称号，决心垄断新航路贸易，将其他欧洲人、数百年来一直在印度洋上经商的阿拉伯人、其他东方人都排除出去。为达到目的，他们不惜采取无情的恐怖主义，尤其是对可恨的穆斯林。

达·伽马像

葡萄牙帝国的缔造者是1509—1515年任印度总督的阿方索·德·亚伯奎。他的策略是控制进出印度洋的狭窄海道，粉碎阿拉伯人的贸易网。他占领了通往红海的索科特拉岛和通往波斯湾的霍尔木兹岛。在印度，他占领了马拉巴尔海岸中部的果阿城，将它建成海军基地和司令部，直到1961年它都是葡萄牙的属地。再往东，他攻克了马六甲，控制了与远东通商的必经之地马六甲海峡。两年后，即1513年，葡萄牙船首次抵达中国的广州港。这是马可·波罗以来欧洲人首次到达中国。葡萄牙人获准在澳门设立货栈和居留地，在那里继续从事远东事业。

葡萄牙的亚洲帝国面积很小，仅包括少数岛屿和沿海据点。但这些领地扼守要冲，使葡萄牙人能控制跨越半个地球的商路。每年，葡萄牙船队沿西非海岸南下，从沿岸各据点获得粮食和补给。绕过好望角后，他们在东非据点莫桑比克稍作休整，然后乘季风抵达科钦和锡兰，在那里将邻近地区收购的香料装上船。再往东是马六甲，葡萄牙人由此进入东亚贸易圈，充当中间商和承运人角色。

达·伽马的旗舰

葡萄牙人建立的控制东非海岸的要塞蒙巴萨的基督堡

整个16世纪,亚伯奎利用上述商站和要塞网打破了阿拉伯商人对印度洋的垄断,成为阿拉伯人和威尼斯人的竞争对手。

四、瓜分世界

开始海外扩张后,欧洲人为方便计,接受了基督徒有权不顾土著利益、占有异教土地的原则。另一条原则至少得到葡萄牙和西班牙承认,即教皇有权分配任何异教土地。1493年5月4日,亚历山大教皇在亚速尔群岛和佛得角群岛以西100里格处划定界线,该线以西归西班牙,以东归葡萄牙。1494年6月7日,西班牙和葡萄牙缔结《托尔德西拉斯条约》,将分界线西移270里格。葡萄牙因此获得了巴西领地。

其他欧洲国家也疯狂探索通往东印度群岛的其他航线。16世纪初,出现了新的职业探险家，大都是最有知识、最富经验的意大利人和葡萄牙人，愿为任何出资的君主效劳。为葡萄牙和西班牙效力的亚美利哥·韦斯普奇、为法国效劳的约翰·韦拉扎诺、为英国航海的卡伯特父子是意大利人。为西班牙探险的胡安·迪亚斯·德索利斯、胡安·费尔南德斯和斐迪南·麦哲伦都是葡萄牙人。

这些人中只有麦哲伦找到了通往亚洲的航道。1519年9月10日，麦哲伦率五艘帆船从塞维利亚起航，于10月穿过了以他名字命名的海峡，其间损失两条船。余下的三艘船沿智利海岸向北航行，至南纬50度时折向西北。次年3月6日，他们抵达一个岛屿，可能是关岛，在那里得到了补给。16日，船队到达菲律宾，麦哲伦等40名船员在当地冲突中遇害，又一艘船被毁。幸存者依靠当地领港员帮助，航行至婆罗洲。1520年11月，他们抵达目的地摩鹿加群岛即香料群岛，遭到当地葡萄牙人的进攻。尽管遭遇重重障碍，西班牙人仍然获得了丁香，兵分两路回国。取道太平洋的那艘船遇逆风而折回，被葡萄牙人捕获。另一艘船"维多利亚号"穿过望加锡海峡，越过印度洋，绕过好望角，沿非洲西岸北上，于1522年9月3日驶入塞维利亚港。船上香料的价值足以支付整个远征队的费用。

1529年，西班牙国王同葡萄牙签订《萨拉戈萨条约》，同意放弃香料群岛，接受在香料群岛以东15度处划定的分界线；而他则得到35万达卡金币的回报。这一条约标志着地理大发现史上重要一章的结束。

五、征服者和新西班牙

1519年既是麦哲伦环球航行的一年，也是埃尔南多·科尔特斯离开古巴远征阿兹特克帝国的一年。科尔特斯远征开启了"征服者时代"。此后30年，数千名西班牙冒险家建立了第一个欧洲海外大帝国。

1504年，埃尔南多·科尔特斯到达伊斯帕尼奥拉岛，5年后在征服古巴的战役中脱颖而出，当选为尤卡坦探险队的总指挥。1519年3月，科尔特斯在今天的韦拉克鲁斯附近的海岸登陆。他与当地反阿兹特克的部落结盟，利用阿兹特

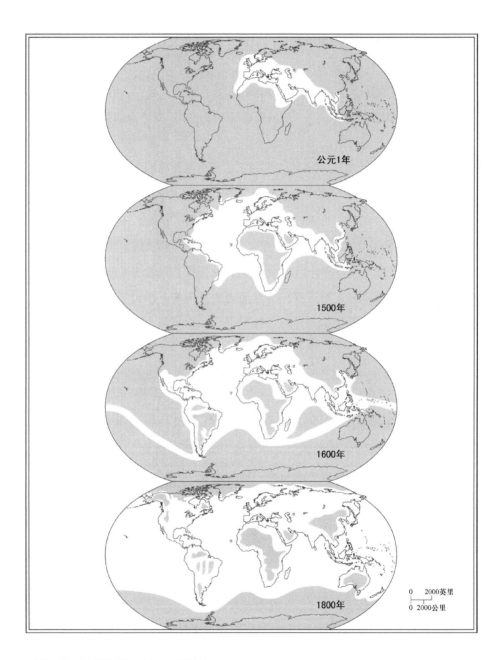

地图8　西方对全球的征服（公元1—1800年）

西班牙统治者血洗墨西哥城

克军事首领蒙提祖马的迷信,终于在1521年8月攻陷阿兹特克帝国。

更大胆的是西班牙远征队对印加帝国的征服。1532年11月15日,弗朗西斯科·皮萨罗到达业已荒废的卡哈马卡城。他先是因禁了迷信的印加统治者阿塔瓦尔帕,在得到赎金后,又背信弃义地杀害了阿塔瓦尔帕。数周后,皮萨罗攻陷印加帝国首都库斯科,将它洗劫一空。1535年,皮萨罗在沿海地区兴建了利马城。

其他征服者受到鼓舞,也深入美洲广大地区,寻找战利品。到16世纪末,他们探索了南美全部海岸线,从加利福尼亚湾南到火地岛、北至西印度群岛。在北美洲,弗朗西斯科·科罗纳多发现了大峡谷和科罗拉多河。埃尔南多·德索托广泛探察了今天美国东南部地区。

到1550年,征服者大功告成。伊比利亚人在美洲建立了第一个真正的欧洲殖民地帝国,与非洲和亚洲商业帝国完全不同。

西班牙王室以官僚取代征服者,对殖民地进行行政和司法管理。位于帝国行政结构顶端的是西印度事务院,它设在西班牙,由君主严密监控,统辖殖民地的行政与司法。新世界的最高权力授予墨西哥城和利马城总督。墨西哥城下辖新西班牙总督区,包括西属北美洲、西印度群岛、委内瑞拉和菲律宾群岛。利马城下辖秘鲁总督区,包括西属南美洲其他地区。总督区下再分成较小的单位,由检审法院即地方议会统辖。16世纪美洲共有10个检审法院。

西班牙统治者在美洲面临的基本问题是如何对待印第安人。国王授权征服者即"委托监护主"向指定印第安村庄收取贡赋,征发徭役。委托监护主则必须服兵役、支付教区牧师薪水。16世纪中叶,规定有了改动。印第安人仍需劳动,但服务对象改为政府机构而非大地主,而且能按官方标准得到报酬。

因为有了土著劳力,西班牙殖民帝国从墨西哥和玻利维亚源源不断地开发出金银矿产。1503—1660年间,西班牙当局从美洲攫取了总计18600吨白银和200吨黄金。非法走私的金银也达这两个数字的10%—15%。

除采矿外,拉丁美洲的主要产业是大庄园的农业、牲畜业,以及热带沿海

巴托洛姆·德·拉斯·卡萨斯的作品,描绘了美洲土著遭受的残酷虐待。

的单一作物种植园。大庄园雇印第安人生产粮食，以供自己消费或出售给附近的城市及矿区。种植园主要使用非洲奴隶，仅生产供应欧洲市场的作物。最早的种植场是大西洋各群岛（亚速尔群岛、马德拉群岛、佛得角群岛和加那利群岛）的甘蔗园。后来，巴西和西印度群岛、南北美洲都出现甘蔗、烟草、棉花和咖啡种植园。到17世纪初，大庄园和种植园的农副产品价值已经超过金银出口的产值。

六、伊比利亚的衰落

16世纪末，伊比利亚国家的殖民先锋地位迅速衰落。衰落的一个原因是它们参与了16、17世纪欧洲的宗教战争和王朝战争。更重要的原因是它们在经济上依附于西北欧。中世纪后期，欧洲经济中心从地中海盆地移向北欧。北方贸易先由汉萨同盟控制，16世纪以来又被荷兰人主宰，在新的贸易格局中，伊比利亚国家沦为落后者。伊比利亚国家没有经济实力和经济动力做后盾，不能有

位于波多黎各胡安港的埃尔莫罗堡保卫着西班牙财宝舰队

效地利用新帝国。它们缺乏帝国贸易必需的航运业，也不能向西属美洲殖民地提供工业产品。讽刺的是，伊比利亚国家衰落的另一个原因是大量金银涌入导致急速的通货膨胀。西班牙的物价上涨为北欧的两倍，工资也紧随其后。结果西班牙工业品价格过高，无法参与国际竞争。同样重要的是，西班牙贵族即伊达尔戈破坏了国家的经济和价值观。贵族和高级教士占人口不到2%，却拥有95%—97%的土地。他们鄙视商业和工业，并影响了全国上下。

结果，传统的伊比利亚经济远远落后于西北欧经济，伊比利亚殖民地也陷入落后和从属地位。荷兰人、英国人先后控制了西班牙、葡萄牙两国殖民地的大部分运输业。巴西和西属美洲90%的进口工业品由西北欧提供，甚至伊比利亚半岛本身的进口工业品也大都来自西北欧。

第二节 西欧的扩张：荷兰、法国、英国阶段（1600—1763）

1600—1763年，西北欧强国荷兰、法国和英国赶超和取代了西班牙和葡萄牙。虽然西北欧直到1763年后才取得世界霸权地位，但霸权的基础是在1640—1763年间奠定的。这段时期，英国人在印度夺取了第一个立足点，荷兰人将葡萄牙人逐出东印度群岛，西北欧列强在非洲海岸设立贸易站，英国人和法国人成为北美格兰德河以北地区的主人，并控制了格兰德河以南伊比利亚殖民地的大部分贸易。

一、西北欧的早期扩张

西北欧国家对获利颇丰的西班牙和葡萄牙自然心存嫉妒。但因忌惮伊比利亚人，它们一直未涉足两国的殖民地。相反，英国人、荷兰人和法国人转向了伊比利亚人尚未到过的北大西洋。1496年，英王亨利七世派约翰·卡伯特探险北大西洋，结果在纽芬兰沿海发现了比银矿更有价值的资源：鳕鱼。15、16世纪，

1553年理查德在霍尔莫格里登陆

鳕鱼成为欧洲贸易最重要的商品。

为了找到通往东方的东北航道或西北航道，西北欧人又开始了一系列探险，但均以失败告终。1553年，休·威洛比爵士与理查德·钱塞勒的远征队试图经东北航道驶抵中国，却被冰山挡住去路。但远征队在白海海岸登陆，与俄国沙皇伊凡四世建立了联系。1555年，莫斯科公司建立，英俄开始直接贸易。寻找西北通道的远征也都以失败告终。但西北探险家发现了哈得孙海峡和哈得孙湾，为进入新世界的毛皮产区打开了大门。

北欧人既然未能发现前往东方的新航路，便开始侵犯伊比利亚人的势力范围。1562年，英国奴隶贸易创始人约翰·霍金斯将塞拉利昂的奴隶贩卖到伊斯帕尼奥拉（海地），并换取了兽皮和蔗糖。首笔交易利润惊人，引得伊丽莎白女王和枢密院官员都暗中投资第二次航行。霍金斯如法炮制，并满载白银而归，成为英国首富。西班牙驻伦敦大使强烈抗议这种非法贸易，因为外国人与西属

英国人打败西班牙无敌舰队

殖民地通商属违法行为。1567年,约翰·霍金斯和表弟弗朗西斯·德雷克发起第三次航行,但遭到西班牙人沉重打击,仓皇逃回英国。

随后数十年,新教船长继续前往西属西印度群岛,只不过他们变成了海盗和私掠船船长,不再是和平但违法的商人。1588年,西班牙国王腓力二世派无敌舰队侵犯英国,遇到的两大劲敌便是约翰·霍金斯和弗朗西斯·德雷克。霍金斯和德雷克大败无敌舰队,为他们在西印度群岛蒙受的惨败复了仇。

同西班牙(这时葡萄牙已并入西班牙)正式开战后,新教国家再也不必束手束脚。他们公然闯入伊比利亚帝国——无论是西班牙人控制的美洲,还是葡萄牙人控制的东方。

二、荷兰的黄金世纪

16世纪末,荷兰人开始涌入东方海域,向葡萄牙的东方帝国发起挑战。

荷兰人捕获西班牙船只

新阿姆斯特丹图

1602年，荷兰人将各种私营贸易公司合并成国营的荷属东印度公司。公司资本雄厚，在东印度群岛建立了诸多要塞。到18、19世纪，荷兰人已建成了一个庞大的帝国。

但荷兰人的海外活动不只限于东印度群岛。在环绕斯匹次卑尔根群岛的北极海域，荷兰人垄断了捕鲸业。在俄国，他们远胜英国莫斯科公司。在波罗的海，他们成为西欧最重要的航海补给品供应商。荷兰商船是当时规模最大的，荷兰的造船业高效而经济，因此荷兰人成了西班牙、法国、英国和波罗的海国家之间的运输商。

在新世界,荷兰人在曼哈顿岛建立了新阿姆斯特丹(1612),获利颇丰,可惜很快丢失。最持久的荷兰殖民地建在南非好望角(1652),它向经过的船只提供新鲜的食物,挽救了数千名海员的性命。

但到18世纪,荷兰的经济发展和海外活动都开始落后于英国和法国。

三、英法竞争

18世纪以英法争夺殖民地霸权为特征。两国在全世界针锋相对。

北美英属殖民地大致分为三类:弗吉尼亚及其近邻,主要生产烟草;新英格兰和少数不信奉英国国教的定居点,以捕鱼、伐木、商业和皮毛贸易为生;英属西印度群岛,经营甘蔗种植园,因利润惊人而广受赞誉。英属殖民地总的特点是人口众多,远甚于法属殖民地。另一特点是政治独立。每个殖民地都有英国任命的总督、行政委员会和法院。此外,几乎每个殖民地都有民选的立法议会,且往往与政府官员唱反调。

北美法属殖民地则有着突出的战略地位。最早的法国定居点是1605年建立的阿卡迪亚(即新斯科舍)、1608年建立的魁北克和1642年建立的蒙特利尔。以圣劳伦斯河流域为主要殖民基地,法国人利用内陆水系向西推进到苏必利尔湖,向南抵达俄亥俄河。1682年法国贵族拉萨尔划船沿密西西比河而下,宣布整个密西西比河流域为法国所有,并将其命名为路易斯安那以纪念路易十四。法国人沿着从圣劳伦斯河到路

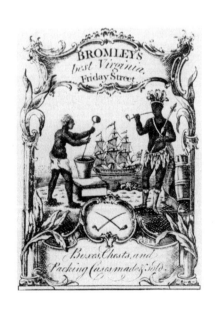

弗吉尼亚的劳工,18世纪弗吉尼亚香烟的标签

易斯安那的路径修筑了许多要塞,包围了大西洋沿岸的英属殖民地。法属殖民地不存在难以驾驭的民选机构。负责军事防御的总督和处理财政经济的行政长官皆由巴黎任命。

法国人和英国人在西印度群岛也是近邻。在这片地区,主要的法属殖民地有马提尼克岛和瓜德罗普岛,英属殖民地有牙买加、巴巴多斯和巴哈马群岛。

印度也是英法两国激烈争夺的地方。17世纪末,英国人在印度建立了四大据点:东海岸的加尔各答和马德拉斯,西海岸的苏拉特和孟买。与此同时,法国人也建立了两大据点:加尔各答附近的金德讷格尔和马德拉斯附近的本地治里。

四、英国的胜利

英法两国的竞争延续了将近一个世纪,其间爆发了四次战争,直到1763年英国大获全胜。四场战争都有两个战场:欧洲和海外。由于这种两面性,每场战争都有一个欧洲名字和一个对应的美洲名字,在历史上分别称为:奥洛斯堡联盟之战或威廉王之战(1689—1697),西班

1759年英军攻占魁北克

雅加达的源起

牙王位继承战或安妮女王之战（1701—1713），奥地利王位继承战或乔治王之战（1744—1748），七年战争或法印战争（1756—1763）。

经过前三场战争，英国人夺取了斯科舍、纽芬兰和哈得孙湾地区。经过第四场战争即七年战争，英法签订了《巴黎和约》（1763），英国从法国手中得到了圣劳伦斯河和密西西比河以东的全部地区，并将法国人赶出了印度。这样，英国人距离建立世界帝国的目标越来越近了。

第三节 俄国在亚洲的扩张

就在西欧海外扩张的同时，俄罗斯人正进行横跨欧亚大陆的扩张。恢弘的扩张持续了几世纪，直到1895年中亚最后一个伊斯兰汗国被征服。

一、俄罗斯扩张的地理环境

俄罗斯地域广袤（占地球陆地面积六分之一），且地形高度一致，因此俄罗斯人能迅速地从波罗的海扩张到太平洋。

气候一致也方便俄罗斯人东扩。构成今天俄罗斯大部的欧亚平原被一系列天然屏障所包围。它们是自黑海至太平洋连续分布的一系列山脉、沙漠和内海，自西向东分别是：高加索山脉、里海、乌斯秋尔特沙漠、咸海、克孜勒库姆沙漠、兴都库什山脉、帕米尔山区、天山山脉、戈壁沙漠，以及直抵太平洋彼岸的大兴安岭。包围欧亚平原的山脉挡住了太平洋的暖湿气流和印度洋的温暖季风，造成中亚的沙漠气候和西伯利亚的干冷气候。西起波罗的海、东迄太平洋的整个西伯利亚都是一样的大陆性气候：夏季短暂炎热，冬季漫长寒冷。

俄罗斯的扩张还受河流系统影响。由于地形平坦，俄罗斯的河流往往又长又宽，没有湍流阻挡，是贸易、殖民和征服的重要通道。乌拉尔山以西有许多著名的河流：流入波罗的海的西德维纳河，向南流入黑海的德涅斯特河、第聂

"令人恐惧的"伊凡大帝

伯河和顿河,先往东再折向南流入里海的伏尔加河。乌拉尔山以东的西伯利亚平原有四大河流:西面的鄂毕河、中央的叶尼塞河、东北面的勒拿河和东南面的阿穆尔河。前三条都向北流入北冰洋,第四条向东流入太平洋。

影响俄罗斯人扩张速度和进程的最后一个地理因素是各地的土壤—植被带。俄罗斯有四条东西向的土壤—植被带:冻土带、森林带、大草原和沙漠带。其中森林带面积最大,占世界森林总面积的五分之一。森林带南部的大草原曾是欧亚中部马上民族的根据地。因此,俄罗斯史的重要主题便是森林带的斯拉夫农民与大草原的亚洲游牧民连续不断的冲突。

二、俄罗斯的早期扩张

约1500年前,俄罗斯人从德涅斯特河、第聂伯河、涅曼河和德维纳河上游的发源地开始东进。他们以巨大的弧形扩散开,前进到北面的北冰洋沿岸、南面的黑海和东面的乌拉尔山脉甚至更远。少数城镇沿重要水路发展成为贸易中心,如第聂伯河边的基辅连接南北交通,伊尔门湖畔的诺夫哥罗德控制东西贸易。9世纪,第一个俄罗斯国家建立,以基辅为中心,但还只是河流沿岸各公国的松散联盟。

1237年,蒙古人横扫俄罗斯地区,建立金帐汗国,定都今伏尔加格勒附近的萨莱。俄罗斯人只好撤回森林深处,休养生息,后来建立了莫斯科公国。一世纪后,即伊凡雷帝时代(1533—1584年在位),莫斯科已统治了所有的俄罗斯公国。

"俄罗斯土地的归并"扭转了俄罗斯人和蒙古人(此时已被称为"鞑靼人")的力量对比。结果,俄罗斯人利用火枪火炮占领了整个喀山汗国。他们沿伏尔加河而下,1556年攻克阿斯特拉罕。为巩固战果,他们沿伏尔加河建起一系列据点,与河口的阿斯特拉罕相连。这样,俄罗斯人成了伏尔加流域的主人,影响力南至里海、东达乌拉尔山脉。

三、征服西伯利亚

俄罗斯人消灭了喀山汗国和阿斯特拉罕汗国,但克里米亚和乌拉尔山以东的鞑靼人依然独立,并不断侵扰俄罗斯殖民者。翻越乌拉尔山、征服西伯利亚的是豪爽能干的边疆居民哥萨克人。

1581年9月1日,哥萨克人叶尔马克·齐莫菲叶维奇率840人攻入古楚汗领地,占据了首都锡比尔。俄罗斯人用该城的名字称呼乌拉尔山以东地区,即"西伯利亚"。通向太平洋的道路就此打开。

哥萨克人一边前进,一边在沿

西伯利亚猎人

俄罗斯骑兵

西伯利亚的部落居民

途建立要塞。他们从锡比尔推进到鄂毕河、叶尼塞河和勒拿河，然后沿勒拿河而下，于1645年到达北冰洋沿岸。两年后，他们又到达太平洋沿岸，在那里建立了鄂霍次克要塞。

但是，当俄罗斯人向南推进到阿穆尔河流域时，强大的对手出现了。1643—1644年间，哥萨克人瓦西里·波雅尔科夫率先顺阿穆尔河而下，一批冒险家紧随其后。他们攻占阿尔巴津城，修筑了一系列要塞，以典型的哥萨克方式屠戮抢掠。中国皇帝对边境的暴行十分震怒，于1658年派兵北伐。最后，中国人夺回阿尔巴津，俄罗斯人被赶出阿穆尔河流域。两国签订《尼布楚条约》（1689年8月27日），以阿穆尔河以北的外兴安岭为界，俄罗斯人全部撤走。但俄罗斯人获得经商特权：两国臣民可自由跨越边境进行贸易。《尼布楚条约》签订后，俄罗斯人在亚洲扩张的第一阶段宣告结束。

四、西伯利亚的管理与开发

在整个17世纪，毛皮贸易是西伯利亚的支柱产业。政府是主要的毛皮交易商，毛皮是政府最重要的收入来源。

到18世纪，交易商和猎兽人开始被永久定居者取而代之。永久移民大都来自俄罗斯的欧洲地区，为的是逃避债主、兵役、宗教迫害，尤其是农奴制。16—17世纪在欧洲发展扩散的农奴制，在西伯利亚却未生根发芽，因为贵族不愿迁移到西伯利亚。结果，俄罗斯人在探险和征服时速度很快，在移民和垦殖时速度却很慢。

五、征服乌克兰

克里米亚的鞑靼人一直坚持到18世纪末，因为他们得到奥斯曼帝国的支持。但1792年，叶卡捷琳娜女皇打败了奥斯曼帝国，迫使他们签订了《雅西条约》。俄罗斯由此获得了东起库班河西至第聂伯河的整个黑海北岸。这样，乌克兰已完全处在俄罗斯统治之下。

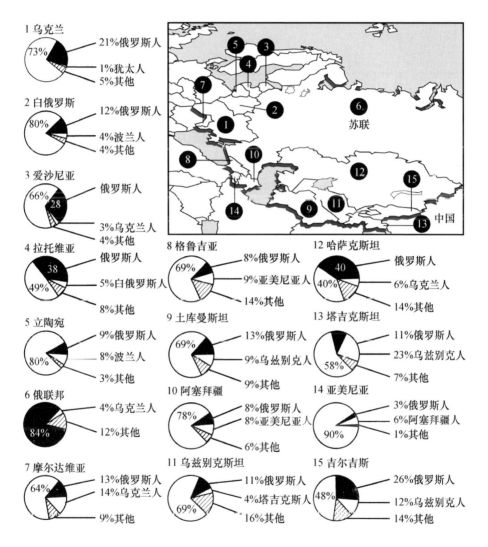

苏维埃共和国的民族构成

注释：由于取整数，各数字相加之和可能不是100。

第四节 全球整合的开始

1500—1763 年是全球整合的时代：从 1500 年前的地区孤立过渡到 19 世纪的欧洲全球霸权。

一、全球新视野

欧洲海外、陆上扩张的第一个显著结果是，人类眼界前所未有地扩大。人们首次了解和绘制了全球地形。15 世纪初葡萄牙人沿非洲西海岸探索之前，欧洲人的准确认识仅限北非和中东。他们对印度认识模糊，对中亚、东亚和撒哈拉以南非洲了解更少，对南北美洲、澳大利亚和南极洲完全无知。

但到 1763 年，情形就已迥然不同。全球大部分海岸线大都已为人所知，包括美洲大西洋沿岸、南美洲太平洋沿岸、非洲沿岸、南亚和东亚沿岸。欧洲人对某些地区的认识已深入内陆：俄罗斯人熟悉西伯利亚；西班牙人和葡萄牙人熟悉墨西哥、中美洲和南美部分地区；在格兰德河以北，西班牙人勘探了很多地区；更往北处，法国人和英国人驾独木舟勘测了河流和湖泊。

但另一方面，北美洲太平洋沿岸大部分地区仍是未知的；澳大利亚西海岸虽已被荷兰航海者发现，却尚未确定轮廓。同样，非洲撒哈拉以南地区也仍是一片空白。中亚也是如此，13 世纪马可·波罗的记载仍是其主要信息来源。

二、人和动植物的全球扩散

欧洲人的发现也导致全球种族的重新分布。1500 年前，世界各种族隔离而居。尼格罗人聚居在撒哈拉以南非洲和一些太平洋岛屿上，蒙古人聚居在中亚、西伯利亚、东亚和南北美洲，高加索人聚居在欧洲、北非、中东和印度。

到 1763 年，出现了截然不同的种族分布格局。俄罗斯人逐渐越过乌拉尔山，迁徙到西伯利亚。规模更大的是向南北美洲移民——欧洲人出于自愿，非洲人则是被迫。种族迁徙将美洲从单纯的蒙古人大陆变成全球种族最混杂的地区。

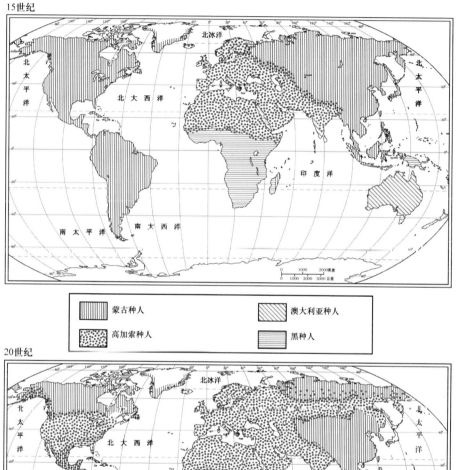

地图9 世界的种族分布

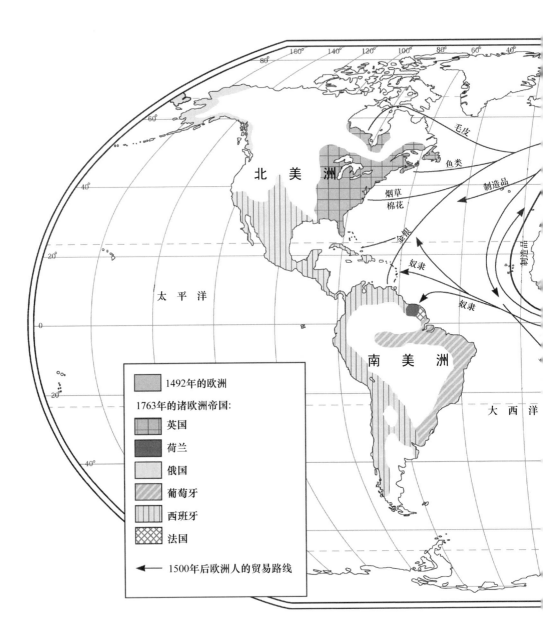

地图10　1763年西方崛起时的世界

西班牙人入侵美洲的岩画

结果，今天的新世界白人最多，明显占少数的人种从多到少依次为黑人、印第安人、印第安人与白人的混血、黑人与白人的混血。

种族的混合必然带来动植物的混合。旧大陆的重要贡献是各种驯养的动物，尤其是马、牛和羊。新世界没有类似的家畜，只有野牛提供了肉食来源。但美洲印第安人贡献了丰富的粮食作物，尤其是玉米和马铃薯，还有木薯、番茄、鳄梨、白薯、花生，以及若干种豆类、南瓜和西葫芦。它们是当今全球植物食品产量的一半。美洲印第安人还培植了两大经济作物烟草和棉花，以及几种重要的土生药材。

当然，动植物交换不只限于欧亚大陆和美洲之间。整个世界都在交换物种，澳大利亚尤其突出。澳大利亚是当今全球羊毛、羊肉、牛肉和小麦等初级产品的主要输出者，所有这些都是外来物种。盛产橡胶、咖啡、茶叶和烟草的印度尼西亚与盛产蔗糖和菠萝的夏威夷也是如此。

三、全球经济关系

到18世纪后半叶,历史上首次出现了大规模的洲际贸易。大西洋的三角贸易尤为繁荣:欧洲的朗姆酒、布匹、枪炮和其他金属制品卖到非洲,非洲的奴隶卖到美洲,美洲的蔗糖、烟草和金银卖到欧洲。

另一种全球贸易是东西欧的商品交换。西欧的纺织品、武器、金属制品和殖民地商品卖到波兰、匈牙利、俄国、巴尔干半岛。反过来,东欧国家的谷物、牛、兽皮、船用补给品、亚麻和毛皮则卖到西欧。

但欧亚贸易尚不能与上述两种贸易相提并论。当时欧洲纺织业抵制亚洲棉织品,而欧洲本身又没什么商品可以供给亚洲需要。

新的世界经济关系具有重大意义。首先,历史上第一次出现了大规模的国际分工。全球日益成为一个经济单位。美洲和东欧(加上西伯利亚)生产原料,非洲提供劳动力,亚洲供应奢侈品,西欧指挥全球运营,并越来越集中于工业生产。

新的全球经济要求原料产地有充足的劳动力。结果,美洲实行了奴隶制,

殖民者与当地人交易

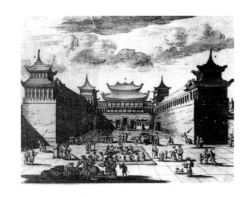

北京城里的荷兰贸易使团（1668年）

种植园中的奴隶

东欧出现了农奴制。非洲作为美洲种植园奴隶的来源，也受到全球经济深刻影响。哥伦布首次航行后不久，第一批奴隶就从非洲运到美洲。1520年代秘鲁发现银矿、1540年代巴西建立甘蔗种植园，奴隶数量激增。墨西哥和加勒比海岛屿建立烟草、大米和咖啡种植园后，奴隶数量更是爆炸式增长。据最新估计，1500—1867年约有1200万—2000万奴隶被迫离开非洲。

奴隶贸易对非洲各地影响各异。人口稀少、经济落后的安哥拉和东非损失严重，人口稠密、经济较发达的西非稍好些。但奴隶贸易造成从塞内加尔到安哥拉的非洲沿海和400—500英里内地的腐败和战乱。

亚洲是各大洲中受影响最小的，只有印度少数沿海地区和东印度群岛某些岛屿感觉到欧洲早期经济扩张的影响。

欧洲也受到全球新经济的影响，不过都是积极影响。正是在此期间，欧洲突飞猛进，迅速上升为世界经济霸主。但从一开始，西北欧就攫取了大部分利益，损害了其他地区。

里斯本港的英国舰队,彼得·摩纳米绘于1735年。

四、全球政治关系

到1763年,全球政治关系也发生了根本变化。一个能影响全球而不只是欧亚大陆的新中心出现了。这个中心先是伊比利亚半岛,后又变成西北欧。贸易路线和政治影响都从这里向世界各地辐射——西至美洲,南至非洲,东到印度和东南亚。

当然,1763年的欧洲人尚未实际控制这些地区。他们已有效主宰了人烟稀少的美洲、西伯利亚、澳大利亚,但向整个大陆殖民还要等到19世纪。在非洲和亚洲,除荷兰人侵入好望角和东印度群岛外,西欧人仅获得一些沿海据点。

总之,在政治领域,1763年的欧洲虽未建立霸权,但已胜利在望。

五、全球文化关系

欧洲文化的传播取决于各地社会的发展情况。在美洲,欧洲文化能原封不

到达天津的西方船只

休伦武士,版画,1657年

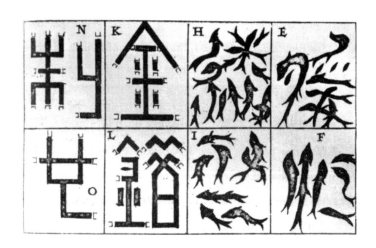

一位基督教传教士试图复制的古代汉字

动地移植,因为土著民族不是被消灭,就是被驱逐。但在非洲,欧洲人对土著文化的影响微不足道。西非土著首领将欧洲商人限制在沿海贸易站中。在中东、印度和中国的文明中心,当地人对欧洲文化没有印象。相反的是,欧洲人却对君士坦丁堡、德里和北京的所见所闻印象深刻。16世纪的欧洲人对奥斯曼帝国满怀尊敬、钦佩和不安。17世纪,中国的历史、艺术、哲学和政治令他们着迷。18世纪末,欧洲人的兴趣转移到了希腊的史诗、宗教和伦理,还有少数人迷恋于印度的梵语、文学和哲学。

六、历史上的近代早期

1500—1763年的近代早期,是从地区孤立时代向19世纪欧洲称霸时代过渡的中点站。经济上,这一时期欧洲人的贸易活动扩展到世界各地,但还不能开发广袤的内陆地区。洲际贸易达到空前的规模,但贸易量与此后几世纪仍无法相比。

政治上,全球还远不是一个整体。震撼欧洲的七年战争并未曾影响密西西比河以西的南北美洲、非洲内地、中东大部和东亚全部。欧洲人虽已控制了西伯利亚、南美洲和北美东部,但在非洲、印度和东印度群岛仅有少数飞地,在远东只能作为商人从事冒险活动,且受各种规章制度限制。

文化上,人类的眼界不断开阔。一些民族开始关注其他民族和文化。但总的来说,欧亚古代文明对欧洲人的影响远比反过来的影响更多。新的海洋、大陆和文明令欧洲人瞠目结舌,他们一开始贪婪、自卑,有时也会焦虑、自省,但后来变得残暴、冷酷、狭隘。

· 历史对今天的启示 ·

地区自治与全球统一

1500年前不存在全球冲突,因为全球联系尚不存在,全球统一更是无稽之谈。1500年,西欧开始海外扩张,传统的地区自治开始让位于全球统一。到19世纪,欧洲人的帝国控制了全球政治,欧洲人的股份公司控制了全球经济。欧洲人还取得了文化霸权,西方文化成为全球典范。

到20世纪,地区自治的潮流又开始回归。欧洲的世界霸权开始瓦解。瓦解过程始于第一次世界大战后,在第二次世界大战后进一步加速。政治上,帝国统治终结。文化上,西方文化不再是文明的同义词,非西方文化也不再等同于野蛮。

反对西方全球霸权并不奇怪。这种霸权本身是特定历史条件造成的偏差,注定只是暂时现象。令人惊奇的是,当前的地区自治力量也在主要西方国家内部出现,一些沉睡几十年或几百年的少数民族群体或亚群体开始在美国、加拿大、英国要求自治。地区自治的要求也并非仅针对西方中央政权,伊朗、苏联也出现了少数族裔要求自治的呼声。

随着时间流逝,地方自治运动的结果变得捉摸不定。问题不像几十年前那样黑白分明地归为东方或西方、社会主义或资本主义。第三世界越来越对所有外来模式幻灭,国家缺少了统一的发展目标和战略。

第七章 西方霸权世界（1763—1914）

霸权基础

1763—1914年的一个半世纪是欧洲在全世界大部分地区称霸的时期。欧洲之所以能空前扩张，是因为持续加速的现代化进程。现代化引发了三大革命——科学革命、工业革命和政治革命，使欧洲获得了无法抵挡的动力。

这些革命有两个特点值得关注。一是它们发生在1763年前，但直到19世纪才产生全球影响。二是三大革命并非平行独立发展。科学、工业和技术发展长期互相依赖、互相影响。

第一节 欧洲的科学革命和工业革命

人类过去200年的物质文化变迁比此前5000年还要巨大。巨变的根源在于科学革命和工业革命——西方文明对人类发展的杰出贡献。从历史上看，两场革命的意义甚于新石器时代的农业革命。

一、科学革命的根基

科学革命是西方文明的特产。似乎只有在西方，科学才成为整个社会的组成部分。换句话说,只有在西方,哲学家、科学家才与工匠联合起来、互相促进。科学与社会、科学家与工匠结合,大大促进了西方科学的空前繁荣。

为什么这一划时代变革出现在西方?一个原因是文艺复兴时代的人文主义缩小了工匠与学者的鸿沟。与此密切相连的是,学者或科学家将体力劳动与脑力劳动结合起来。此外,地理大发现和海外探险也促进了科学发展。

1662年,英王查理二世颁发特许状,成立了"促进自然知识的伦敦皇家学会"。其会员深谙技师与科学家合作的好处,致力于各专业合作,在全国搜集可能促进科学知识的信息。

二、科学革命的进程

近代科学的重大突破首先发生在与地理学和航海术密切相关的天文学领域。这些突破发生在16—17世纪,杰出科学家包括哥白尼(1473—1543)、伽利略(1564—1642)和牛顿(1642—1727)。哥白尼采纳了古代哲学家的日心说,证明它能比传统的托勒密体系更简单地解释天体运行。伽利略用新发明的望远镜观察天体,证实了哥白尼学说。早期科学最杰出的人物是牛顿,其贡献堪比欧几里得和爱因斯坦。他在光学、流体力学和数学方面做出了开创贡献,还发现了万有引力定律。这一轰动性、革命性理论揭开了天体的面纱。牛顿发现了可用数学证明的宇宙基本定律,它适用于万事万物,从最微小的事物到最宏大的宇宙。

18世纪末,工业革命与科学革命相互影响。蒸汽机的发展就是其中一例。詹姆斯·瓦特将技术创新与科学知识结合,提高了蒸汽机效率。1769年,瓦特采用独立的冷凝器,不久又用曲轴将蒸汽机的往复运动变为旋转运动。

19世纪上半叶最大的科学进步发生在化学领域——因为化学与纺织业密切相关,而纺织业几十年来飞速发展。"化学界的牛顿"是安东尼·拉瓦锡(1743—1794),他发现了能量守恒定律。19世纪,拉瓦锡后继者的大量发明都具有重大应用价值:贾斯特斯·冯·李比希发明化学肥料;W.H.珀金发明合成染料;

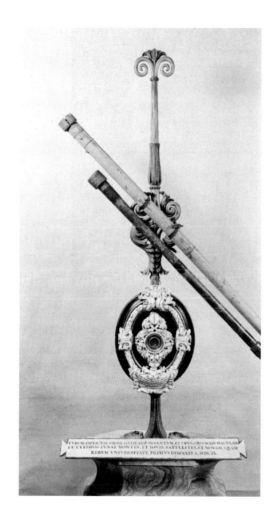

望远镜

路易·巴斯德发现疾病的细菌理论，促使人们进行卫生预防，控制了伤寒、白喉、霍乱、鼠疫和疟疾等由来已久的灾祸。

主导19世纪科学的是达尔文，他发现了主宰人类进化的规律。他的进化论认为，当前形态各异的动植物并非单独创造、固定不变的物种。它们是可变的，由共同的原始起源自然进化而来。达尔文认为，变异的主要方式是"自然选择"。尽管受到教会等团体的敌视，达尔文主义还是对西方社会产生了深远影响。对

牛顿像　　　　　　　　　　　　　　达尔文像

物竞天择、适者生存的强调与时代倾向巧妙吻合。达尔文的理论应用到社会领域，被称为社会达尔文主义。它们为当时开始主宰欧洲的唯物主义提供了科学支持。

三、科学革命的意义

到 19 世纪结束时，科学已经成为西方社会的重要组成部分。不仅如此，科学革命引发的变化还直接、间接地影响了整个世界。它使欧洲在技术上称霸世界，且极大地决定了霸权的性质和作用。科学革命还为 19 世纪西方的知识优势提供了基础。只有西方掌握了自然的秘密，并利用它们推动物质进步。

四、工业革命的根基

"工业革命"始于 18 世纪前，持续发展至今。18 世纪 80 年代，生产力有了

18世纪英国煤矿坑口

重大突破,正如经济学家所说,从"起飞"阶段进入"自促增长"阶段。确切地说,机械化工厂体系建立,生产出大量商品,迅速降低成本。工厂不再依赖现成需求,而是创造了需要。

为何工业革命产生于18世纪后期,而不是100年前、1000年前?答案主要在于海外大扩张后欧洲经济的显著增长,即通常所说的"商业革命"。

商业革命的一大特点是世界贸易的商品变化。新的海外产品逐渐成为欧洲大宗消费品,其商业价值日益提高。商业革命的另一特点是贸易量显著增长。欧洲总贸易量增加,而且殖民地贸易占据的比重越来越大。不仅如此,殖民地商品的再出口占据英法与其他欧洲国家的贸易比重也越来越大。

商业革命在许多重要方面推动了工业革命。首先,它为欧洲工业提供了不断扩张的巨大市场。为满足新市场需要,工业必须改进组织和技术。其次,商业革命也提供了大量资本,这是工业革命建造工厂和制造机器所必需的。

利润丰厚的商业，再加伴随而来的技术进步和制度变革，说明了为何工业革命在 18 世纪末达到"起飞"阶段。但这也提出另一个问题：为何工业革命首先发生在英国？英国的一个重要优势是它早在基础的采煤冶铁业中占据领先地位。因为森林资源枯竭，英国很早就开始以煤为燃料冶铁。英国还有更多的流动资本可用于工业革命。流入英国商业的利润比其他国家要高得多。值得关注的是，管理人才也大量集中在英国。冶铁业的达比家族、瓷器业的库克沃西、棉纺织业和政界的布赖特家族、科学界的道耳顿和爱丁顿等非国教徒都为工业革命做出了卓越贡献。大量流动的劳动力也是英国的优势所在。圈地运动始于 16 世纪，持续了 300 年，在 18 世纪末、19 世纪初达到高潮。它对工业革命有两个作用：为工厂提供了劳动力，为城市提供了粮食。因此，圈地运动是 19 世纪英国工业领先的先决条件。

五、工业革命的过程

工业革命的过程清晰地表现为"需求导致发明"的模式。棉纺织工业最先实现机械化，因为英国人极其喜爱棉织品。当时设了很多奖项，奖励能增加产量的发明。到 1830 年，一系列发明已使纺织业完全机械化。

这些杰出发明有：约翰·凯的"飞梭"（1733）提高了纺织速度；理查德·阿克赖特的水力纺纱机（1769）能用皮辊纺出结实的细线；詹姆斯·哈格里夫斯的珍妮纺纱机（1770）能一人同时纺出 8 根、16 根，最后达 100 多根纱线；塞缪尔·克朗普顿的走锭纺纱机（1779）也称"骡子"纺纱机，综合了水力纺纱机和珍妮纺纱机的优点。新纺纱机生产的纱线很快远远超出织布工的处理能力。牧师埃德蒙·卡特赖特试图矫正这种不平衡。1785 年他获得马力织布机专利，1789 年又获得蒸汽织布机专利。新发明十分简陋，在商业上无利可图。但在经过 20 年的改进，最严重的缺点被克服。到 19 世纪 20 年代，蒸汽织布机已在棉纺织工业中基本取代了织布工人。

新的棉纺机器需要比传统水车和马匹更强劲、更可靠的动力。因此，詹姆

珍妮纺纱机

斯·瓦特对1702年左右托马斯·纽科门发明的原始蒸汽机作了多项改进。蒸汽机具有重大的历史意义,它提供了控制和利用热能以驱动机器的手段,人类由此结束了对畜力、风力和水力的长期依赖。一大批新能源得以应用。不久,人类开始开发储藏在地下的化石燃料,即石油和天然气。由此开始了现代工业国家利用大批能源的趋势。实际上,19世纪欧洲对全球的主宰很大程度上是以蒸汽机为基础的。

新的棉纺机和蒸汽机要求增加铁、钢和煤的供应量。采矿业和冶金业的一系列革新满足了这一需求——亚伯拉罕·达比用焦硫代替煤来熔化铁矿石;亨利·科特用"搅炼"法去除熔铁中的杂质;瓦特蒸汽机用于鼓风、凿岩、翻转和碎石。这样,大量便宜的钢铁投入一般的建设,人类不仅进入了蒸汽时代,也进

动力织布机

入了钢铁时代。

纺织业、采矿业和冶金业的发展又要求改进运输工具以运送大量煤炭和矿石。这导致了运河开凿的热潮,到1830年,英国河道已长达2500英里。运河时代也是伟大的筑路时代。1750年后,筑路工程师约翰·梅特卡夫、托马斯·特尔福德和约翰·麦克亚当发明了硬化路面修筑技术,使道路能全年承受交通运输运力。四轮马车行驶速度从每小时4英里增至6英里、8英里,甚至10英里。1830年后,公路和水路又遭遇了铁路的挑战。1830年,采矿工程师乔治·史蒂芬森的蒸汽火车头"火箭号"以14英里的时速行驶31英里,将火车从利物浦拉到曼彻斯特。数年之内,铁路支配了长途运输,因为它能比公路和水路更快、更经济地运送旅客和货物。

蒸汽机还用于水上运输。1807年,富尔顿的汽船"克莱蒙特号"在美国哈

英文传单

得孙河下水。1833年,"皇家威廉号"汽船从新斯科舍航行到英国。5年后,"天狼星号"和"大西方号"朝相反方向越过大西洋,它们分别走了16.5天和13.5天,是最快的帆船所需时间的一半。1840年,塞缪尔·丘纳德建立了定期越洋航线,并提前宣布轮船到达和出发的日期。

工业革命不只是交通革命,还是通信革命。19世纪中叶,电报发明。1866年,越洋电缆铺设,新旧大陆建立即时通信。

工业革命一直持续至今,形成了几个发展阶段。第一阶段持续到19世纪中叶,包括棉纺织业、采矿业、冶金业的机械化,蒸汽机的发明及其在工业、运输业中的运用。第二阶段持续至19世纪下半叶,以科学在工业上的直接应用和大规模生产技术的发明为特色。德国主导了科学在工业中的应用,其中最惊人的例子是煤的衍生物。煤不仅提供了焦炭和照明用的煤气,还提供了煤焦油。

化学家在煤焦油中发现了真正的宝贝：数百种染料、阿司匹林、冬青油、糖精、消毒剂、轻泻剂、香水、摄影化学品、烈性炸药、香橙花精等。美国主导了大规模生产技术的发明。大生产有两种：一是制造可互换的标准零件，并以最少人工装配成完整的单位，经典的例子是亨利·福特的环形传送带；二是用先进的机械设备处理大批量原料，最好的例子是钢铁生产。

六、工业革命对欧洲的影响

工业化的扩散

19世纪，工业革命逐渐从英国扩散到欧洲大陆。比利时首先完成工业化。到1870年，大部分比利时人都成为城市居民，以工业或贸易为生。继比利时之后，法国、德国、奥匈帝国、意大利和俄国也完成了工业化。（表7.1）与此同时，非欧洲国家也在工业化——先是美国，后是英国自治领和日本。后来者建立了更高效的新工厂，英国反而丧失了"世界工厂"的地位。

人口增长

工业革命对欧洲的另一个影响是人口的进一步增长。尽管19世纪有数百万欧洲人移居海外，但1914年欧洲大陆的人口依然是1750年人口的3倍以上。（表7.2）

城市化

工业革命还导致世界各地前所未有地城市化。全球城市极速发展，到1930年城市人口已达4.15亿，占人类总数五分之一。到1914年，在英国、比利时、德国、美国等很多西方国家，绝大多数人口都已生活在城市。

财富增长

工业革命在全球范围高效开发人力资源和自然资源，促使生产率有了前所未有的提高。18世纪末、19世纪初工业革命对工人阶级生活水平的影响尚无定论，但可以确定的是，到19世纪后半叶，工人的生活水平有了显著提高。（表7.3）生产率大幅提高、海外投资带来巨大利润，都使西欧下层阶级也逐渐受惠。

表 7.1　世界工业平衡变化（1860-1980 年）

1860年	英国	法国	美国	德国
1880年	美国	英国	德国	法国
1900年	美国	德国	英国	法国
1980年	美国	日本	苏联	德国

表 7.2　1650-1990 年的世界人口变化 *

	欧洲	美国和加拿大	拉丁美洲	大洋洲	非洲	亚洲	总计（百万）
1650年	100	1	12	2	100	330	545
1750年	140	1	11	2	95	479	728
1850年	266	26	33	2	95	749	1171
1900年	401	81	63	6	120	937	1608
1950年	572	166	164	13	219	1368	2502
1990年	787	276	448	27	642	3113	5293
	欧洲	美国和加拿大	拉丁美洲	大洋洲	非洲	亚洲	总计（%）
1650年	18.3	0.2	2.2	0.4	18.3	60.6	100
1750年	19.2	0.1	1.5	0.3	13.1	65.8	100
1850年	22.7	2.3	2.8	0.2	8.1	63.9	100
1900年	24.9	5.1	3.9	0.4	7.4	58.3	100
1950年	23.0	6.7	6.3	0.5	8.8	54.7	100
1990年	15.0	5.0	8.5	0.5	12.0	59.0	100

* 这些数字表明，欧洲占世界总人口的百分比从1650的18.3%上升到1900年的24.9%，又回到1977年18%。但是，到20世纪，美国、加拿大和大洋洲的大部分居民的祖先都是欧洲人，拉丁美洲至少有一半居民的祖先也是欧洲人。因此，如果说整个20世纪，欧洲人和具有欧洲血统的人的百分比已上升到占世界总人口的三分之一左右，那更富有意义。

Adapted from A. M. Carr-Saunders, *World Population* (Clarendon, 1936), p. 42, and *United Nations Demographic Yearbooks*.

表 7.3 工业生产的上升（1913 年 =100）*

	德国	大不列颠	法国	俄国	意大利	美国	世界
1860年	14	34	26	8	—	8	14
1870年	18	44	34	13	17	11	19
1880年	25	53	43	17	23	17	26
1890年	40	62	56	27	40	39	43
1900年	65	79	66	61	56	54	60
1910年	89	85	89	84	99	89	88
1913年	100	100	100	100	100	100	100

* F. Sternberg, Capitalism and Socialism on Trial（Day, 1951）, p. 21. Translated by Edward Fitz-gerald. Copyright 1950 by Fritz Sternberg. Copyright renewed. Reprinted by permission of HarperCollins Publishers, Inc.

表 7.4 实际工资的增长（1850–1913 年）（1913 年 =100）*

	1850年	1860年	1870年	1880年	1890年	1900年
英国	57	64	70	81	90	100
法国	59.5	63	69	74.5	89.5	100

* F. Sternberg, Capitalism and Socialism on Trial（Day, 1951）, p. 27. Translated by Edward Fitz-gerald. Copyright 1950 by Fritz Sternberg. Copyright renewed. Reprinted by permission of HarperCollins Publishers, Inc.

"饥饿的 40 年代"让大批失业者深受其苦，（表 7.4）但此后直至第一次世界大战前，西欧工人都享有普遍的繁荣和生活水平的提高。

新消费主义

处于社会顶层的少数人和处于底层的多数人都获得更多收入，英国出现了人类历史上第一个消费社会。商人们很快想办法迎合富有的国内新市场。如今认为的现代销售技巧，如市场调查、信贷、打折、传单、目录、报纸和杂志广

18世纪的时装店，雕版画。

告、不满意退款等，早在 18 世纪就已出现。大众营销的先驱、陶工乔萨·韦奇伍德公然称："时尚高于美德。"他的陶瓷不是最好、最便宜的，但通过积极的营销，它们成了全球最有名、最流行的陶瓷。

女性的新角色

工业革命还赋予女性新的角色。其主要影响是迫使女性脱离原本赖以为生的家庭经济，进入新的、家庭以外的工薪经济。

19 世纪末，西欧婴儿死亡率骤降，中产阶级女性地位发生变化。有些人开始质疑婚姻要求服从丈夫和孩子的观念——结果出现了女性主义运动，要求性别平等、女性在家庭内外获得更多机会。

与此同时，工人阶级女性却没有时间、金钱和精力为家务与母亲的矛盾而烦恼。工人阶级女性占女性的绝大多数，她们面临巨大的生活压力，终日为避免入不敷出而挣扎。

在电话交换机前工作的妇女

《贝列里一家》,法国印象派画家德加的油画。

七、工业革命对非欧洲世界的影响

早期帝国的欧化

工业革命很大程度上造成了史无前例的欧洲人大移民。人口迁移的浪潮每10年都有巨大增长。19世纪20年代只有14.5万人离开欧洲，1850年代约有260万人，1900—1910年间移民人数蹿升至900万，平均每年近100万。

1885年前大部分移民来自北欧和西欧，此后大部分移民来自南欧和东欧。一般来说，英国移民前往英帝国自治领和美国；意大利人前往美国和拉丁美洲；西班牙人和葡萄牙人前往拉丁美洲；德国人前往美国，少数人前往阿根廷和巴西。这场大移民在世界史上意义重大：除俄国的亚洲地区涌入大批移民、南非涌入少数移民外，迁移目标完全指向美洲和大洋洲。结果，西伯利亚、除南非外的英国自治领、美洲等地区人种几乎完全欧化。南美洲的印第安人幸存下来，但已成为少数民族。

新帝国主义征服新帝国

工业革命也是亚非地区建立庞大的欧洲殖民地的主要原因。1870年后出现的帝国建立浪潮被称为"新帝国主义"，它使全球大部分地区沦为少数欧洲强国的附属物。新帝国主义与工业革命关系密切，因为帝国渴望获得殖民地，为日益增长的制成品提供市场。工业革命还产生了剩余资本，这也导致列强搜寻殖民地以作为投资场所。工业革命还创造了对机器用原料的需求，而这些原料大都来自"未开化"地区。

但新帝国主义的起源不只是经济原因，也不仅与工业革命相关。其他种种因素也在起作用，如希望得到海军战略基地以加强国家安全，希望获得额外的劳动力，借口传教士遇害而进行军事干涉，社会达尔文主义观念等。

经济、政治、思想心理因素综合作用，导致世界史上规模最大的土地攫取，连成吉思汗的征服都相形失色。1871—1900年间，英帝国增加了425万平方英里土地、6600万人口，法国增加350万平方英里土地、2600万人口，俄国在亚洲增加了50万平方英里土地、650万人口，德国增加了100万平方英里土地、

1906年,欧洲移民在去美国的路上。

1300万人口。连小小的比利时也获得了90万平方英里土地、850万居民。这样,到1914年,少数欧洲国家和美国、俄国直接或间接统治了全球大部分地区和大多数人口。这在人类历史上是前所未有的。20世纪后半叶全球大部分冲突都是欧洲统治的后遗症。

新帝国主义的影响

19世纪后期的欧洲扩张对殖民地和附属地有极其特殊的影响。新帝国主义迫使被征服国家发生彻底改变。

最初,欧洲征服者肯定会毫不犹豫地掠夺和剥削。但经过最初阶段,生气勃勃的欧洲经济就开始以各种方式包围、改变殖民地的经济结构和社会结构。因此,新帝国主义的历史作用是将工业革命推到逻辑结果——使工业国家即工业资本主义遍布全球。工业资本主义的全球运行导致更广泛、更协调、更有效地利用全球人力、物力。欧洲的资本和技术与不发达地区的原料和劳动力结合,

南非一家金矿的白人工头和黑人劳工

必定促使全球生产率显著提高。这种结合首次产生了完整的世界经济。

人们对世界经济蛋糕增大的好处并无异议。争论在于如何分配蛋糕。殖民地人觉得他们没有得到应有的份额。因此，他们不关心生产率的增长或外国公司的薪水，却关心自己的生活水平，尤其是常与西方的生活水平比较。但殖民地人并不反对本民族雇主，只反对外国统治者。

第二节 欧洲的政治革命

19世纪欧洲对世界的主宰也以政治革命为基础。政治革命的实质是终结了君权神授的观念。政治革命有史以来第一次主张比城邦更大的政府代表人民。大众觉醒并行动起来，不仅参与政府，而且视之为天赋权利。

一、政治革命的模式

政治革命也分为几个阶段：以17世纪的英国革命为序幕，经美国革命和法国革命深入发展，19世纪传遍整个欧洲，20世纪席卷全世界。

经济革命很大程度上导致了政治革命，因为经济革命创造了新的阶级，他们有新的利益，有新的意识形态将其利益合理化。随着商业的发展，中世纪的社会秩序逐渐改变，新的成分即城市资产阶级出现。这一阶级的财富和人数日益增长，向贵族和教士阶层发出了挑战，要求取消商业、赋税和宗教方面的种种束缚。这种新的意识形态就是古典自由主义，它为资产阶级的利益和目标提供了合理解释。

但信奉自由主义的中产阶级又受到城市工人即无产阶级的挑战。工人，或者说领导工人的知识分子，发明了新的意识形态即社会主义。社会主义直接挑战资产阶级的自由主义，不仅要求政治改革，还要求社会经济改革。社会主义在19世纪末的欧洲事务、20世纪的世界事务中都成为重要力量。

推动欧洲政治革命的不仅是自由主义和社会主义，还有民族主义这种影响各阶级、动员广大民众的意识形态。19世纪，民族主义自发源地西欧传遍整个欧洲大陆。20世纪，民族主义又成为全球殖民地人觉醒的推动力。

这三种信条——自由主义、社会主义和民族主义——是欧洲政治革命的主要内容。它们共同激励越来越多的欧洲人行动起来，使他们获得其他地区无法比拟的动力和凝聚力。这样，政治革命和科学革命、经济革命一样，促成了欧洲称霸世界。

二、英国革命

欧洲政治革命的第一阶段是17世纪的英国革命。

1640年，英王查理一世为获得镇压苏格兰起义的资金被迫召开国会。"长期国会"拒绝了查理，还提出了许多影响深远的要求，如处决国王的首席顾问、彻底改组英国圣公会。查理拒绝服从。1642年，保皇的"骑士党"和清教的"圆

克伦威尔像

颅党"爆发内战。

英国的动乱持续了半个世纪，直到 1688 年的"光荣革命"才宣告终止。其间一系列激动人心的事件构成了英国革命。革命分五阶段：1642—1645 年的第一阶段为内战阶段。保皇党人被奥利弗·克伦威尔组织的新模范军击溃。在 1645—1649 年的第二阶段中，获胜的清教徒分裂成温和派和激进派。克伦威尔领导的温和派战胜了约翰·利尔伯恩领导的激进派。1649 年查理被处死，克伦威尔成为英格兰共和国元首。在 1649—1660 年的第三阶段，克伦威尔及其清教徒追随者高效、虔诚地统治英国。各种封建特权被废除，宗教问题也解决。1660—1688 年为第四阶段，史称复辟时期。复辟的斯图亚特王朝国王查理二世（1660—1685）和詹姆斯二世（1685—1688）没有、也无力取消共和国的改革。

但他们试图恢复个人统治。他们还追随法国王室，鼓励天主教，因此越来越不得人心。1688年，"光荣革命"推翻斯图亚特王朝，标志着英国革命的第五阶段到来。新统治者是詹姆斯一世的女婿奥兰治的威廉。1689年，威廉接受《权利法案》，声明国会权力至高无上。这样，光荣革命确立了国会的最高权威，结束半个世纪的英国革命。

三、启蒙运动

欧洲政治革命的第二阶段是启蒙运动，发生在1789年法国大革命前1世纪。启蒙运动的领导者相信自己生活在启蒙的时代。他们认为过去是迷信无知的时代，只有在他们的时代，人类才终于从黑暗走向光明。因此，启蒙时代的一个基本特点是"进步"观念，此观念一直持续到20世纪。如何保持不断进步？答案简单可信：靠人类的推理能力。因此，启蒙时代的另一基本特点是信仰理性。实际上，进步和理性是启蒙运动的两个关键概念。启蒙运动的倡导者是一群能言善辩的哲人。他们在经济、宗教和政治三大领域提出了具体主张。

在经济领域，他们的关键口号是"自由放任"——让人民自作主张，顺其自然。苏格兰人亚当·斯密的名著《国民财富的性质和原因的研究》（或译《国富论》，1776年）对自由放任作了经典论述。

在宗教上，关键口号是"砸烂可耻的东西"，即消灭宗教狂热和不宽容。结果，欧洲人开始背离宗教正统观。有些人成为彻底的无神论者，有些人成为不可知论者，绝大多数人成为自然神论者，承认上帝和创世纪，但坚信上帝创世后便让世界按自然法则运转而不加干涉。值得一提的是，所有的新信条——无神论、不可知论和自然神论——都说明，对"天启"或"超自然"宗教的怀疑有了前所未有的增长。基督教传统首次出现了深刻的断裂。

在政治上，关键口号是"社会契约"。法国哲学家让·雅克·卢梭的政治著作《社会契约论》（1762）将政府看做"委托权"，因此革命是将合法权利归还给人

约翰·洛克像

卢梭像

民,具有正当性。

上述哲人最大的直接成就是说服了许多欧洲君主接受某些学说。这些统治者被称为开明专制君主,其中最闻名的有普鲁士的腓特烈大帝(1740—1786)、俄国的叶卡捷琳娜大帝(1762—1796)、哈布斯堡帝国的约瑟夫二世(1765—1790)。

四、美国革命

启蒙运动发生后,英国的十三个殖民地爆发了革命,为新学说付诸行动提供了实验。

1763年,英国宣布禁止向阿巴拉契亚山脉以西移民,并实施"糖税法""驻兵法""印花税法"和"汤森税法"等财政措施。殖民地人深感其害,一致表示反对。他们召开大会,组织抵制英货,迫使英国取消了上述财政措施。

为反对《强制法令》，第一届大陆会议号召美国人参加联盟，断绝与英国人的商业往来，1775年。

此后发生了一系列众所周知的戏剧性事件：东印度公司垄断茶叶、波士顿茶党、惩罚波士顿人暴行的"强制法令"（不可容忍法令）、阻挡殖民地人西进的《魁北克法案》（1774）。1774年9月，第一届大陆会议在费城召开，再次组织抵制英货。次年，英军从波士顿前往康科德夺取非法军火库，在列克星敦草坪打响了"震惊世界的枪声"，独立战争开始了。英军被困在波士顿。1775年6月，第二届大陆会议召开。

1776年1月，潘恩出版了鼓舞人心的小册子《常识》。《常识》在殖民地广为传阅，终于促使大陆会议于1776年7月4日通过《独立宣言》。军事行动全面展开后，法国的援助起了决定性作用。在1777年决定性的萨拉托加战役中，美国人使用的武器90%来自法国。在法国的海军和6000人远征军援助下，乔治·华盛顿的军队终于获胜，1781年英国在约克敦投降。1783年，《巴黎和约》正式承认美利坚合众国独立。

欧洲人普遍认为，美洲建立了一个独立的共和国，说明启蒙思想是切实可

1773年12月16日发生的波士顿倾茶事件

行的——人类可以在个人权利基础上建立国家和可行的政府。

五、法国革命

革命的根源

法国为什么发生大革命？根本原因是，法国虽是启蒙运动的故乡，在拿破仑上台前却从未出现过开明专制君主。

法国旧制度是贵族政权。所有法国人在法律上分为三大等级。第一等级是教士，第二等级是贵族，第三等级是占人口绝大多数的农民、城市商人和手工业者。第三等级心怀不满：农民负担了大部分税收；城市手工业者工资长年未涨；资产阶级无法就任政府、教会和军队的高级职位。

因此，法国是一个极其低效、极不公正的国家，国家机器摇摇欲坠、陷于停顿。这种停顿给野心勃勃、心怀不满的资产阶级以可乘之机，使他们有机会成功夺权。

作于18世纪的漫画讽刺了法国的社会结构,戴着镣铐的穷人供养着贵族、主教和议员。

贵族革命

法国革命始于1787年的贵族革命。1787年,路易试图对一切地产所有者统一征税,贵族和教士趁机迫使国王交权。这两大特权阶层指责新税非法,宣称只有三级会议才能决定如此重大的改革。由于资金严重匮乏,国王最终让步,允诺1789年春召开三级会议。

资产阶级革命

1789年5月5日在凡尔赛召开的三级会议代表传统的三大等级。第三等级一开始就最有活力、最起决定性作用。第三等级共有600名代表,其他两个等级则各有300名代表。

平民赢得的第一个胜利是说服国王路易把三级会议变成国民议会。一旦三个等级的代表联合组成国民议会,平民与其他两个等级中的盟友就占据了多数。6月23日,平民公然违抗路易,宣布成立国民议会,路易被迫屈服,下令三大等级合并。

1789年7月14日，攻占巴士底狱。

大众革命

但让步的国王并未心悦诚服，他于7月11日将赞成改革的雅克·内克撤职。这导致大众革命爆发。民众涌上街头，要求更廉价的面包，抬着身披丧服的内克半身像游行。7月14日，他们攻陷了巴士底狱——巴黎一个用作监狱的王室古堡。巴士底狱的陷落标志着民众登上了历史舞台。他们的参与挽救了资产阶级，此后资产阶级在关键时刻不得不依靠街头民众提供"革命的强心剂"。

民众革命不仅发生在巴黎，也发生在农村。在许多乡村，农民拆除篱笆，夺取土地，烧毁庄园主的住宅。

受民众革命推动，在1789年著名的"八月的日子"，国民议会宣布废除一切封建税、免税特权、教会什一税、贵族公职特权。国民议会还通过了许多重要措施，如没收教会土地、改组司法体制和行政体制、通过《人权宣言》。宣言阐明了关于自由、财产、安全的基本原则。最后一条申明"财产权神圣不可侵犯"，说明资产阶级并未对革命方向失去控制。《人权宣言》传达了革命的基本要旨。

国王路易不愿接受8月4日的彻底改革和人权宣言的革命原则。人民革命再次发难。10月初，以妇女为主的饥饿民众哄抢了巴黎的面包铺，然后向凡尔赛宫进军。在民众压力下，路易同意将宫廷迁到巴黎。王室被软禁在巴黎的杜伊勒里宫，国民议会则设在附近的骑兵学校。10月的骚动保证了8月法令的批准。

战争和恐怖

巴黎的国王已丧失实权，但许多教士和贵族仍决心夺回失去的财产和特权。有些人逃亡国外，试图借助国外列强打败法国革命政权。1792年4月，奥地利和普鲁士发动反法战争。在民众压力下，国民议会于8月10日停止王权，召集国民公会选举。

1792年9月21日，由男子普选产生的国民公会召开，顺利解决了最迫切的问题：保卫祖国、抵抗奥地利—普鲁士侵略者。革命干劲和民众支持结合，结果无可匹敌。普鲁士人和奥地利人被赶出边境。1793年，英国、荷兰和西班牙也加入反法联盟。革命者报之以著名的"全民总动员"。到1795年，敌军联盟被粉碎。

与此同时，国民公会日益左倾。1793年6月，吉伦特派被更激进的雅各宾派取代，公安委员会成了主要统治机关。委员会有着高涨的革命热情和激昂的爱国精神，它任免将军、鼓舞群众参加英勇行动、实施对外政策、就无数问题立法、以残酷的恐怖统治镇压反对派。成千上万人被控叛国或不够爱国，并被送到"国家剃刀"即断头台下。

但恐怖统治逐渐失控，革命开始"吞噬亲生儿"。在不断的权力斗争中，一个个革命领袖与路易和玛丽·安托瓦内特一样被砍头。无套裤汉（意即"未穿上流社会短裤的人"）迫切要求建立一个更加平等的国家。资产阶级发现局面完全超出计划，于是努力阻止革命左转。1795年上台的五人督政府、1799年上台的拿破仑·波拿巴都牢牢控制了无套裤汉。

1793年1月21日，法国国王路易十六被处死。

拿破仑

拿破仑以第一执政官（1799—1804）和皇帝（1804—1814）身份统治法国。他的15年统治有两个特点：一是国内改革，二是军事战役。前者巩固了革命成果，后者激起了邻国的民族反抗，最终导致他垮台。

就国内政策而言，拿破仑堪比启蒙时代的开明专制君主。他专断而高效地统治了法国。他编集法典，实行中央集权，组织国民教育体系，建立法兰西银行，与教皇就教会—国家关系问题达成协议。

就对外战争而言，拿破仑是一个军事天才，取得了惊人的成功。1810年，他的事业达到巅峰。他让法国的疆界越过莱茵河延伸至吕贝克，越过阿尔卑斯山脉延伸至罗马。欧洲其余地区则成为依附于法国的卫星国或同盟国，只有英国仍保持独立并虎视眈眈。

拿破仑在所有被征服地区都推行了法国革命的一些基本原则。他废除封建

拿破仑像

制和农奴制,承认所有公民平等,实施著名的《法典》。但作为外来者,必要时拿破仑还是会使用武力。

结果,被统治者成为民族主义者,开始反抗拿破仑的统治。意大利的动乱、西班牙的武装抵抗和德国日益增强的民族团结均源于此。1812年俄国各阶层的抵抗对拿破仑造成了致命的打击。从俄国的冰冻平原开始,拿破仑的事业一落千丈,最终止于厄尔巴岛。

拿破仑垮台后,1814年9月—1815年6月的维也纳会议重绘欧洲地图,以合法性、遏制和补偿为三大原则。根据合法性原则,法国、西班牙、荷兰和意大利君主恢复王位。根据遏制原则,法国边境被牢牢控制住。荷兰得到比利时,奥地利得到伦巴第和威尼斯,普鲁士得到莱茵河沿岸和萨克森部分地区。根据补偿原则,得胜的同盟国得到各片领土——挪威划归瑞典,马耳他、锡兰和好望角划归英国,芬兰、比萨拉比亚和波兰大部划归俄国,达尔马提亚和加利西亚(外加伦巴第和威尼斯)划归奥地利。但德国和意大利仍四分五裂:德国是

39个州组成的松散邦联,意大利只是一个"地理名词",包括9个州,都由奥地利统治。

六、民族主义

民族主义是近代欧洲史上的现象。在中世纪,欧洲人只有共同的天主教会、共同的拉丁语和共同的神圣罗马帝国,但没有忠于民族国家的观念。

三个变化逐渐改变了民众忠诚的范围:一是方言兴起并用于文学表达,二是国家教会脱离天主教会,三是西欧王朝建立了几个统一、独立、稳固的国家——英国、法国、西班牙、葡萄牙和丹麦。这些变化为民族主义的兴起打下了基础。

直到18世纪西欧资产阶级开始夺权,民族主义才呈现出现代形式。国家由公民(19世纪末以前仅指有财产的公民)组成,"住在共同地区,在共同的政府里拥有发言权,并有共同的(想象的或真实的)传统和共同的利益"。

民族主义的现代形式在法国革命和拿破仑时期得到最大发展。为了抵制欧洲旧制度的进攻,革命领袖必须动员民族军队。法国革命还以其他方式促进民族主义发展:要求法国公民说法语,建立公立小学网,出版报纸、小册子和期刊,创立国旗、国歌和国家节日等民族主义仪式和符号。

这种国家认同从法国传到邻国。1815年后,民族主义迅速彰显,因为维也纳会议的领土解决方案使数百万人陷于分裂或外族统治。结果,欧洲各地爆发一系列民族反抗运动。1821年希腊人起义,摆脱土耳其统治。1830年比利时人起义,摆脱荷兰统治。1820年、1830年和1848年,意大利人三次起义失败,最后于1859—1871年建立独立、统一的国家。1866年普鲁士领导德国人击败奥地利,1870—1871年击败法国,最后建立德意志帝国。到1871年,民族主义原则已在西欧获胜。

在中欧和东欧,最早打破帝国大厦缺口的是土耳其人的巴尔干臣民。1878年,塞尔维亚人、罗马尼亚人和黑山人已先后独立。1908年,保加利亚人也独

关于维也纳会议的政治漫画,描绘了欧洲各国首脑不同的政治表现。

立。更重要的是,1914 年 6 月,哈布斯堡王朝的弗兰茨·斐迪南大公被塞尔维亚爱国者加夫里洛·普林西普暗杀。此事引发第一次世界大战,结果中欧和东欧的所有帝国——德意志帝国、奥匈帝国、俄罗斯帝国和土耳其帝国——均遭毁灭。结束"一战"的和平条约普遍以民族主义原则为基础,因此战后出现了新的国家:波兰、捷克斯洛伐克、南斯拉夫和阿尔巴尼亚。第一次世界大战结束时,民族主义已在整个欧洲获胜。

七、自由主义

自由主义在英国革命期间首次被明确提出并付诸实践。当时,自由主义的主要内容是宗教宽容、人身安全和财产安全。实施这些信条要求议会控制政府、政党独立存在、承认反对党的必要和权利。

自由主义的思想和实践在美国革命中进一步发展。美国革命限制奴隶制、推广宗教宽容、扩大公民权、确立立宪政体。1791 年的联邦以分权原则为基础,旨在制止暴政。《权利法案》确保了宗教、言论、出版和集会自由。

平等女神于里拿着一本《人权和公民权宣言》

法国革命的自由主义信条比美国革命更进步。《人权宣言》是18世纪自由主义的经典表述，响亮地宣告了个人自由。但法国自由主义主要也是资产阶级运动。《人权宣言》强调财产权"神圣不可侵犯"。影响深远的拿破仑《法典》禁止组织工会和罢工。

八、社会主义

19世纪初，出现了新的社会改革派——空想社会主义者。其中最杰出的是法国人圣西门（1760—1825）、傅立叶（1772—1837）和英国企业家罗伯特·欧文（1771—1858）。他们的方案各不相同，但有一个基本的共同点。他们只关心提出原则、描述模范社会的具体运作，却从未认真考虑它们如何取代现存社会。正是由于这个原因，他们被称为空想社会主义者。

现代社会主义之父是马克思（1818—1883），他与空想社会主义者完全不同。马克思是唯物主义者，毕生研究资本主义社会的历史发展和确切作用。他根据历史研究坚信阶级斗争将推翻资本主义社会，代之以新的社会。马克思将理论研究与组织和鼓动工人结合起来。1848年《共产党宣言》的最后一句便是："全世界无产者联合起来！"1864年，他推动建立了国际工人协会即第一国际。协会接受了马克思关于无产者夺取政权、建立社会主义社会的纲领，并因宣传和参与罢工而广受关注。但1873年协会分裂，因为其成员除社会主义者外，还包括缺乏纪律、经常不和的浪漫主义者、民族主义者和无政府主义者。

1889年社会党国际即第二国际在巴黎成立。到1914年，第二国际已包括27个国家的社会党，总共1200万工人成员。第二国际的思想和行动比第一国际温和得多。造成转变的主要原因是，组成第二国际的主要政党开始背离纯粹的马克思主义，转向修正主义。大部分社会党都分裂成了"正统派"和"修正派"。相比之下，修正派与时俱进，通常在党内占据了主导地位。他们组织强大的工会运动，在选举中赢得数百万张选票。到1914年，德国、法国和意大利的社会党都已在国会中占据多数席位。

卡尔·马克思

但1914年第一次世界大战爆发，第二国际为修正主义付出代价：大多数成员首先是民族主义者，其次才是社会主义者。他们响应民族政府号召，数百万工人战死于战壕两侧。第二国际四分五裂，虽然战后复苏，却不复昔日的力量和声望。

然而，社会主义并未随第二国际分裂而消失。正是在第一次世界大战期间，俄国社会主义者即布尔什维克成功夺取政权，建立历史上第一个无产阶级政府。布尔什维克还组织了第三国际即共产国际，向第二国际即社会党国际发出挑战。

九、政治革命中的女性

女性在历次政治革命中都扮演了积极的角色，结果却有好有坏。在权力斗争中，女性的支援受到欢迎。但取得胜利后，女性却遭到忽视，被迫退回从属地位。

法国大革命各阶段清楚表明了这一模式。孔多塞侯爵是革命领袖中少数公

巴黎妇女革命，1789年10月5日，巴黎妇女向凡尔赛宫进军。

开主张两性在财产、投票、公职、公共教育等方面平等的人。革命开始后,中产阶级女性向三级会议提出了书面要求。但这些女性没有坚持向会议施压,因此1789年8月26日国民会议通过的《人权宣言》没有提及女性权利。相比之下,工人阶级女性更加强硬。因为巴黎面包匮乏,她们忍饥挨饿。1789年10月,她们游行到凡尔赛宫,将皇室成员带回巴黎,并戏称国王一家为"面包师、面包师妻子和孩子"。

到1790年,妇女已开始出版报纸,要求选举、参加议会、参与审判、提出离婚等权利。1791年,女性领袖发表《女权宣言》,申明了这些权利。1793年春,国王以叛国罪被处死、法国遭5支外国军队入侵,女性也表现得极为活跃。她们在医院里包扎伤员,为士兵制作衬衫、长裤、帽子、袜子、手套,有些人甚至自愿参加革命军。共和政府为答谢女性而通过种种法律:使离婚合法、婚姻成为民事契约、妻子分得家庭财产、女孩和男孩都需接受5年义务教育。

20世纪初一位主张妇女选举权的女子

一年后，外国入侵的危险过去，女性革命遭到反击。物价控制终止，面包配额减少，工人家庭深受其害。民主宪法和刚刚获得的妇女权利都被废除。拿破仑《法典》恢复父亲和丈夫的绝对权威，进一步巩固了反击。

法国革命发展起来的女性问题在革命后并未被忘记。整个19世纪，欧洲中产阶级和上层阶级妇女继续斗争。由于进展不大，19世纪末，女性运动积极分子得出结论：只有女性与男性享有平等的政治权力，她们的奋斗目标才能实现。从此，各国争取普选者纷纷争取女性选举权。20世纪，女性选举权斗争取得重大进展，女性享有选举权的国家从1900年的1个增加到1975年的129个。

第三节 俄国

俄国位于欧洲边缘，是欧洲和亚洲的缓冲带。因此，俄国的历史和文化完全不同于其他欧洲人。20世纪前，欧洲对俄国的影响是促成俄罗斯发展的主要因素。

一、俄国与欧洲（1856年前）

第一个俄罗斯国家是9世纪的基辅公国，它通过黑海、波罗的海贸易和王室联姻与欧洲各地保持联系。

但此后数世纪，两个关键事件孤立了俄罗斯。一是990年前后弗拉基米尔大公接受拜占庭东正教，逐渐与基督教分道扬镳；二是1237年蒙古人入侵，切断了俄国与欧洲的残存联系。这样，到15世纪俄罗斯人摆脱

沙皇彼得大帝

圣彼得堡——彼得大帝"面向西方的窗户"

蒙古人统治时,俄罗斯文明已完全不同于西欧文明。

16世纪开始,俄罗斯人向西方借鉴。沙皇彼得大帝(1682—1725)大大加快了西化过程。他颁布3000多条法令,以西方模式改组政府和军队,建立军事工业,引入外国专家,派年轻的俄罗斯人出国留学,并建立许多新式学校。他本人打破先例,亲自赴欧学习外国制度。除上述措施,彼得还真正打开了"西方门户"。他打败瑞典,获得波罗的海沿岸地区,并在那里建立新都圣彼得堡。

叶卡捷琳娜大帝(1762—1796)继续推行彼得的改革。她积极赞助文学、艺术、戏剧和报刊,使俄罗斯高等贵族欧化。结果,欧化的上层阶级与依附于庄园的下层农奴间差距越来越大。

1825年12月亚历山大一世驾崩,十二月党人发动起义。起义首领大都是军官，他们希望废除农奴制和君主专制，促使俄罗斯欧化。但由于没有民众支持，起义惨遭失败。

二、俄国与欧洲（1856—1905）

1854—1856年，俄罗斯与英法等西方列强爆发克里米亚战争。战败的俄国被迫接受屈辱的《巴黎条约》：俄国削减黑海海军，拆毁黑海沿岸的防御工事。

这次失败暴露了旧制度的腐败和落后，迫使当局进行改革。第一个变革是解放农奴。1861年3月1日，亚历山大二世颁布废除农奴制的法令，解放所有农奴，重新在农奴和地主之间分配土地。这是俄国历史的重大转折，因为农奴占俄国人口的绝大多数。与此同时，西欧决定性地促进俄国工业化。外资大量进入，进一步削弱了旧制度。

由于上述发展，1914年的俄国已经与欧洲十分相似。但这些相似引发俄罗斯社会的分裂和冲突。农民希望平分土地、减免税负，不断发动骚乱。1901年组成的社会革命党反映了他们的诉求。城市工人要求减轻剥削、改善劳动条件和生活条件。1898年建立的社会民主党代表了他们的利益。与其他无产阶级政党一样，俄国社会民主党也分裂成修正派和正统派，即孟什维克和布尔什维克。中产阶级也对沙皇政权不满，他们要求建立君主立宪制，成立类似英国下院的代议机构。1905年成立的立宪民主党便是资产阶级政党，许多杰出的知识分子和商人均参与其中。1905年革命后，沙皇接受民选议会即杜马，立宪民主党在杜马中起了领导作用。

亚历山大一世

19世纪70年代的俄国农村

三、俄国与亚洲（1905年前）

18—19世纪，俄罗斯人继续向东、南方向推进，获得了阿拉斯加、黑龙江流域和中亚，建立了俄帝国。

阿拉斯加

俄罗斯人进入阿拉斯加始于彼得大帝。1728年、1740年，他派维图斯·白令船长两次前往美洲探险。白令向东穿过以他名字命名的海峡，勘察了阿留申群岛，在阿拉斯加海岸登陆。这次远征最大成就是发现亚洲和北美之间以北太平洋水域相连。

受高利润的海獭皮贸易吸引，俄罗斯商人接踵而至。他们先开发了阿留申群岛，后来又在阿拉斯加海岸建立据点。经过贪婪的杀戮、掠夺和战争，阿留申人和海獭都被消灭殆尽。

1799年，各私人贸易公司联合组成俄美公司，由亚历山大·巴拉诺夫领导，派远征队沿美洲海岸建立为阿拉斯加据点提供补给的定居点。1811年11月，俄

圣米歇尔东正教堂

罗斯人在旧金山以北的俄罗斯河旁建立罗斯堡。到1819年，美洲海岸已出现19个俄罗斯定居点。

但最后，俄罗斯人放弃了美洲的土地。1867年，俄国以700万美元价格将阿拉斯加卖给美国，每英亩不到2美分。这是史上最大规模的地产交易。

黑龙江流域

1847年，尼古拉·穆拉维约夫伯爵就任东西伯利亚总督，开始越权派远征军侵犯外国领土。他们在堪察加半岛建立彼得罗巴甫洛夫斯克要塞；赶走萨哈林岛上的日本居民，踏勘、占领该岛；在黑龙江上行驶汽船，鼓励俄罗斯移民，沿黑龙江河口至朝鲜边界沿岸建立许多据点。

1858年，中俄签订《瑷珲条约》。俄罗斯获得黑龙江北岸至乌苏里江的土地，并与中国共同管辖乌苏里江两岸地区。1860年，穆拉维约夫不顾《瑷珲条约》规定，在朝鲜边境海岸建立据点，取名符拉迪沃斯托克（海参崴）即"东方王后"。1860年，中俄签订《北京条约》。俄罗斯获得自乌苏里江至海边的黑龙江两岸、自黑龙江河口到朝鲜边界的整个沿海地区。自此，俄罗斯在远东的扩张告一段落，直到 20 世纪初才重新开始。

中亚

1827—1854 年间，俄罗斯人征服哈萨克草原，直抵锡尔河，首次进入中亚。中亚穆斯林文明中心纷纷落入俄罗斯人之手：塔什干 1865 年、布哈拉 1868 年、希瓦 1873 年、格奥克—杰彼 1881 年、梅尔夫 1884 年。

俄罗斯的统治有效改变了中亚。在积极方面，俄罗斯人废除了奴隶制和奴隶贸易，铺筑铁路，推行现代化。但在消极方面，征用哈萨克牧场导致饥荒，俄罗斯人也并未改革中亚的教育、司法和行政。

中国东北与日俄战争

19 世纪 90 年代，俄国的兴趣从中亚转移到远东。1895 年中日《马关条约》签订后，俄罗斯与德国、法国一起迫使日本将辽东半岛归还中国。于是，次年中俄签订秘密条约，规定日本侵略时相互援助，并授权中俄合资银行建造穿过中国东北直抵符拉迪沃斯托克的中东铁路。这家银行名义上是私营公司，实际上归俄罗斯政府所有和管理。到 1904 年日俄战争前，它已在东北铺设了 1596 英

1904年日俄战争中的旅顺口之战

里铁路。

1898 年,俄国人又在远东取得新进展:他们向中国租得辽东半岛 25 年,包括战略港口旅顺在内。两年后,俄国人趁义和团拳乱之机占领了整个东北地区。

这种稳步蚕食使日本人大为惊恐。1903 年 7 月,日本人要求俄国承认日本在朝鲜的"特殊利益";反之,日本也愿意承认俄国"在东北铁路方面的特殊利益"。俄国拒绝了日本的提议。1904 年 2 月 8 日,日本人突袭旅顺港的俄罗斯舰队,日俄战争爆发。

日俄战争分三阶段,俄国人节节败退。第一阶段,日本人包围旅顺港,经 148 天围攻占领该要塞。第二阶段,日本人在东北平原获得一系列胜利,将俄国人赶到沈阳以北。第三阶段,日本舰队在对马海峡全歼俄国的波罗的海舰队。

1905 年 9 月 5 日,日俄签订《朴次茅斯和约》。俄罗斯承认日本在朝鲜"最高的政治、军事、经济利益",放弃其在东北的所有独家特权,将萨哈林岛南部割让给日本,将辽东半岛租借权转让给日本。这样,日本阻挡了俄国在远东的扩张。

四、第一次俄国革命及其后果(1905—1914)

日俄战争在远东打响之机,革命风暴在俄国后方蔓延。1905 年 1 月 22 日,民众在圣彼得堡冬宫前请愿,皇家禁卫军向赤手空拳的民众开枪,酿成了"流血星期日"。这次镇压促使全国民众转而反对沙皇,俄国革命爆发。

动乱经历了三个阶段,直至帝国政府重建权威。第一阶段是 1905 年 1—10 月,革命浪潮兴起。各阶级都起来反对独裁政府,迫使沙皇颁布著名的《十月宣言》(10 月 30 日),允诺言论、出版、集会自由,制定宪法,召开国民议会即杜马。

第二阶段是 1905 年 10 月—1906 年 1 月,革命达到高潮,革命者却不再团结。中产阶级温和派接受《十月宣言》;包括社会民主党和社会革命党在内的激

1905年圣彼得堡冬宫前的"一月大屠杀"

进派则要求召开制宪会议、制定新宪法。最后,温和派向政府投降,而激进派领导的工人运动则被政府镇压。

第三阶段是1906年1月—7月21日,沙皇政权得到巩固。5月6日,政府颁布《基本法》,宣布沙皇为专制君主,全权掌管行政、军队和外交,民选的杜马与上议院分享立法权,但预算权受严格限制。由于杜马拒绝接受《基本法》,7月21日沙皇解散杜马。第一次俄国革命以失败告终。

第四节 中东

19世纪奥斯曼帝国的版图包括中东大部分地区,但它依然是各民族、各宗教相互冲突的集合体。西方的思想和武力在奥斯曼帝国遭遇了各种文化和环境,产生了不同影响。因此,奥斯曼帝国主要分成三个地区:基督徒为主的巴

俄土战争，19世纪的版画。

尔干半岛、土耳其穆斯林为主的小亚细亚和阿拉伯穆斯林为主的小亚细亚以南各省。

一、巴尔干半岛的基督徒

巴尔干人比奥斯曼帝国的其他民族更早、更深刻地受到西方影响。他们多半是基督徒，比土耳其穆斯林和阿拉伯人更容易接受基督教西方。巴尔干地区接近欧洲，人员、商品和思想都能通过多瑙河、亚得里亚海、地中海和黑海汇聚巴尔干半岛。18、19世纪，商业、工业复兴，产生了商人、工匠、船主和海员组成中产阶级，他们对西方的思想和制度充满好感，对奥斯曼的统治深感不满。

匈牙利南部的塞尔维亚商人、俄罗斯南部的保加利亚商人和散居欧洲各大城市的希腊商人都为唤醒民众做出了贡献。他们用母语出版书籍和报纸，创办学校和图书馆，资助年轻人出国留学。西方影响在法国革命和拿破仑时代变得更加直接、更具有政治性和煽动性。

巴尔干各民族的觉醒速度迥然相异。希腊人、塞尔维亚人与西方接触较多，觉醒较快。保加利亚人、罗马尼亚人、阿尔巴尼亚人与西方接触较少，发展较落后，觉醒也较慢。

因此，19世纪末20世纪初巴尔干半岛并未出现反奥斯曼统治的共同革命，而是发生了一系列单独起义。1821—1829年，希腊人经过独立战争赢得独立。塞尔维亚人1804年起义，1815年获得自治，1878年独立。罗马尼亚人1859年获得自治，1878年独立。保加利亚人更迟些，1878年获得自治，1908年独立。这三个民族于1912年结成联军，把土耳其人完全逐出半岛，阿尔巴尼亚人也由此独立。

二、土耳其人

西方对土耳其人的影响要比它对巴尔干基督徒的影响小得多，也晚得多。造成这种差别最重要的原因有两个：一是土耳其人信奉伊斯兰教，二是土耳其缺乏热衷商业的中产阶级。

尽管如此，19世纪的奥斯曼帝国开始直接、间接地受到西方的渗透、影响和控制。最早、最有效的西化是在军事方面，许多年轻人被派到国外军事学院学习。正因如此，1908年推翻奥斯曼帝国的是军人集团，而不是政党或民众。

在宗教领域，西方也对穆斯林中东产生了影响。传教士在整个帝国传教、建立学校。学生大多是亚美尼亚人和其他基督徒，因为穆斯林禁止改宗。但是帝国各地的外国大学中却有很多土耳其学生。

西方对奥斯曼帝国的经济渗透也很重要。1869年，欧洲财团建设的苏伊士运河开通，奥斯曼帝国再次成为欧亚商路必经之地。外国势力不仅控制了土耳其的财政，还控制了土耳其的金融、铁路、灌溉、采矿和市政建设。

西方的压力和控制逐渐瓦解了坚如磐石的伊斯兰教社会。1908年7月，青年军官向苏丹发出最后通牒，迫使苏丹接受了宪法。

第七章 西方霸权世界（1763—1914） [233]

巴尔干的基督徒

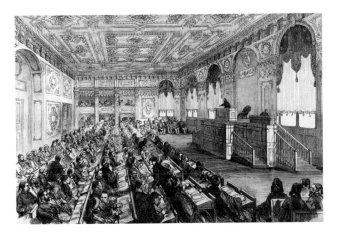

1877年的第一届奥斯曼议会

开凿苏伊士运河

三、阿拉伯人

西方对近代阿拉伯世界的影响始于1798年拿破仑远征埃及。远征不仅是军事行动，还是西方对阿拉伯中心地区的文化入侵。拿破仑为埃及带来第一台印刷机，随行的还有解读象形文字的科学家、计划联通地中海和红海的工程师。

短暂的远征粉碎了埃及原有的统治阶级，为阿尔巴尼亚冒险家穆罕默德·阿里当政铺平道路。穆罕默德取得了众多革命性成就：兴建现代灌溉系统；引进了棉花栽培；重新开放亚历山大港；鼓励对外贸易；派学生出国留学；开办各种学校；建立翻译学院，翻译大量欧洲著作；建立中东第一支现代陆军和海军；兴建大批工厂。穆罕默德一度将埃及建成可怕的强国。他轻松攻占了阿拉伯半岛、苏丹、克里特岛和包括今天以色列、黎巴嫩、叙利亚在内的整个黎凡特沿岸。但迫于英国压力，他被迫放弃了埃及以外的属地。

埃及总督穆罕默德·阿里

第五节 印度

英国人对印度的历史影响是分裂并改造了印度的传统社会，这种影响甚至深入印度乡村。

一、印度传统社会

在前工业时代，印度传统社会的基本单位是村庄。田赋是国家岁入的主要来源，也是农民的主要负担，通常由各村庄集体交纳。由于交通工具十分原始，村庄在经济上、社会上往往自给自足。村庄的政治组织是每年选举产生的地方自治会，由至少五名成员组成。他们定期开会，断案，收税，挖井，修路，开渠，供养工匠，招待旅行者。除交纳田赋、不时提供徭役外，村庄与外界几乎没有交往。

印度城市并非工业中心。它们或是宗教中心，如贝拿勒斯、布里和阿拉哈巴德；或是政治中心，如浦那、坦焦尔和德里；或是商业中心，如米尔扎布尔。

印度的部落居民

一位印度艺术家所绘的仪仗队中的詹姆士·托德正坐在一头皇室的大象上

二、英国的征服

17世纪,英国与印度的贸易从香料、纺织品转变为硝石和靛蓝、芥子籽、大麻等经济作物。孟加拉是这一贸易的中心。1757年,当地的富裕商人贾嘎特·塞斯收买了总督将军,使英国人在普拉西战役中轻松获胜,成为孟加拉的实际统治者。1764年,东印度公司击败莫卧儿军队,获得在孟加拉、比哈尔和奥里萨等富裕地区征税的权利。

孟加拉为英国人提供了进一步扩张所需的基地和资源。于是,英国人向北扩张,探寻天然边界。在东北的喜马拉雅山尼泊尔地区,他们击败了廓尔喀人。在西北的旁遮普地区,他们战胜了锡克人。到19世纪中叶,英国人成了整个印度的主人。

三、英国的统治

1857年印度土兵起义前,东印度公司直接控制着印度。1848—1856年,总督达尔豪西勋爵撵走许多王公,引起不安和猜疑。涂有牛脂和猪油的子弹更是

一位茶农在他的种植园中，这些大茶园是英国封建领主的主要财源。

引起印度教徒和穆斯林反感，成为直接导火线。1857年5月10日，印度土兵起义终于爆发。

这次起义主要是一场军事暴动，且影响限于北方。到1858年7月，起义即被镇压。一个月后，英国国会通过"印度法令"，结束东印度公司统治，代之以君主统治。

四、英国的影响

英国对印度的影响首先表现在经济领域。19世纪，印度是黄麻、油籽、小麦、棉花等原材料的重要产地。由于这些原材料价格很高，整个19世纪印度都处于出超（贸易顺差）地位。

但剩余资本并未促成印度制造业发展。由于缺乏关税保护，国民经济过时，印度出现"流产的现代化"。

与此同时，医疗、卫生和救济的发展增加了印度人口。但由于印度未出现工业化，新增人口只能从事农业，对土地造成巨大压力。

旁遮普邦卡普卡拉官邸的网球聚会，1894年。

英国统治也对印度的思想文化产生深刻影响。国家教育和印刷品创造了一个熟悉英国语言文化、接受自由理性观念的印度新阶层。他们用欧洲意识形态攻击英国统治，组织民族主义运动，最终导致了印度独立。

五、印度民族主义

英国思想文化的影响促使印度的思想文化蓬勃发展，通常被称为"印度文艺复兴"。西方影响在印度教徒中引起三种反应：一是全盘西化，二是完全拒绝，三是介于两者之间。"现代印度之父"拉姆·莫汉·罗伊拒绝了基督教教义，但接受了其中的人道主义。他创立印度教改良派"梵社"，结合欧洲启蒙学说与《奥义书》哲学，重新解释了印度教。罗伊倡导的政治改革和社会改革为印度民族主义奠定了基础。因此，印度第一代民族主义者都仰慕英国文化，提倡合作。

但1890年后，"印度革命之父"巴尔·甘加德哈·提拉克（1856—1920）领导

19世纪早期印度的织布场景

的极端派开始挑战温和派。提拉克支持印度教的许多习俗,但也积极倡导最低工资、工会自由、公民军队、普选权、免费义务教育。这场民族主义运动范围虽广,却只是律师、记者、教师和商人的中产阶级运动。

直到第一次世界大战后,莫罕达斯·甘地才弥补了中产阶级与印度民众的鸿沟。他意识到民众观念的宗教实质。因此,他宣传的不是政治理念,而是赋予政治意义的宗教观念。

第六节 中国与日本

远东是欧亚大陆上最后受欧洲扩张影响的地区。中国、日本一直将对欧关系限制在断断续续的管制贸易中。

但到19世纪中叶,形势发生急剧变化:中国和日本相继被迫敞开国门,迎接西方的商人、传教士、领事和炮舰。结果，日本采纳和利用了西方列强的技术并用于自卫和扩张。相形之下，中国却无法改革自己、抵抗西方。但中国又太大、太具有凝聚力，从未彻底被西方征服。

一、中国的开放

中国人与西方人首次直接接触是在1514年，葡萄牙人出现在中国东南海岸。荷兰人和英国人紧随其后，也由海路到达。俄罗斯人来自北方，从陆路到达黑龙江流域。中国人坚决远离入侵者。他们将贸易限制在少数港口，拒不建立完全平等的外交关系。

但三次战争打破了中国人的闭关自守和骄傲自满。在1839—1842年的鸦片战争中，中国败给英国，被迫接受《南京条约》：香港岛割让给英国，中国开放五个通商口岸。在1856—1858年的第二次鸦片战争中，中国败给英法联军，被迫签订了更多不平等条约。在1895年的甲午战争中，中国败给近邻小国日本，被迫接受《马关条约》：中国向日本赔款、割地，并承认朝鲜独立。

1840年的鸦片战争

二、中国的改良与革命

日本打败中国使年轻的光绪皇帝惊醒,意识到必须推行改良。1898年夏,他颁发一系列改革法令,统称"百日维新"。但维护旧秩序的皇太后废黜了皇帝,宣布自己摄政,处决了六位维新派领袖。

"百日维新"失败后,保守派得势。他们积极煽动排外情绪,鼓励地方民兵抵抗外敌入侵。1900年,义和团在华北袭击中国基督徒和外国人,结果促成八国联军侵华。中国战败后,再次接受丧权辱国的条约,承认各国最惠国待遇,赔款3.33亿美元。

"百日维新"和义和团运动的失败说明,自上而下的改良无法成功。唯一的办法是自下而上的革命。1911年,辛亥革命推翻了清王朝,建立了共和政体。革命领导人和思想家是孙逸仙博士(1866—1925),华侨商人是他的主要支持者。1911年10月10日,汉口的革命者意外引爆炸弹,导致附近清军兵变。尽管缺乏配合,革命还是迅速席卷全国。孙中山闻讯从美国返回,并被推选为中华民国临时大总统。

孙中山

孙中山建立的国民党在 1913 年 4 月的国会选举中获得多数席位。但官僚和军阀却掌握了民国的实权,他们的残酷统治使中国一度陷入无政府状态。

三、日本的现代化

日本与中国一样,直到 19 世纪中期仍与世隔绝。17 世纪中期前,只有少数荷兰商人获准在出岛经商。

1854 年 3 月 31 日,日本在美国胁迫下被迫签订《神奈川条约》:日本开放港口,向美国提供最惠国待遇。1858 年,日美又签订《通商条约》:日本再开放四个通商口岸;双方互派外交代表;美国人享有民事治外法权和刑事治外法权;禁止鸦片贸易;给予外国人宗教自由。这两个条约签订后不久,日本又相继同荷兰、俄国、英国和法国缔结了类似条约。

西方入侵的首要影响是促使德川幕府倒台。1858—1865 年,反对幕府的萨长集团以"尊王攘夷"为口号,向欧洲人和买办发动进攻。1867 年,天皇与德

1853年7月8日,美国海军准将佩里登陆日本。

1890年，在山县有朋主政期间，日本首届国会召开。佩剑的明治天皇坐在右边的华盖下。

川幕府领导人去世，为"明治维新"扫清了道路。德川家族的权力和封地被剥夺，萨长集团取而代之，并以明治天皇名义控制了全国。

新的领导人只关心西方文明中能够增强国力的特征。在宗教领域，明治政府支持神道教成为国教。在教育方面，政府实施初等义务教育，聘请外国教育家到日本创办学校和大学，派留学生出国学习。在军事方面，日本废除封建征兵制，创建现代化的欧式军队。在工业方面，政府不仅支持纺织工业等轻工业，还支持采矿业、钢铁业、造船业等重工业。

与此同时，日本人还重新修订法律，试图建立代议制政府。内阁、枢密院先后设立，1889年《宪法》颁布，规定不得随意逮捕公民，保护财产权，宗教、言论、结社自由，但政府有权终止这些权利。

经过长期的外交努力，1894年，日本说服英美两国五年内结束治外法权和领事裁判权。同年，日本出人意料地打败了中国，彻底改变了弱国形象。其他列强很快步英美后尘，放弃了对日特权。到1899年，日本已获得了对本土所有外国人的司法裁判权。

四、日本的扩张

实现现代化后，日本开始向亚洲大陆扩张。首先，日本打败中国，于1910年吞并朝鲜。随后，日本又打败俄国，吞并库页岛南半部，夺得辽东半岛租借权，重申其朝鲜的特殊利益。

日俄战争是远东乃至世界史的重要转折点。自征服者时代以来，白人第一次被打败，非欧洲人觉醒的序幕拉开了。

第七节 非洲

欧洲对撒哈拉以南非洲的影响远迟于欧亚大陆。到19世纪晚期，除某些沿海地区外，这里基本未受欧洲影响。但在19世纪最后20年中，列强瓜分了整个非洲大陆，掠夺其人力和物力。到1914年，非洲人的欧化程度已超过亚洲，不过很多内地仍安然无恙。

一、奴隶贸易

欧洲人的跨大西洋奴隶贸易在数量和性质上都与非洲传统的奴隶制截然不同。从一开始，大西洋奴隶贸易就是一种经济制度，而非洲传统的奴隶制是一种社会制度。

最初，葡萄牙人将成千上万的非洲奴隶运回本国。但1510年开始，非洲奴隶首次运往新大陆，由此开始了奴隶贸易的新阶段。控制奴隶贸易的国家16世纪是葡萄牙，17世纪多数时期是荷兰，18世纪则是英国。西非沿岸出现40多个欧洲人的据点，用以防御帝国的贸易竞争、关押等待运往美洲的奴隶。

奴隶贩子的典型航线是三角形线路。船只从欧洲港口出发，满载盐、布匹、

第七章 西方霸权世界（1763—1914） [245]

非洲沿海的黑奴贸易，18世纪后期雕版画。

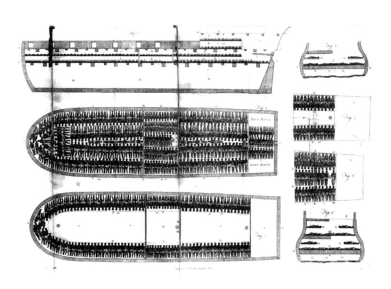

奴隶运输船平面图

火器、五金、念珠和朗姆酒等货物，驶向非洲。在非洲沿海，货物被交换成当地人从内地俘获的奴隶。奴隶拥挤在条件恶劣的船舱中，沿"中央航路"运过大西洋。在新世界目的地，奴隶或者立即售出，或者被圈起来等待零售。最后，船只满载种植园的糖、糖浆、烟草、稻米等产品返回欧洲。

由于信风盛行，"中央航路"快速、便捷，只需航行 60 天。但奴隶的中途死亡率高达 10%—55%，依行程、流行病和奴隶待遇而不同。因此，美洲种植园获得了 1200 万—2440 万奴隶，但非洲却损失了 4 倍的人口。

欧洲人贩卖非洲人的骇人生意持续了四个世纪。由于利润丰厚，各大利益集团坚决反对控制或废除奴隶贸易。但少数改革者仍积极提倡废除奴隶制。1787 年，英国废除奴隶贸易协会成立。1823 年，反奴隶制协会成立，不仅倡议结束奴隶贸易，还主张废除奴隶制。工业革命的进步有利于废奴主义者，奴隶制成为获取自由劳动力的障碍。

1833 年，英国国会通过决议，彻底废除奴隶制，拨款 2000 万英镑以赔偿奴隶主。英国政府甚至说服其他国家，允许英国军舰捕捉别国的贩奴船。英国一度抽调四分之一的海军力量——56 艘船和 9000 名水兵——在非洲、古巴和巴西沿海巡逻。1803 年、1865 年、1886 年，美国、古巴与巴西先后废除奴隶制。直到这时，奴隶贸易才真正被取缔。

二、探险时代

19 世纪，欧洲探险家对非洲进行了一系列著名的探险。

系统的探险始于 1788 年"非洲协会"成立。在英国科学家约瑟夫·班克斯率领下，协会首先勘探了尼日尔河盆地和西非。对尼日尔河上游的贸易远征损失惨重，证明那里缺乏商业机会。于是，欧洲人将兴趣转到了东非。1856 年，英国人约翰·斯皮克和理查德·伯顿从东海岸向内地进发。他们发现了坦噶尼喀湖、维多利亚湖，最后顺尼罗河而下，穿过埃及抵达了地中海。

在所有探险者中，最杰出的是走遍非洲的大卫·利文斯通和 1877 年到达西海岸刚果河口的记者亨利·斯坦利。

三、瓜分非洲

1870年后,欧洲人开始将殖民地看做母国财产,未被占领、毫无防御的非洲大陆成为帝国主义争夺的中心。

比利时国王利奥波德是帝国主义争夺非洲的领军人物。1879—1880年间,斯坦利同非洲酋长签订了大量条约,将90多万平方英里的土地转让给利奥波德下令建立的"国际刚果协会"。

利奥波德的阴谋直接导致1884—1885年的柏林国际会议,为进一步瓜分非洲制定规则。各国同意:任何国家在兼并土地或建立保护国前,需先知会其他国家;承认领土的前提是有效占领;必须仲裁解决纠纷。由于各国就领土扩张达成了协议,整个非洲大陆不到20年就被瓜分完毕。在刚果,由于利奥波德的残酷剥削,刚果人口在1885—1908年间减少了一半(从2000万下降到1000

莱索托王国的创立者姆什韦什韦

万)。由于暴行被泄露，1908年，比利时政府接管了利奥波德的私人领地，刚果成为比利时殖民地。

在西非其他地区，法国人最为活跃。只有尼日利亚的英国人和喀麦隆的德国人能有效推进到这一地区。西非其他地区，包括辽阔的撒哈拉沙漠，都成为法国殖民地。

在东非，1886年、1890年，英国人和德国人签订了两个协定。广阔的德属东非保护地1919年后被称为"坦噶尼喀"。英属东非保护地后来被称为"乌干达"和"肯尼亚"。

意大利人姗姗来迟，设法获得了红海沿岸两个贫瘠的殖民地：厄立特里亚和索马里兰。1896年，他们试图征服埃塞俄比亚，但以失败告终。

空前扩张的结果，是整个非洲大陆被瓜分完毕，只有脆弱的利比里亚和埃塞俄比亚尚维持独立。

四、欧洲的影响

经济影响

1867年金伯利发现金刚石，1884年威特沃特斯兰发现黄金，开发非洲资源迈出了重要的第一步。在罗得西亚（金、铜）和刚果（金、铜、金刚石）也发现了大规模的矿产。西非海岸很多的地区盛产棕榈油、橡胶和象牙等热带森林作物。探险者又报告内地高原气候宜人、土地肥沃。结果，欧洲殖民者蜂拥而入，尤其在南罗得西亚和东非获得了最理想的农耕地。

为运输矿产和农作物，欧洲在非洲铺设了铁路网。生产扩大、铁路修建，传统的物物交换让位于货币制度。到19世纪末，英国银币、奥地利元、美元都在非洲普遍使用。

经济发展自然对土著居民产生深远影响。高原区的非洲人土地被剥夺，受影响最大。他们被迫在白人种植园里打工，有的还以为白人农场主劳动获取小块份地的耕种权。其他地区的非洲人被迫离开家园，在矿山工作。如果非洲人拒不为种植园和矿山提供劳力,白人就推行各种强迫劳动。最常见的做法是征收人头税,迫使非洲人为交税而劳动。因此,欧洲经济的影响是两面的:一是使非洲人卷入世界货币经济;二是他们直接、间接地从属于各地的白人"老板"。

文化影响

与欧洲商人、投资者、移民一起到来的还有传教士。他们对非洲文化影响深远,因为他们是最早有意识地改变非洲文化的人。他们运用的三大手段是:教育、医学和宗教。

提供西方教育和思想的学校是教区的重要组成部分。教会学校有很多建设性作用:教学生建造更好的房屋、改进农业技术、保持健康卫生;传授用欧洲语言和非洲语言阅读、写作。但学校对非洲也造成了破坏性影响:它们否定了非洲的传统生活方式。

传教士将医学知识和设备带到非洲,挽救了许多生命。但除了救人,医学

非洲传教,传教士到一个祖鲁村庄访问。

还使非洲人对传统宗教产生怀疑。

政治影响

最严重、最直接挑战传统部族长老权威的是各殖民地受过西方教育的非洲人。他们不仅挑战当地酋长,也挑战欧洲官员。西方政治思想、政府和雇主的歧视、基督教尤其是新教的刺激都有助于非洲民主主义的兴起。

第八节 美洲与英属殖民地

19世纪,欧洲对美洲和英属殖民地的影响比对亚洲、非洲的影响更大。这种"影响"十分广泛和深入,堪称彻底欧化。欧化不仅是政治统治和文化渗透,还是实实在在的生物取代,一个民族取代了另一个民族——比如在西半球和南太平洋人烟稀少的地区。

一、种族欧化

到1914年,原本狭长的欧洲殖民地已扩展到整片大陆,包括此前无人问津的澳大利亚和新西兰。多数欧洲人都前往美洲。中美洲和南美洲是最早的定居点,但惊人的是,更多移民却前往北美洲。到1835年,中美洲和南美洲仅有480万欧洲人,北美洲却有1380万。(表7.5)

19世纪下半叶,欧洲移民稳步增加,1900—1910年间达到顶峰,年均移民100万人。空前的人口涌进每块大陆,澳大利亚、南非和南美也出现相当多的欧洲人,但北美仍是移民

1900年前后纽约伊利斯岛上的意大利移民

表 7.5 南北美洲的种族分布（单位：百万）

	白人		黑人		印第安人
	1835年	1935年	1835年	1935年	1935年
北美洲	13.8	124.3	2.6	12.4	1.8
中美洲	1.9	6.9	2.7	8.4	21.4
南美洲	2.9	40.9	4.5	18.7	29.2
合　计	18.6	172.1	9.8	39.5	52.4

主要前往的地区。

数百万移民取代了数百万土著。最新研究表明，1500年左右新大陆与旧大陆的人口密度相近。1492年还是500万的美洲印第安人到1809年只剩下60万。

印第安人的死因部分是暴力和劳动过度，但主要原因是欧洲人、非洲人带来的天花、麻疹等疾病。

就移民的具体来源而言，到达拉丁美洲的移民主要是伊比利亚人，19世纪晚期还有意大利人和德国人。到达北美洲的移民，1890年前主要是西北欧人，1890年后近三分之一来自西北欧，三分之二来自东欧和南欧。到达英属殖民地的移民受严格限制，主要来自不列颠群岛；但第一次世界大战、尤其是第二次世界大战后，为吸引更多人来到这些辽阔地区，移民政策有所放宽。

移民的直接结果是美洲和英属殖民地的种族欧

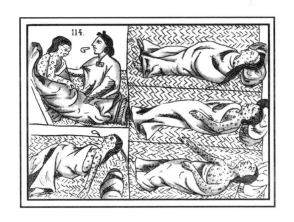

由于对天花缺乏抵抗力，这种欧洲疾病在美洲土著中引起巨大灾难。

化。这些地区的主要人口变成欧洲人,但有一些重要的例外,如中美洲的印第安人仍占优势(占总人口58%),南美洲的印第安人也较多(占总人口三分之一)。奴隶贸易导致大批黑人来到美洲,是种族欧化的另一例外。约1200万—2000万奴隶横渡大西洋、到达新大陆。如今,他们的后代占北美洲总人口的10%,中美洲的30%,南美洲的21%。南非是种族欧化的第三个例外。土著非洲人与白人(不论是布尔人还是英国人)的比例高于3:1。

二、政治欧化

伴随种族欧化而来的是政治上的欧化。拉丁美洲和英属13州殖民地18世纪末、19世纪初以武装革命赢得政治独立。英属自治领则通过国会法案于19世纪晚期赢得自治,至今仍是英联邦成员国。

13州殖民地统一后成为美利坚合众国,领土从大西洋扩张到太平洋。相反,拉美则经历了政治分裂。

美国和英属自治领政治稳定,但拉美却经常出现军事政变。

总之,政治欧化指的是欧洲政治制度向海外领地移植。但移植过程中也会出现适应和变化。

三、经济欧化与文化欧化

经济领域的欧化也十分普遍。欧洲为海外领地的经济发展提供了大量人力、资本、技术和市场。到1914年,美国的外资已达72亿美元。而在较不发达的拉丁美洲,欧洲投资控制民族经济的程度远甚于美国。

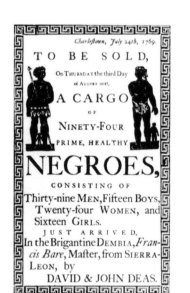

1769年的一张黑奴广告,说有一船西非奴隶将运到南卡罗来纳。

第七章 西方霸权世界（1763—1914） [253]

1787年通过制宪会议制定的美国宪法

1914年的墨西哥革命

文化欧化也必然伴随种族、政治与经济的欧化，英属自治领和赢得独立的国家均不例外。拉丁美洲的文化基本上变成西班牙文化和葡萄牙文化，只不过印第安文化和非洲文化仍有影响。而美国文化受印第安文化、非洲文化影响很小，欧洲起源占了绝对比重。

第九节 波利尼西亚

一、岛屿和航海者

美洲大陆以西是浩瀚的大洋洲，由于岛屿众多，也称波利尼西亚。由于太平洋与欧洲大陆相距最远，因此欧洲人发现美洲和非洲后很久仍对这里一无所知。零星分散的数千个小岛十分渺小，如果不算新几内亚与新西兰两个大岛，所有小岛的总面积只相当于英格兰或纽约州。

太平洋群岛虽缺少欧亚大陆的丰富物产，却有足够的食物维生：粮食作物有椰子和面包果，块茎作物有薯蓣和野芋。

西方跨国公司的扩张改变了无数传统的生活方式

复活节岛上的石雕

这些作物都是由东南亚移民带来的。公元前 1100—前 1000 年,他们来到汤加—萨摩亚地区。公元 300 年,他们到达马克萨斯群岛。再过 1—2 世纪,他们北达夏威夷,东抵南美洲以西 2000 英里外的复活节岛,并竖起 30—40 英尺高的巨石头像。800 年,他们到达最南端的"新西兰"。

尽管定居地区广袤无际,太平洋移民却保持了文化一致。19 世纪,大探险家詹姆斯·库克吃惊地发现,夏威夷人与遥远的新西兰人竟用同一种语言跟他交易。

二、商业与殖民地

最初,欧洲人与大洋洲只有零星接触,他们只把太平洋盆地当做通道而不是目的地。

18 世纪晚期,欧洲人才开始在太平洋海域发现具有极高价值的产品,如鲸鱼油、海狗、海獭、檀香木、珍珠、海参等海产品和农产品。

伴随着经济渗透，欧洲人也对波利尼西亚推行了政治上的殖民。俄国人18世纪初就已考察并开发了北太平洋，但由于缺乏大批移民，北太平洋最终并未俄罗斯化。

相反，西欧人很快占领了太平洋海域。1874年，英国占领斐济岛。1880年，法国占领塔西提岛。1898年，美国通过美西战争夺取了夏威夷、关岛和菲律宾群岛。1914年第一次世界大战爆发后，新西兰占领了萨摩亚，澳大利亚夺取了德属新几内亚和俾斯麦群岛部分地区。

因此，到1914年，大西洋已经和非洲一样，被欧洲帝国主义瓜分完毕。

三、欧洲的影响

欧洲对波利尼西亚的影响远远超过非洲和亚欧地区。区区数千名波利尼西亚人很快被欧洲移民同化。疾病扩散与文化破坏伴随着人口扩散而出现。欧洲工具引进后，用树皮织布、用树干造船的传统技艺被抛弃。肺结核、天花等疾病也在毁灭波利尼西亚人。

欧洲人对波利尼西亚人怀有十分矛盾的心理。他们自信欧洲文化技术先进、物质丰富；但太平洋岛民技术落后、缺少发明，却显得十分满足，甚至比欧洲人"更幸福"。为了解释这一点，欧洲人发明了"高贵的野蛮人"一词：野蛮人贴近自然，无忧无虑，远离文明的束缚和压力。

这种矛盾心理在欧洲传教士、艺术家和知识分子中均有表现，尤以艺术家和知识分子的评价最为正面：赫尔曼·梅尔维尔撰写了小说《白鲸》，保罗·高更以塔西提岛为主题创作油画，罗伯特·路易斯·史帝文森率全家周游夏威夷、塔西提、马克萨斯群岛和萨摩亚。

库克船长访问夏威夷

1894年高更创作的油画《上帝的一天》,他离开法国,来到南太平洋,并被那里的生活方式迷住了。

第十节 全球整合的巩固

1763—1914年,欧洲直接、间接地成为全球主宰。欧洲霸权不仅体现在政治领域——以殖民帝国为形式——也体现在经济和文化领域。但在1914年前的十年,欧洲优势首次遭到了严重挑战,最明显的是日本打败俄国。此外,土耳其、波斯出现革命,各殖民地、半殖民地也骚乱暗涌。

一、欧洲政治优势

到1914年,全球大片地区如美国、拉丁美洲、西伯利亚和英国自治领等,都已经欧化。非洲(除利比里亚、埃塞俄比亚外)和亚洲(除日本外)大部分地区成了欧洲列强的殖民地。全球其余地区则由名义上独立、实际上半殖民地化的国家组成,如伊朗、阿富汗和尼泊尔等小国,中国、奥斯曼帝国等大国。欧洲控制了它们的经济和军事。它们能名义上保持独立,只是因为列强的瓜分方案未达成一致。

二、欧洲经济优势

欧洲已成为世界银行家,为铁路、运河、矿山、种植园提供资金。欧洲也变成了世界工场。1870年,欧洲工业产量占全球总产量64.7%,唯一的对手美国仅占23.3%。即使1913年美国工业产量的比重增至35.8%,欧洲仍占47.7%。

资本和技术的大量输出造成全球经济空前统一。到1914年,全球陆上遍布电报网和电话网,越洋电缆长达51.6万多公里。到1914年,往返于世界各地的船只达3万多艘,总吨位达5000万吨。运河开凿也便利了世界贸易。苏伊士运河(1869)将西欧到印度的航程缩短了4000英里,巴拿马运河(1914)将纽约到旧金山的距离减少了8000英里。横穿大陆的铁路开发了大陆经济:1869年、1885年、1905年,横穿美国、加拿大和西伯利亚的铁路先后建成。1914年,柏

1869年5月10日,横贯美洲大陆的铁路贯通。

林到巴格达、好望角到开罗的铁路也基本完工。

各大陆的经济一体化导致全球生产力惊人增长,但欧洲得益最多。据估计,1800年欧洲国家与殖民地、半殖民地国家的人均收入为3:1,到1914年这一比率增至7:1。

三、欧洲文化优势

随着传统的自然经济向货币经济转变,殖民地农民的日常生活急剧改变。生产不再是为了满足家庭需要,而是面向国际市场,受全球经济波动的支配。

不仅如此,人们的思维方式和生活方式也受到影响。但发生思想变化的主要是殖民地的少数上层阶级,而不是农民大众。极少数人懂得西方语言,阅读西方报纸和书籍,熟悉欧洲历史与时政。他们起初往往盲目赞美西方文化,但随后便开始反对西方，尝试保持和扶植传统文化。

四、白人的责任

由于占据了政治、经济和文化优势，欧洲人认为他们的优越地位源自文明的优越性，甚至最终根植于种族的优越性。于是，"白人的责任"出现了：这种说法试图以理想化的责任掩盖帝国主义。1899年，英国诗人拉迪亚德·吉卜林的著名短诗首先提到"白人的责任"。美国总统西奥多·罗斯福、美国传教士亨利·W.卢斯等也都发表过类似观点。

五、欧洲优势首遇挑战

19世纪不乏反抗西方入侵的例子，如1857—1858年的印度土兵起义和1900年的义和团运动。两次运动都是悲惨的流血事件，却都未能挑战欧洲霸权。因为它们都是消极的造反，只图以武力赶走可恶的欧洲人，恢复往昔的美好岁月。

1857年的印度民族大起义

19、20世纪之交的日本丝绸厂的纺织女工

日本是第一个通过改革成功抵抗侵略的亚洲国家。这个小国1894—1895年打败衰弱的中国，1904—1905年战胜强大的俄罗斯帝国，成为世界近代史的转折点。同样影响深远的是俄国革命。沙皇独裁政府濒临垮台的消息与日俄战争一样令被压迫民族振奋。

很快，1905年的波斯革命、1908年的青年土耳其党革命、1911年的中国革命、印度动乱和恐怖活动的扩大等，都表明欧洲的全球霸权开始受到各种挑战。

·历史对今天的启示·

马克思的误判

卡尔·马克思认为,革命会先发生在工业国家而不是殖民地。他认为,随着殖民地的工业化和繁荣,西方原有的制造中心将衰落,大量失业会迫使工人揭竿而起,建立社会主义国家。因而马克思的结论是:革命会先在西方爆发。一百多年后的今天,我们发现事态与马克思的预言正好相反。革命确实发生了,但不在西方,而是在曾经的殖民地、第三世界国家。历史颠覆了马克思的观点。为什么会这样?

一个原因是,西方工人赢得了选举权和组织工会权。他们运用这些权利改善现状,因此成了改良者而不是革命者。另一个原因是,第三世界并未完成工业化。西方制造商积极阻挠第三世界发展工业,继续将这些地区当做原料供应地和产品市场。

结果,穷国和富国之间的差距越来越大。第一世界与第三世界的人均收入比从1800年的3:1,变为1914的7:1,到1975年更是变为12:1。

这些数字解释了历史为何未像马克思预言的那样发展。20世纪90年代的惊人事件再次颠覆了马克思的结论。由于计划经济失败,1917年以来第三世界建立的社会主义政权在东欧相继垮台。

第八章 西方由盛而衰的世界（1914年以来）

全球的空前整合导致西方的技术、观念和制度加速度扩散。但正是这种扩散削弱了西方的全球霸权。殖民地人有选择地吸收西方文明，为的是更有效地抵抗西方。因此，1914年以来的世界史既是西方的胜利史，也是西方的衰落史。

第一节 第一次世界大战：全球震荡

第一次世界大战将整个欧洲变成废墟。它毁灭了数百年历史的哈布斯堡、霍亨索伦、罗曼诺夫和奥斯曼等王朝，代之以新领袖、新制度、新意识形态。19世纪欧洲全面支配世界的时代由此宣告结束。

一、战争根源

结束第一次世界大战的《凡尔赛和约》明确指出战争的直接原因是"德国及其同盟国的侵略"。但导致战争的最重要背景有五方面：经济竞争、殖民争夺、冲突的联盟体系、不可调和的民族主义和不可逆转的军事时间表。

经济竞争

欧洲多数强国都打响关税战争、争夺海外市场。1888—1899年意大利和法

第一次世界大战时期德国的无畏舰

国、1879—1894 年俄国和德国、1906—1910 年奥地利和塞尔维亚均爆发过关税战。19 世纪后期，由于德国工业化高速发展，英国和德国的经济竞争最为激烈。1870 年，英国工业产值占全球总产值的 31.8%，德国仅占 13.2%；但到 1914 年，英国的比重已降至 14%，德国小幅上升为 14.3%，但已超过英国。这意味着德国成为英国海外市场的强劲对手。

殖民争夺

德国直到 1871 年国家统一后才参与殖民争夺，所以迫切希望建立一个与增长的经济实力相称的帝国。"泛日耳曼同盟"把目标对准了葡萄牙、荷兰和比利时等小国的殖民地。但在全球任何地区，德国人都被英国殖民地挡住了去路。

当然，殖民地争夺绝不只限于英国和德国。19 世纪晚期，几乎所有大国都在参与殖民帝国的蚕食，各地冲突接连不断：英国和德国在东非和西南非、英国和法国在暹罗和尼罗河流域、英国和俄国在波斯和阿富汗、德国和法国在摩洛哥和西非，都相继发生冲突。

冲突的联盟体系

联盟体系始于 1879 年德国宰相奥托·冯·俾斯麦与奥匈帝国缔结的双边同

德国海军上将梯尔匹茨（1849—1930），他负责将德国海军建成一支可以向英国皇家海军挑战的部队。

盟。1882年意大利加入后，双边同盟变成三国同盟。三国同盟的企图或条文均无侵略性，目的只是保护德国、意大利免受法国攻击，保护奥地利免受俄国攻击，维护欧洲现状。

但法国和俄国认为，三国同盟是一个控制欧洲、孤立法俄的阵营；与此同时，两国与英国在殖民地问题上也有诸多分歧。因此，1894年法俄同盟成立，旨在反对三国同盟、抵制英国的殖民争夺。1904年，英法协约承认两国在尼罗河流域和摩洛哥的利益。1907年，英俄协约瓜分了两国在波斯的势力范围。这两个殖民协约标志着法俄同盟变成三国协约。

所有强国都加入了两大敌对的联盟，这给国际关系带来灾难性后果。任何争端都将扩大为严重危机，两大联盟的成员不论是否愿意都将卷入其中。

不可调和的民族主义

与此同时，民族主义情绪在欧洲被统治的少数民族中不断高涨。在阿尔萨斯—洛林地区，不服从德国统治的法国人已经很难对付。但在中欧和东欧的多民族帝国中，民族自决更是成了粉碎帝国的噩梦。例如，哈布斯堡帝国的奥地利、匈牙利统治者面对着觉醒的意大利人、罗马尼亚人和众多斯拉夫人（包括捷克人、斯洛伐克人、罗塞尼亚人、波兰人、斯洛文尼亚人、克罗地亚人和塞尔维亚人）的对抗。为了挽救帝国于危亡，当局决定采取高压手段。因此，塞尔维亚的爱国者在萨拉热窝刺杀大公后，贝尔格莱德收到了苛刻的处罚条件。

不可逆转的军事时间表

19世纪后期，欧洲军事技术正经历巨大的飞跃。旧式武器改良，飞机、潜水艇等新式武器发明。英国阿姆斯特朗、德国克虏伯、法国施奈德—克卢索等私人军火商在世界各国贩卖武器，引起邻国恐慌，促成军备竞赛。各大国军事首脑大量采购最新武器以谋求安全。然后，他们协调巨大的武器库和铁路网，准备详细的动员计划。一旦敌军出现，大量军需物资和入伍士兵能立即被运往前线。

一旦启动战争动员计划，人员和物资便会自发地大规模运行。要撤销命令是不可能的，这会导致人员和物资流动受阻，国防陷入混乱。1914年6月28日萨拉热窝刺杀事件后，和平的最大障碍便在于此。

二、萨拉热窝

1914年6月28日，弗兰茨·斐迪南大公夫妇在新吞并的波斯尼亚省首府萨拉热窝遇刺。刺客是塞尔维亚学生加夫里洛·普林西普，塞尔维亚秘密组织"不统一毋宁死"成员。

7月23日，奥地利向塞尔维亚提出最后通牒。25日塞尔维亚几乎答应了全部条件，但拒绝奥地利在塞尔维亚境内调查该案。28日，奥地利向塞尔维亚宣战。

为了报复，30日俄国实施全国总动员。次日，德国发出要求俄国停止动员的12小时最后通牒。由于没有得到答复，德国于8月1日向俄国宣战，8月3日向俄国的盟国法国宣战，并入侵比利时。英国遂以比利时为借口向德国宣战。结果，萨拉热窝刺杀事件才过去5周，欧洲列强便陷入了战争。

第八章 西方由盛而衰的世界（1914年以来） [267]

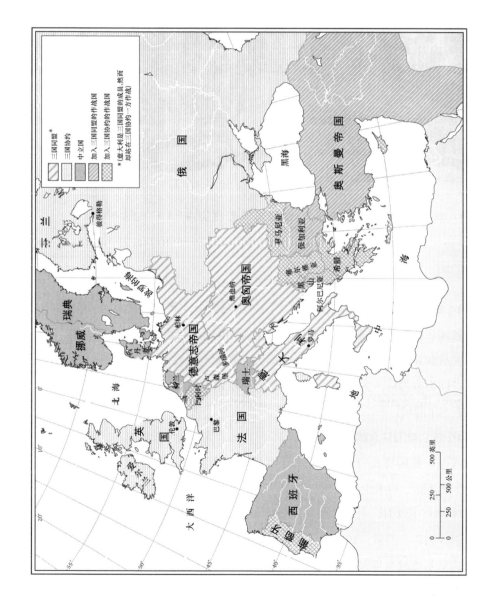

地图11　1914年的欧洲

第一次世界大战的导火索：萨拉热窝刺杀案，右图为刺杀案后不久奥匈帝国的警察逮捕了刺客普林西普。

三、欧洲战争：1914—1917

1914 年：西线消耗战

与各国总参谋部计划相反，西线战争变成了阵地战和消耗战。

俄国战线和巴尔干战线却不同。俄国人和奥地利人发动了迅速而强大的攻势，但均以失败告终。到 9 月底，东普鲁士和塞尔维亚都已先后将俄国人和奥地利人赶出了国境。

1915 年：俄国从东线撤退

1915 年，德国将兵力集中到东线，对俄国实施了决定性打击。沙皇专制政权从此一蹶不振，再未恢复元气。

1914 年 11 月 2 日，土耳其加入同盟国参战。在著名的达达尼尔海战中，土耳其重创英法联合舰队。1916 年 1 月，协约国永久撤出达达尼尔海峡。

达达尼尔海战与俄国的惨败促使保加利亚加入同盟国。10 月 6 日，德、奥、保三国军队以压倒性优势兵力从三面进攻塞尔维亚。年底时，塞尔维亚全境被占领。

但意大利加入协约国，弥补了巴尔干半岛的失利。4 月 29 日，意大利签署

阵地战

《伦敦条约》，同意一个月内加入战争，以回报协议国允诺的战后领土回报。

1916 年：凡尔登战役和索姆河战役

1916 年 2 月，德国人全面进攻法国要塞凡尔登。作为反击，英国人则向索姆河西北区发动强大攻势。两次战役死伤惨重，但双方战线的推进均未超过 7 英里。

在东线，俄军取得一次胜利，促使 1916 年 8 月 27 日罗马尼亚加入协约国。为教训罗马尼亚，德、奥、比、土联军以压倒优势兵力袭击了罗马尼亚。年底，罗马尼亚丢失了包括首都在内的三分之二领土。

1917 年 6 月 27 日，巴尔干半岛上最后的中立国希腊加入协约国参战。

1917 年：流血和失败主义

经历了凡尔登战役和索姆河战役后，德国决定在西线继续采取守势。"兴登堡"防线较直、较短、重兵把守，对法、英、加拿大盟军造成了大战以来最沉重的一次还击。

与此同时，德国决定在海上展开无限制潜艇战，希望由此迫使英国因物资匮乏而投降，将法国孤立在欧洲大陆上。

至此，史上最残酷的战争已在欧洲进行了四年。尽管牺牲和痛苦不断，战争却望不到尽头。厌战和失败主义情绪不仅出现在战壕中，也在平民中蔓延。最惊人的表现是，1917年7月19日，德国国会以212票对126票通过《和平决议》。1917年11月21日，奥匈帝国新继位的查理皇帝开始谋求议和。

四、全球战争：1917年俄国革命

1917年的俄国革命和美国参战使欧洲战争变成了全球战争。美国作为非欧洲大国参战，很快对战争结果产生了决定性影响。另外，美国参战与俄国革命也带来了新的意识形态。威尔逊的《十四点和平原则》和列宁的革命理论具有全球影响。

1917年三月革命

1917年3月8日，因食品和燃料极度匮乏，彼得格勒爆发罢工和暴动。前往镇压的军队发生兵变，沙皇怀疑与杜马有关。3月11日，沙皇下令杜马解散，却遭到杜马抵制。3月15日，尼古拉让位于兄弟米哈伊尔。次日，米哈伊尔放弃王位。俄国实际上已经不存在合法政府了。

3月12日，代表资产阶级、自由主义中间派的临时政府成立。它宣布言论、出版、集会自由，大赦政治犯和宗教犯，承认公民一律平等，还通过了包含八小时工作制的劳动法。

革命中间期

1917年3—11月是临时政府与群众革命组织苏维埃争夺权力的时期。苏维埃源于1905年革命，是工人选举产生的工人代表会议，为反对沙皇专制而斗争。由于坚决表达大众心声，苏维埃运动迅速遍及全国，成为挑战彼得格勒政权的基层政府。

一开始，苏维埃代表主要是社会革命党人和孟什维克。4月16日，列宁返回俄国并发表了著名的"四月提纲"，提出立即实现和平、将土地分给农民、全部政权归苏维埃。这激励越来越多的人为"全部政权归苏维埃"而战斗。人们

革命的葬礼，1917年3月23日，彼得格勒。

希望推翻临时政府，为获得和平和土地扫清道路。

5月17日，主张继续战争的外交部长米留可夫被迫辞职。李沃夫和克伦斯基组成新的临时政府，一直执政到7月20日。此后，克伦斯基组成了以他为总理的新政府，部长大多是社会革命党人和孟什维克。

1917年布尔什维克革命

随着舆论日趋向左，布尔什维克在苏维埃中影响越来越大。到10月，他们已在彼得格勒和莫斯科的苏维埃中占据多数。列宁断定，推翻克伦斯基、实现社会主义革命的时机已经来临。起义日期定在11月7日。

布尔什维克几乎未遭遇任何抵抗便占领了彼得格勒。在11月25日选举产生的立宪会议中，社会革命党人占370席，布尔什维克占175席，左派社会革命党人占40席，立宪民主党占17席，孟什维克占16席，各民族团体占86席。立宪会议于1918年1月18日在彼得格勒召开，但不久就被掌握军权的布尔什维克解散。

新政府的首要任务是满足人民和平的愿望。1918年3月3日，德俄签署《布

列宁（中）与托洛斯基（敬礼者）1919年在莫斯科红场上

列斯特—立陶夫斯克和约》。严苛的条款要求俄国不仅放弃波兰和波罗的海沿岸诸省，而且放弃芬兰、乌克兰和高加索部分地区。割让的125万平方英里领土包括6200万人口，俄国一半的工厂、三分之一的产粮区、四分之三的铁和煤都在那里。

五、全球战争：美国参战

1917年4月，美国对德国宣战。威尔逊总统的《十四点和平原则》详述了战争目的：反对秘密外交，订立"公开和约"，海上航行自由，消除国际贸易壁垒，削减军备，列强对殖民地利益均沾，以民族自决原则处理中欧和东欧少数民族问题。

美国的参战具有决定性作用。协约国在军需品、人力方面开始占据绝对优势。不出所料，1918年，同盟国一个接一个地投降。

第一次世界大战结束了。战争历时4年3个月，30个国家卷入，4个帝国崩溃，7个新国家产生，约850万战士和1000万平民死亡，直接经济损失1805亿

1917年4月2日，威尔逊总统向国会宣读参战咨文。

1918年11月在西线阵亡的英国士兵。

美元，间接经济损失达 1516 亿美元。

六、和平协定

同盟国各国都接受了条约，如 1919 年 6 月 28 日对德国的《凡尔赛和约》、1919 年 9 月 10 日对奥地利的《圣日耳曼条约》、1919 年 3 月 22 日对匈牙利的《特里亚农条约》、1919 年 11 月 27 日对保加利亚的《纳伊条约》、1920 年 8 月 20 日对土耳其的《色佛尔条约》。这次全面的和平解决具有重要的历史意义：国际联盟建立，民族自治原则应用于欧洲，但未能推广至其他地区。

国际联盟有两个基本目标：首要目标是维护和平，其次是处理国际卫生、社会、经济和人道问题。国联达成了次要目标，却未能维持和平，这就意味着整个组织的终结。

按民族自决原则重划欧洲边界是战后协定的又一特征。直接结果是欧洲地图大幅修改。阿尔萨斯—洛林地区归还法国。芬兰、拉脱维亚、爱沙尼亚和立陶宛等独立，俄国失去波罗的海沿海大部分地区。波兰、捷克斯洛伐克、南斯拉夫独立。罗马尼亚领土增加了一倍多。哈布斯堡帝国残部形成了奥地利和匈牙利两个小国。

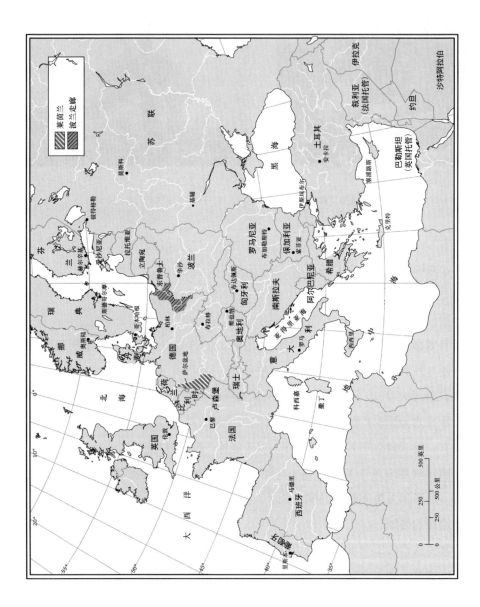

地图 12 第一次世界大战后的欧洲（1923年）

参加1919年巴黎和会的阿拉伯代表

但在欧洲以外地区,民族自决原则并未得到推行。《国联盟约》规定,同盟国的殖民地由协约国作为"受托者"代表国联来管理。于是,托管制度成了变相的帝国统治。

七、世界史上的"一战"

从全球来看,第一次世界大战的主要意义是欧洲霸权的削弱。削弱表现在三个方面:经济衰落、政治危机、殖民地控制减弱。

"一战"期间,英国失去对外投资的四分之一,法国失去三分之一,德国失去全部。欧洲与美国的经济关系也因"一战"而颠倒。欧洲不再是世界银行和世界工场。美国开始执世界经济牛耳。

战争也在政治上打击了欧洲。欧洲人因战争的浩劫而丧失斗志,失去信心。旧秩序在欧洲大陆各地遭遇挑战。在革命危机中,许多欧洲人都转向美国的威尔逊和苏俄的列宁。

最后,大战对海外殖民地也产生了影响。列强的残酷争斗破坏了白人主子的威信,他们对有色人种的统治不再被视为天经地义。数百万计殖民地人作为士兵或劳工参战也具有破坏性。战后返回家园的殖民地人对欧洲领主不再像以前那样恭顺。"民族自决"的思想不仅在欧洲,也在殖民地留下了印记。

第二节 殖民地的民族起义

第一次世界大战后,殖民地出现革命浪潮。起义拉开了"二战"后摧毁欧洲各帝国的动乱序幕。

一、土耳其

战后反抗欧洲霸权的殖民地起义以土耳其规模最大、最为成功。要理解这一杰出的成就,有必要回顾奥斯曼帝国在"一战"中的复杂外交。

在战时中东外交中,英国是幕后主要推动者,促成了英国与盟国、与阿拉伯代表、与犹太复国主义者的协定,但三者之间相互抵触。根据协约国间的秘密条约(1915年的《君士坦丁堡协定》、1915年的《伦敦协定》、1916年的《赛克斯—皮科协定》和1917年的《圣让—德莫里耶讷协定》),俄国、意大利、英国和法国将瓜分奥斯曼帝国大部分地区,只留北部2万平方英里给土耳其。矛盾的是,1914年11月土耳其加入同盟国作战时,英国人曾承诺阿拉伯各国战后独立。另一方面,1917年英国的《贝尔福宣言》又赞同犹太人在巴勒斯坦建立定居点。

决定土耳其最终命运的是1920年8月10日签订的《色佛尔条约》。根据该条约,法国托管叙利亚,英国获得美索不达米亚和巴勒斯坦,并托管埃及。意大利得到多德卡尼斯群岛,希腊获得数个爱琴海岛屿、东色雷斯和士麦拿地区的五年托管权。亚美尼亚和汉志王国独立。土耳其海峡实现非军事化,被置于国际控制之下。

这些条款违背了对阿拉伯人的承诺和协约国宣称的民族自决原则,引发中东武装抵抗的浪潮。因保卫达达尼尔海峡而成名的"土耳其之父"穆斯塔法·

1922年华盛顿海军裁军会议代表

"土耳其之父"凯末尔

凯末尔带头反对《色佛尔条约》。他愿意放弃旧帝国的阿拉伯诸省，但拒绝割让小亚细亚、君士坦丁堡和土耳其海峡。1920年，议会接受了凯末尔计划。苏丹政权被废除，土耳其建立共和国，凯末尔当选总统。

1919年春，希腊军队登陆士麦拿。凯末尔巧妙利用协约国分歧，与他们分别缔约，使希腊人陷于孤立，成功夺取了士麦拿。经过长期谈判，1923年7月24日，土耳其人与协约国签订《洛桑合约》，取代了屈辱的《色佛尔条约》。

凯末尔不仅建立了新的土耳其共和国，还致力于创造新的土耳其人。他除旧布新，坚定地推行一项项改革：首都从难守的君士坦丁堡迁至小亚细亚中心的安卡拉；废除哈里发制；取缔一切宗教团体和寺院；采用新的宪法、民法、刑法和商法；给予妇女选举权。1938年凯末尔去世时，新的土耳其已经建立。

二、阿拉伯中东

与英国人承诺的《侯赛因协议》相反，战后阿拉伯中东并未独立建国：叙利亚—黎巴嫩成为法国托管地，美索不达米亚和巴勒斯坦成为英国托管地，埃及则完全被英国控制。

1920年，犹太人在前往巴勒斯坦定居点途中。

阿拉伯人的独立斗争有共同的模式：先是和约签订后几年，反抗和武装起义爆发；接着，英国和法国逐渐恢复统治，重申权力；最后，托管地渐渐享有不同程度的自治，维持和平直至"二战"爆发。

但在巴勒斯坦，犹太移民的涌入和阿拉伯人的反抗很快升级为英国、阿拉伯人和犹太人的三方冲突。巴勒斯坦托管条款第六条要求英国为犹太移民"提供方便"、"鼓励犹太人集中定居此地"。但同一条款又规定确保"其他地区居民的权利和地位"。但英国人并未预见到1933年希特勒上台的影响。巴勒斯坦犹太人从1919年的6.5万猛增至1939年的45万。当移民的小溪变成洪流时，阿拉伯人开始无力反抗。暴乱之后，英国派出了皇家委员会。但阿拉伯人和犹太人都拒绝了委员会的调解。巴勒斯坦的争端直至"二战"爆发仍未解决。

三、印度

"一战"才过去30年，英国对印度的统治便宣告结束。甘地是战后反英运动中最杰出的人物。他号召人民实行非暴力的消极抵抗和抵制英货运动，以此

印度现代国家之父：圣雄甘地

推动地方自治。另一位民族主义领袖贾瓦哈拉尔·尼赫鲁则是社会主义者。他坚信科学技术能将人类从漫长的苦难和愚昧中解放出来。

印度民族主义者不但分裂成尼赫鲁与甘地两派，还分裂成印度教和穆斯林两大对立集团。1935年，穆罕默德·阿里·真纳当选穆斯林联盟主席，宣告"伊斯兰教面临危险"。真纳的当选为巴基斯坦独立奠定了基础。

四、中国

1911年，孙中山建立了中华民国，组织了国民党。1925年孙中山去世，蒋介石成为国民党和中国领袖。在他领导下，铁路、公路、工业、公共卫生和教育均有了明显发展。

但蒋介石的改革方案有严重的漏洞：他忽视土地改革，并实行一党独裁。国民党没有足够时间克服这些问题，因为它面临两大劲敌：国内的共产党和国外的日本。

1921年7月，共产党在上海成立，以建立一个更公正的社会为纲领，吸引

1937年毛泽东在陕西

了众多学生和知识分子。蒋介石发动了五次"剿匪战役"。但共产党没收和分配大地主土地,赢得了农民支持。杰出的共产党领袖毛泽东无视莫斯科的第三国际,制定出新的革命战略:以农村包围城市,建立独立的军队和政府。经过数年"反围剿斗争"后,毛泽东冲出包围,到达西北诸省,建立了革命根据地。1949年,蒋介石在共产党和日本人的双重打击下逃往台湾,毛泽东成为大陆的领导者。

第三节 1929年前的欧洲革命与和解

20世纪20年代,欧洲出现革命与反革命的斗争。直到1920年代末,某种程度的秩序才开始恢复。

一、俄国共产主义胜利

1917年11月7日布尔什维克夺取政权后,不仅遭到非布尔什维克左派的暗

苏联内战时期的儿童

中抵制,还遭到哥萨克地区右派的武力反叛。反布尔什维克集团得到西方列强的鼓动和支援,在俄国边境建立了几个反革命政府。国防人民委员列夫·托洛茨基建立的红军不得不在 20 多条战线上同时作战。

内战和外敌不断蹂躏着俄国。直到 1921 年,红军出人意料地获得了最终胜利。

二、中欧共产主义失败

德国魏玛共和国

当苏俄内战正酣时,欧洲的关键问题是共产主义是否会向西传播。在柏林等欧洲城市,与苏维埃类似的工人、士兵委员会相继出现,但德国社会主义阵线出现分裂。激进派支持革命和苏维埃德国,保守派则反对革命和苏维埃。最后,保守派占了上风。1919 年 1 月 19 日,德国举行了国民议会而非办维埃代表大会,建立了民主的魏玛共和国,而不是苏维埃德国。

中欧的革命与倒退

中欧其余国家长期遭受骚乱和起义困扰。革命热情在各国表现各异。只有在匈牙利，共产党发挥了突出的作用。1919年3月，库恩·贝拉建立了苏维埃共和国，但不到一年便因农民反抗和罗马尼亚入侵而崩溃。1920年2月，米克洛什·霍尔蒂海军上将在协约国支持下建立右翼政府。霍尔蒂政府在两次大战间一直执政，成为中欧唯一未进行土地改革的国家。

在其他多数中欧国家，农民政权表达了大众的不满。战后上台的农民领袖有：1919年保加利亚的亚历山大·斯塔姆博利伊斯基；1925年南斯拉夫的斯蒂芬·拉迪奇；1926年波兰的文森特·维托斯；1928年罗马尼亚的尤利乌·马纽。但由于主张和平、反对暴力，这些领导人先后下台。1923年斯塔姆博利伊斯基遇刺，国王鲍里斯建立独裁政府。1928年拉迪奇遇刺，国王亚历山大建立独裁政府。波兰的维托斯政权只维持了数日，约瑟夫·毕苏斯基将军夺权后一直统治到1935年他本人去世。1930年马纽下台，国王卡罗尔二世数次废立政府，直到10年后被赶出罗马尼亚。

奥地利和希腊的形势也大同小异，农民政党从未落地生根。1934年，奥地

捷克斯洛伐克首任总统托马斯·马萨里克。捷克斯洛伐克是两次世界大战间隔时期东欧唯一成功的民主制国家。

利建立陶尔斐斯总理领导的独裁政府。1936年,希腊建立迈塔克萨斯将军领导的法西斯政权。

于是,到"二战"爆发前,整个中欧都处于独裁统治之下,只有捷克斯洛伐克例外。

三、意大利法西斯化

意大利的战后状况为暴力、蛊惑、反智的法西斯主义提供了温床。1919年的意大利距统一建国不过两代人时间。代议制政府藏污纳垢,经济遭受严重衰退。贝尼托·墨索里尼利用了这一局面。1919年,他建立第一支"战斗队",组织了法西斯党。针对当时的无政府状态和社会冲突,他提出了统一和权力的口号,逐渐得到实业家、地主和有产阶级的秘密支持。

1922年秋,国王与教会得到利益保证后,公开支持墨索里尼,军队和警察则表示中立。于是,墨索里尼率领黑衫军公然向罗马行进,以合法形式就任了

1939年的意大利首相贝尼托·墨索里尼

首相。但他无意尊重宪法程序。在1924年4月6日的选举中，法西斯党任意使用暴力，获得了65%选票。1926年，墨索里尼解散各党派，加强新闻管制，建立秘密警察。意大利成为一党专政国家，议会成了通过法西斯议案的橡皮图章。

新的法西斯政权独具特色：实行组合国政体，议员不是选区代表，而是行业和职业代表；理论上，劳资双方均受国家庇护，阶级冲突消除；精心设计的市政工程规划提供就业机会，颂扬法西斯主义。

四、西欧民主国家的问题

西欧国家民主制根深蒂固，但依然面临许多问题。最严重的是经济问题，而且产生了深远的社会和政治影响。

英国从1920年代起开始萧条，失业贯穿整个1920年代，到1930年代更是恶化。数百万家庭靠"失业救济金"维持生活。经济危机分化了英国政治：有产者拥护保守党，工人支持工党，中产阶级摇摆不定。各党开出不同的救国之方：保守党提倡保护贸易；衰落的自由党提倡自由贸易；工党提倡资本课税、重工业国有化。结果，保守党的斯坦利和工党的麦克唐纳交替组阁，但均未改善国家命运。

法国也饱受战后经济困难之苦。法国的主要政党从左派到右派依次为：代表城乡劳动者的左派，如共产党和社会党；代表中下阶层的中间派，如激进社会党；有强烈天主教色彩，代表大企业、大财团的右派，如共和民主联盟和民主联盟。战后5年，右派诸党组成的"民族集团"内阁统治了法国。1923年，雷蒙·庞加莱总统出兵鲁尔，但以失败告终，反而引起法郎贬值。1926年7月，彭加莱组成"民族联合"内阁，除社会党和共产党外所有政党均参与其中。由于采取严格措施紧缩开支、增加收入，这届政府延续了三年。

五、欧洲的稳定与和解

由于奥匈帝国的消失、德国和俄罗斯受挫，法国成为欧洲大陆头号强国，

1923年德国遭受严重通货膨胀，孩子们在用成捆的纸币垒积木。

其外交目标是为国家安全建立长期可靠的基础。

　　法国50年内两次遭德国侵略，深知缺乏军队和武器的国联靠不住，因此转向支持和平、反对修约的欧洲小国。1920年、1921年和1924年，法国与比利时、波兰和捷克斯洛伐克先后建立正式的军事联盟。联盟体系基本上是反德的，主要目的是孤立德国，保护法国及其盟国。

　　但1925年前后，法德关系改善。1925年10月签订的《洛迦诺公约》规定：德国可加入国联，成为常任理事国；作为回报，德国同意不以武力谋求修约，和平解决同法国、比利时、捷克斯洛伐克和波兰的一切争端；德国保留和平修改东部边界的权利，但永久承认西部边界；德国、法国和比利时永久尊重双方边界；英国和意大利为公约担保。1928年，60多个国家先后签署了保证不发动战争的《凯洛格—白里安公约》，国际紧张局势进一步缓和。1926年，德国加入国联，并成为常任理事国。开启战争赔偿谈判的"道威斯计划"（1924）也终于完成。1930年，"杨格计划"规定德国支付80亿美元赔款，分 58 年付清。

这样，到 20 年代末，欧洲似乎恢复到了和平状态。

第四节 五年计划与大萧条

20 世纪 20 年代的和平和稳定被突然到来的大萧条彻底破坏。经济混乱和大规模失业损害了和解的基础。各国政府因民众的贫困和不满纷纷垮台。

苏联五年计划的成功进一步突显了大萧条的影响。尽管伴随严厉镇压和民众穷困，五年计划还是将苏联从农业国迅速变为世界第二大工业国。

一、五年计划

战时共产主义

布尔什维克成为俄罗斯主人后，立刻面临创建社会主义的挑战。1917—1921 年，为了向前线提供人力物力，苏维埃实施了"战时共产主义"政策：将土地、银行、外贸和重工业收归国有，向农民强行征用剩余农产品以供士兵、市民之需。

但随着内战的结束，"战时共产主义"已无存在必要：长期战争导致国家经济瘫痪，工农业生产倒退。1920—1921 年的全国性旱灾造成俄国史上最严重的饥荒。

新经济政策

务实的列宁意识到必须让步。1921 年，他采取了"新经济政策"：允许局部恢复资本主义；农民可出售农产品，个人可经营小型商店和工厂；农民和商人均可雇佣劳力、保留利润所得。但土地所有权仍归国家，银行、外贸、重工业和运输业等"制高点"仍由国家控制。新经济政策解决了战时遗留的危机。到 1926 年，苏联的工农业总产量均已达到 1914 年前的水平。

列宁的接班人斯大林

1925年列宁逝世。新经济政策继续受到尼古拉·布哈林的支持。布哈林深受列宁和民众喜爱，却未在党内占上风。斯大林利用党总书记身份成为党和国家的主人。他放弃新经济政策，实行莫斯科控制和管理工农业的中央集权经济。

苏联计划经济

1928年，斯大林发动了由国家计划委员会制定的第一个五年计划。五年计划要求农业实现集体化。由于遭到很多农民尤其是富农的反对，政府将成千上万人赶出村庄，关进监狱和西伯利亚劳动营。到1938年，几乎所有的农地都被并入242400个集体农庄和4000个国营农场。但集体农业的产量却令人失望。苏联农业的土地比美国多50%，人力是美国的10倍，产量却只有美国的3/4。

在五年计划下，多数工厂归政府所有和经营。工人和经理都必须完成定额，否则会被罚款或开除，超额则能得到奖金。工会虽然成立，工人却无权罢工。政府提取约三分之一的国民收入用于再投资。到1932年第一个五年计划结束时，苏联的工业产量已从世界第五位上升到第二位。苏联工业总产量占全球的份额从1921年的1.5%增至1939年的10%和1966年的20%。

俄国农民庆祝新买的拖拉机开进他们的农庄

但苏联经济的发展漠视民众愿望,强迫民众勒紧裤带,为未来而生产。

对世界史的影响

五年计划对苏联人民既是福也是祸。一方面,它壮大了苏联的经济军事实力,把落后国家变成现代社会。另一方面,它破坏了布尔什维克与农民的联盟,也压榨了工人阶级。

五年计划对世界也产生了影响,但西方国家和不发达国家反应并不相同。多数西方人认为,苏联并非值得效仿的社会主义天堂。但他们也承认,假如没有五年计划带来的工业增长,苏联不可能在"二战"中为打败希特勒贡献良多。然而,欠发达地区的前殖民地民族看法完全不同。他们看到,在短短30年内,苏联从落后的农业国一跃成为世界第二大工业军事强国。对他们而言,促成这一剧变的种种制度和技术至关重要。

二、大萧条

经济崩溃的根源

1929年秋,纽约股价突然跌到最低点,世界范围的经济萧条随之而来,强

1929年10月29日，纽约华尔街股市暴跌时的情景。

烈程度和延续时间均前所未有。国际经济严重失衡可能是经济崩溃的原因之一。"一战"后，美国长期维持债权国地位和贸易顺差。当债务国无法偿还债务、或减少进口美国商品时，美国的金融业和农业便遭到打击。

美国的国内经济也同样失衡。工人工资落后于不断上升的生产率，农民的实际收入也因农产品价格下跌、租税和生活费用上升而减少。

银行业的缺陷是造成1929年股灾的最后因素。大量独立银行缺乏足够财力，无法应付挤兑风潮。当储户赶到别家银行取款，摧毁整个金融结构的连锁反应开始了。

全球大萧条

1929年9月，美国股市突然崩溃。一个月内股价下跌40%，除几次短暂回升外，下跌持续了整整三年。到1933年，工业总产量和国民收入跌了将近一半，商品批发价格下跌近三分之一，商品贸易则下降了三分之二以上。

大萧条还产生了全球影响。美国金融机构被迫收回海外短期贷款，这很快产生种种影响。1931年9月，英国放弃金本位制。两年后，美国和各大国纷起效尤。工商业、国际贸易也出现了与金融业类似的衰退。

纳粹头目希特勒

纳粹政府骚扰德国的犹太人

社会影响与政治影响

经济崩溃引发社会问题。最严重的是大规模失业。美国、英国的失业人口都达到全部劳动力的 1/4，德国最为严重，工会 2/5 的成员完全失业，另外 1/5 只能打零工。

失业造成的挫折和紧张为阿道夫·希特勒提供了可乘之机。"一战"结束后，希特勒加入了德国国家社会主义工人党，不久成为该党元首。他和陆军元帅鲁登道夫一起参加了 1923 年的慕尼黑暴动，但很快被警察镇压。35 岁的希特勒在狱中写下长篇回忆录《我的奋斗》，发泄了对民主制、共产主义和犹太人的仇恨。从狱中获释后，希特勒继续鼓吹他的思想，但收效甚微。直到大萧条出现，他才获得了狂热的听众。1933 年 1 月，希特勒成为内阁总理，与墨索里尼一样用宣传和恐怖统治德国。

国际影响

大萧条产生了各种国际影响。洛迦诺时代的各种国际协定，尤其是赔款和偿债的合约，已经无法实行。

大萧条的另一影响是顽固的经济民族主义妨碍了国际关系。各国都采取了高关税、进口配额限制、结算协定、货币管制、双边贸易协定等自卫措施。这些措施必然导致各国经济摩擦和政治紧张。

与此紧密联系的是，裁军努力被大规模重整军备计划取代。积聚的武器装备早晚要用，但使用前必须找到借口。"生存空间"便是最明显的例子。这一术语由希特勒发明，但意大利的墨索里尼和日本的军国主义者也采纳了类似说法。按照这一学说，失业和苦难是由于缺乏生存空间造成的。少数几个幸运的国家夺取了所有的殖民地和无人的海外领土，使其他国家缺少生存所必需的自然资源。为了纠正过去的不公，最直接的手段是扩张，必要时不惜使用武力。

第五节 走向战争（1929—1939）

1930年代是萧条、危机和战争的10年。德国、日本决意修改"一战"和约，并重整军备、扩大对外侵略。结果，一个新的势力平衡出现了：英国、法国及其大陆盟国主张维持现状，德国、意大利和日本要求改变；因五年计划而强大的苏联变得日益重要。三方力量的互动解释了1930年代的一系列危机和第二次世界大战的最终爆发。

一、日本入侵满洲

日本首先采取了重大侵略行动。1931年9月18日晚，一些日本军官炸毁日本人控制的南满铁路，诬为中国人破坏。短短24小时内，关东军未经宣战便占领沈阳和长春，然后向各方进攻。1932年1月下旬，哈尔滨被占领，有组织的抵抗宣告失败。1932年3月，占领区成立"满洲国"。

中国政府向国际联盟求助。国联派出了调查团，调查报告建议："满洲"成为自治国，主权归中国，管辖权归日本。1933年2月，国联通过报告。次月，日

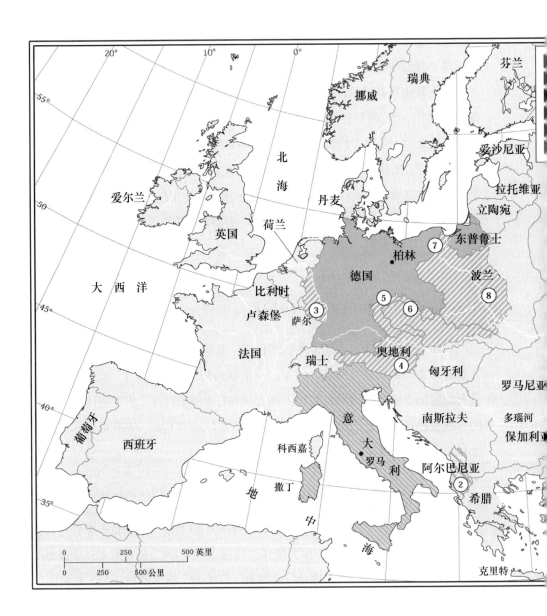

地图13 德国、意大利和日本的侵略(1930—1939)

第八章 西方由盛而衰的世界（1914年以来） [293]

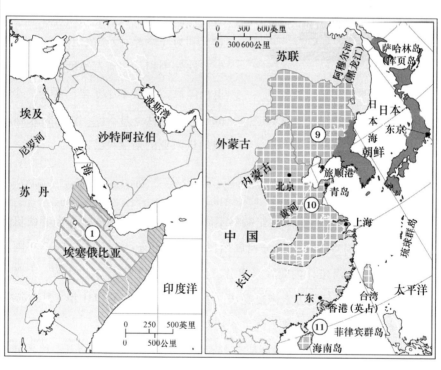

1938年7月，墨索里尼在打谷台上的表演。

本退出国联。"满洲"成为傀儡国。

二、意大利征服埃塞俄比亚

1935年3月16日，希特勒背弃《凡尔赛和约》中"解除德国武装"的条款，开始大规模重新武装。西方国家口头号召共同反对德国，但并无实际行动。于是，德国再次成为军事强国。

1935年10月3日，墨索里尼率军入侵独立的非洲王国埃塞俄比亚。国联宣布意大利为侵略者，投票决定实施经济制裁。但英法等国担心切断石油供应会使意大利退出国联，制裁不了了之。经过7个月的战斗，1936年5月5日，意大利人耀武扬威地进入亚的斯亚贝巴。

三、西班牙内战

20世纪的西班牙与16世纪截然不同。1898年的美西战争标志着西班牙的衰落。美国轻易夺走了大部分西属殖民地，西班牙颜面尽失。1902年阿方索十三世登基后，西班牙内阁频繁更替，罢工、兵变和暗杀层出不穷。大萧条使情势更加危急，迫使阿方索恢复宪法、举行国内选举。在1931年4月的选举中，共和党人获得绝大多数选票，阿方索悄然下台。

1931年4月14日，西班牙成立共和国。7月，立宪会议召开，代表分成三派：保守主义的右派，共和主义的中间派，社会主义、斯大林主义、托洛茨基共产主义、工团主义等的左派。中间派和左派组成的多数派联合通过一部自由宪法：宣布男女普选，宗教自由，政教分离，教育世俗化，教会财产收归

1936年，佛朗哥发动反政府暴动，造成西班牙的血腥内战。

国有。

  这时，右派分子在弗朗西斯科·佛朗哥将军领导下举起了反革命旗帜。1936年7月17日，摩洛哥军队首先叛乱。次日，各地将军也纷纷拿起武器。内战僵局持续了两年。自称"民族主义者"的右派控制了西南部农业区，共和派则控制了东北部发达地区。但1938年中期，苏联突然停止援助共和派。佛朗哥军队借此打破僵局。1938年12月底，"民族主义者"占领巴塞罗那。次年3月，马德里沦陷，内战宣告结束。

  四、奥地利、捷克斯洛伐克灭亡

  1938年，轴心国不费吹灰之力便取得重大胜利。2月12日，希特勒召见奥地利总理库特·冯·舒施尼格，要求奥地利放弃其主权。舒施尼格试图在奥地利发动全民公投，但没有一个大国出面相助。3月13日，柏林和维也纳宣布奥地利并入德国。次日，希特勒耀武扬威地进入他的出生地。德国一通电话便接管了奥地利，国联对此竟只字未提。

  接着，希特勒又把目光转向了捷克斯洛伐克。由于苏台德边界地区存在300

1938年的慕尼黑会议，决定捷克斯洛伐克的命运，图中希特勒的右边为英国首相张伯伦。

1938年的一次党卫军集会

万日耳曼少数民族，捷克斯洛伐克极易遭受纳粹的宣传和颠覆。1938年9月，英国和法国接受了德国对捷克斯洛伐克广大边境地区的占领。

五、战争降临

奥地利、捷克斯洛伐克被占领后，波兰也受到胁迫。1939年3月31日，英国和法国承诺发生"任何明显威胁波兰独立的行动"时，向波兰提供援助。4月，意大利侵占了阿尔巴尼亚。英国和法国又立即承诺，如果意大利进一步向巴尔干扩张，英法将全力支持罗马尼亚和希腊。

但东欧国家得到的承诺并无价值，因为英法对苏联极不信任，无法一致行动对抗轴心国。英法担心苏联向东欧扩张，而苏联则怀疑希特勒进攻苏联时，英法不会出兵相救。当一位英国官员向德国驻伦敦代表提出签订英德互不侵犯条约时，不信任恶化成了灾难。斯大林迅速转向原本不共戴天的轴心国。8月23日，苏德签订互不侵犯条约，同意如一方与他国交战，另一方保持中立。重要的是，该条约不包含"任何侵略他国行为将使条约失效"的例外条款，因为条约还包含一个秘密议定书，规定若发生"领土、政治变动"，立陶宛和波兰西部将归德国，而波兰其余地区连同芬兰、爱沙尼亚、拉脱维亚和比萨拉比亚则归苏联。

希特勒在东部赢得了保障，终于可以放手出击。1939年9月1日清晨，德军未经宣战便全线越过波兰边界。9月3日，英国和法国对德国宣战。墨索里尼尽管宣扬轴心国的"钢铁同盟"，却仍保持中立。第二次世界大战拉开了帷幕。

第六节 第二次世界大战：全球影响

希特勒一开始就已制订了征服计划：先吞并波兰，再对付西欧，最后进攻苏联。他依次行事，主导了"二战"进程，直到西欧和苏联壮大并掌握主动。

第二次世界大战与第一次世界大战一样，也始于东欧少数民族问题引起的欧洲冲突。但随着日本迅速占领整个东亚和东南亚，第二次世界大战开始显示出新的特点：全球更多地方卷入战争；坦克、飞机等新式进攻性武器使战线更加瞬息万变。

一、战争的欧洲阶段

瓜分波兰

在波兰，德国的轰炸机、装甲师、摩托化师和步兵师全线出击，首次展示新式"闪电战"的威力。不到10天时间，战争胜负已定。德国坦克和飞机横扫波兰农村，抵抗军一路溃败。德军推进速度太快，斯大林为接管苏德密约规定的领土，不得不采取行动。9月17日，红军进入波兰东部，两天后与德国人会合。9月27日，华沙沦陷。两天后，波兰被瓜分。德国人占有3.7万平方英里，2200万人口；苏联人占有7.7万平方英里，1300万人口。

这时，苏联开始利用苏德密约加强对波罗的海的战略控制。1939年9—10月，苏联要求在爱沙尼亚、拉脱维亚和立陶宛境内建立苏军基地。作为补偿，

德国进攻波兰

立陶宛得到原属波兰的维尔纽斯城及周边地区。

接着,苏联又要求芬兰割让卡累利阿地峡和北冰洋沿岸的佩萨莫地区。芬兰人拒绝了。11月30日,红军向芬兰发动了进攻。芬兰向国联呼吁,国联将苏联除名。次年3月中旬,芬兰人被迫求和。随后签订的合约使苏联人得到更多领土,包括佩萨莫地区、维堡港口、芬兰湾诸岛、汉科海军基地等。

从波兰到法国

波兰被瓜分时,英国和法国完全束手无策,西线的宁静令人不安。1940年4月9日,德军突然行动,横扫丹麦,登上挪威海岸。丹麦缴械投降,挪威在英国支持下顽强抵抗。但6月初,法国也陷入危险,盟军被迫撤离挪威。

5月10日,德国人进攻荷兰和比利时,两天后进攻法国。荷兰人只抵抗了5天,比利时人也于28日投降。与此同时,德国人越过马其诺防线最北端,在色当攻破了法军防线。装甲师迅速向英吉利海峡挺进,并于5月21日到达。佛兰德的盟军退到敦刻尔克,并从那里撤退到英国。

1940年法国投降,德军走在巴黎香榭丽舍大街上。

德军继续向南,6月13日占领巴黎。法国政府接受了苛刻的停战协定:释放所有德国战犯,遣散法国军队,交出法国军舰,德国占领法国一半领土。

不列颠战役

敦刻尔克撤退和法国沦陷后,希特勒试图与英国人达成交易,但英国人及其新首相温斯顿·丘吉尔拒绝了。于是,德国人发动了空袭。不列颠战役成为第二次世界大战的转折点之一。德国飞机数量远远超过英国空军,但英国的战斗机和雷达更为先进。英国和英联邦的数千名飞行员与波兰、捷克、法国和比利时的少数飞行员一起,击退了德国空军,粉碎了希特勒进攻英国的计划。

征服巴尔干半岛

由于不列颠战役失败,希特勒决定次年春天入侵苏联。为准备进攻苏联,他向罗马尼亚派遣了部队。

与此同时,1940年10月28日,意大利军队越过阿尔巴尼亚进入希腊,却遭到沉重打击。希特勒担心盟军进入希腊,便于4月6日实施"马里塔作战计划"，最终征服了希腊和南斯拉夫。

除了巴尔干半岛，埃尔温·隆美尔将军领导的德军在北非战场也大获全胜。

二、战争的全球阶段

入侵苏联

1941年6月22日，希特勒命令陆军越过苏联边境。到年底时，德军已向东深入600英里，占领了苏联工业化程度最高、人口最密的地区，几乎完全包围莫斯科和列宁格勒。但红军未受重创，甚至于12月发动了一次反攻。

希特勒无法完全获胜，不仅因为他失去占领国支持，还因为种族灭绝政策引起普遍反抗。该政策视东欧人为劣等民族，认为应该消灭他们，代之以优秀的日耳曼人。更严重的是，希特勒以灭绝犹太人的方式来"最终解决""犹太人问题"。被杀害的犹太人约为600万，占欧洲犹太人的3/4，全球犹太人的2/5。此外，500万新教徒、300万天主教徒和50万吉卜赛人也消失在集中营里。这种

1945年4月，美国解放诺得霍森集中营时发现的死者。

大屠杀在世界史上绝无仅有，被称为"种族灭绝"（genocide）。残酷的暴行令法西斯主义名誉扫地。结果，只有一小撮妥协者支持希特勒战斗到最后一刻。

日本偷袭珍珠港

战争初期，美国人保持中立。但希特勒意外的胜利迫使美国改变立场。1940年9月2日，国会签订《驱逐舰与基地协议》，美国从中立转向非战。1941年3月11日的《租借法案》和8月12日《大西洋宪章》又使美国从非战转向不宣而战。

日本领导人对美国态度有分歧。陆军准备直接挑战英国、法国和美国，海军、外交家和实业家则多半反对。1941年10月，赞成对美和解的首相近卫文麿辞职，转折点出现了。东条英机将军成为内阁和军部首脑，他决定跟美国叫板。

1941年12月7日，日本人袭击了珍珠港。几小时内，三艘巡洋舰、三艘驱逐舰、五艘战列舰被击毁。与此同时，日本特遣队摧毁了菲律宾基地的大

1941年12月7日发生在夏威夷岛上的珍珠港事件

部分美国飞机。紧接着,德国和意大利向美国宣战。美国在欧洲、亚洲完全卷入了战争。

1942 年:轴心国胜利之年

1942 年,德国、意大利和日本在各地都取得胜利。日本的战果最惊人,他们迅速地征服了从阿留申群岛到澳大利亚、从关岛到印度的广大太平洋地区。

在苏联战场上,希特勒向南发动大规模进攻。6 月,装甲师席卷了平坦的草原,主力坦克部队推进到斯大林格勒以北的伏尔加河。

在北非,德国人也取得重大胜利。3 月,隆美尔将军指挥的非洲军团将英国人从利比亚赶到埃及边境。5 月,德军长驱直入埃及,到达距亚历山大仅 50 英里的阿拉曼。

1943 年:形势逆转

1942 年底开始,战争出现转折。8 月 22 日,斯大林格勒保卫战打响。9 月中旬,德军攻入市中心,但很快陷入困境。正当双方巷战之时,两支苏军从东面渡过伏尔加河,分别从斯大林格勒的北面和南面发动进攻。1943 年 2 月 3 日,12 万德军投降。此后,苏联人开始全线反攻。

在北非,德意盟军也正被驱逐。英军司令伯纳德·蒙哥马利爵士自埃及进攻,将德意联军赶回沿海地区,1943 年 1 月占领的黎波里。与此同时,英美联军在摩洛哥和阿尔及利亚登陆。他们向东挺进突尼斯,7 月进入西西里岛,8 月渡过麦士拿海峡、攻入意大利。

意大利的墨索里尼因这些灾难而下台。征服埃塞俄比亚的皮埃特罗·巴多格里奥元帅组成新政府,与盟军签订停战协定。德国人立即做出反应,他们攻占罗马,救出墨索里尼,在意大利北部建立了"法西斯共和国"。此后一年半,意大利一分为二,冲突不断:北部是德国人与墨索里尼的傀儡政府,南部是同盟国与巴多格里奥的临时政府。

此时,德国遭受的空袭越来越频繁。到 1934 年,空袭变成昼夜不断:英军夜袭,美军白天进攻。每小时扔在德国的炸弹比整个不列颠空战扔下的炸弹

1942年8月至1943年2月的斯大林格勒战役

还要多。

日军也开始节节败退。1942年8月7日,美国海军陆战队登上瓜达卡纳尔岛。不久,南太平洋其他日军基地也被美军占领。1944年中期,美军占领马里亚纳群岛的塞班岛和关岛,日本进入了B-29轰炸机的射程之内。

解放欧洲

1944年6月6日,英美联军登陆诺曼底,在法国游击队支持下巩固了阵地。8月初,乔治·巴顿将军指挥坦克师进入法国北部。月底,法国和美国军队解放了巴黎。

苏联人则在东线推进。1944年春,红军将德军赶出克里米亚和乌克兰后,开始发动了总攻势。在北方,苏军击败了芬兰,迫使他们退出战争。在中部,他们越过了波兰边境,兵临华沙城下。在南部,他们到达多瑙河河口,迫使罗马尼亚退出战争。保加利亚也向苏联求和,加入苏联一边参战。南斯拉夫和希腊的共产党在德国人撤退后控制了各自国家,为"冷战"埋下伏笔。1945年4月,

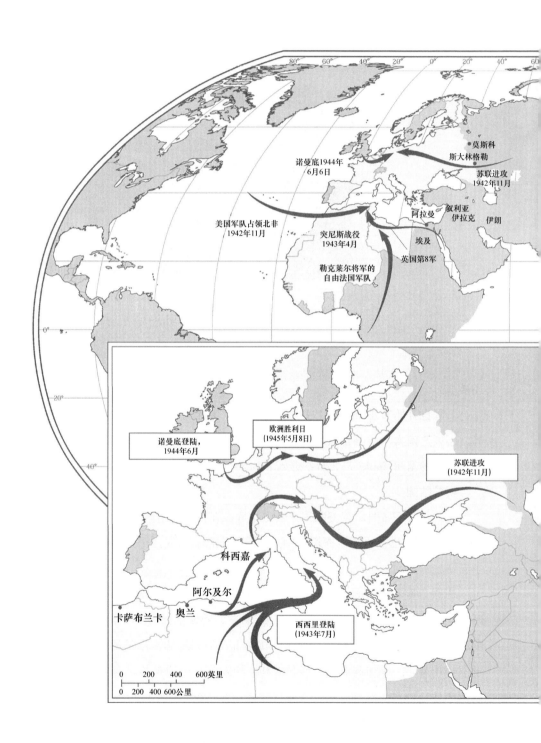

地图14 第二次世界大战：轴心国的败退（1942—1945）

1944年6月6日盟军在诺曼底登陆

苏军占领维也纳，渡过距柏林只有40英里的奥得河。其时，美国、英国和法国军队也在西线占领了莱茵兰。

4月16日，苏军向柏林发起总攻。9天后，朱可夫元帅包围该城。美国侦察队同苏军先头部队在易北河边的托尔高村会师。4月最后一天，希特勒与伴侣爱娃·布劳恩自杀。5月2日，柏林向苏联人投降。一周后，纳粹密使在兰斯向西方列强、在柏林向苏联无条件投降，德军驻意大利指挥官签署了无条件投降协定。墨索里尼企图逃往瑞士，但被游击队逮捕，立即处决。

日本投降

1944年中期，美军以硫黄岛和冲绳岛为基地，用B-29轰炸机向日本诸岛发起猛烈轰炸。但日本军国主义者仍未投降。1945年8月6日、9日，美军在广岛、长崎投下原子弹，炸死21万居民。8日，苏联对日宣战，红军攻入"满洲"。在这种情况下，天皇接受内阁和政界元老劝说，接受了同盟国14日的最后通牒。9月2日，泊于东京湾的美国"密苏里号"战舰上举行了日本投降仪式。

"密苏里号"上的日本投降签字仪式

第二次世界大战宣告结束。这次大战比"一战"更为惨烈,伤亡人数达5000万;更重要的是,近1/5的人是因为种族、宗教、政治上"不受欢迎"而被"灭绝"。

三、世界史上的"二战"

与第一次世界大战一样,第二次世界大战彻底削弱了欧洲的全球霸权。

但两次世界大战也有重大的区别。首先,纳粹和日本军国主义对欧洲和亚洲旧秩序的破坏要大得多。德国占领了整个欧洲大陆,日本占领了整个东亚和东南亚。但两大帝国都很短命。1945年,崩溃的德国和日本在占领区留下权力真空,成为"冷战"的根源。其次,1945年后殖民地的反抗更有成效。20年内,欧洲大帝国几乎全部消失。因此,战后不久全球很快出现两大明显的趋势——殖民地革命和冷战。

第七节 帝国的终结

第二次世界大战后,不可遏制的革命浪潮席卷殖民帝国,欧洲统治骤然终结。1944—1985 年间,96 个国家赢得了独立,占世界总人口 1/3。

一、殖民地革命的根源

"二战"期间,殖民帝国表示绝不放弃殖民地。尽管如此,战后 10 年,亚洲殖民地几乎全部独立;战后 20 年,非洲殖民地几乎全部独立。

造成意外结果的原因之一是殖民帝国空前削弱。法国和荷兰被占领,英国经济军事实力衰退。同样重要的是,反帝国主义情绪在帝国内部蔓延。1935 年墨索里尼进攻埃塞俄比亚、1956 年英法争夺苏伊士运河,均在西方遭到激烈反对。

在亚洲,短命的日本帝国也极大地促成了殖民地革命。日本人轻而易举地把英国人赶出马来亚和缅甸、把法国人赶出印度支那、把荷兰人赶出印度尼西亚、把美国人赶出菲律宾,彻底粉碎了西方的军事威望。日本人还宣传"亚洲人的亚洲",这一口号削弱了西方帝国主义的政治根基。

但日本人的作用不过是加深和扩大了产生于 20 世纪初的民族觉醒。两次大战之间,殖民地已出现一批受西方教育的民族知识分子,如甘地、尼赫鲁、苏加诺、恩克鲁玛、阿齐克韦和布尔吉巴等。他们领导了殖民地的民族主义运动。

"二战"期间,殖民地人在同盟国和日本军队、劳动营服役,他们的民族意识进一步觉醒。另外,同盟国宣传的自由和民族自决原则也对他们产生了影响。

二、印度和巴基斯坦

战后殖民地革命的第一个重大事件是印度和巴基斯坦独立。1939 年 9 月 3 日英国对德宣战,印度总督林利斯戈侯爵宣布印度也参战。印度国大党领袖坚决反对,认为这一重大决定未经商议。1942 年 8 月 7 日,国大党通过"退出印度决议",要求立即独立。英国很快实行了大规模镇压,逮捕了6万多人,包括国大党所有领袖。

1945年7月,主张印度独立的工党在英国大选中获胜,印度事务出现决定性转折点。英国与长期不和的国大党和穆斯林联盟分别会商,最后建议印、巴分治。1947年7月,英国议会通过《印度独立法案》。8月15日,巴基斯坦和印度联邦成为英联邦中的独立国家。

印度妇女投票

英军撤出印度

三、东南亚

1945年日本人撤退时,千方百计地阻挠西方恢复统治。在印度支那,他们推翻维希政权,承认胡志明的临时政府;在印度尼西亚,他们将政权交给民族主义领袖苏加诺;在很多地区,他们将武器分给当地革命组织。

日本人撤退后不到10年,东南亚所有国家都赢得了独立。各国赢得独立的方式各不相同,取决于帝国统治者的态度。英国人有印度的前车之鉴,故较现实地处理东南亚殖民主义。1948年1月,缅甸成为英联邦外的独立共和国。次月,锡兰(今斯里兰卡)成为英联邦内的自治领。马来亚种族复杂,直到1957年2月才独立。

荷兰人不太变通,殖民地的独立斗争也更为艰辛。与民族主义者苏加诺谈

越南共产党领导人胡志明

判破裂后,荷兰诉诸战争。直到1947年,荷兰人才承认印度尼西亚联邦独立。

法国人在印度支那的战斗更漫长,但最后还是被迫撤退。印度支那由越南、老挝、柬埔寨三国组成。越南独立同盟领导了反对法国的抵抗运动,由共产党人胡志明领导。1945年,胡志明宣布成立临时的越南共和国。法国人拒不承认新政权,战争随即爆发。法国人轻松占领了老挝和柬埔寨,在越南却陷入长期消耗战。1954年,日内瓦会议承认越南独立,规定暂以北纬17度为停战线,要求1956年在国际监督下选举新政府,统一越南。

为避免胡志明统一越南,美国在南越支持反共的吴庭艳、阮高其、阮文绍政权。美国人先是提供资金和军队,后来发展到派"顾问"和军队,甚至实施空中轰炸。越战规模超过"二战",但美国并未获胜,国内反战运动愈演愈烈。1973年,巴黎停战协定签订,内容与日内瓦协议相同,美国一无所获。1975年4月,阮文绍政权在北越进攻下垮台。

四、热带非洲

战后第二个10年,非洲有至少31个国家独立。各地民族主义的觉醒因历史背景不同而迥异，因此分为热带非洲革命、南非革命和北非革命。

即使在热带非洲，西非与东非的情况也不相同。在气候湿热、欧洲移民较少的西非，民族主义运动首先爆发。克瓦米·恩克鲁玛组织了人民大会党，在1951年的全国大选中赢得多数。1957年，黄金海岸成为独立的英联邦成员国加纳国。接着，热带非洲其余地区也很快解放。1960年，非洲人口最多的国家尼日利亚独立。到1960年底，西非和赤道非洲的全部法属殖民地也赢得独立。

在气候宜人、欧洲移民较多的东非"白人国家"，事

加纳的铁皮棚，与都市里的现代建筑形成鲜明对照。

实行独裁统治的非洲布干达国王穆特萨和他的朝廷

态发展完全不同。白人占据了最好的耕地，引发非洲人的秘密恐怖组织"茅茅"起义。战争旷日持久，迫使英国人放弃强硬政策。1963年，获释的东非领袖乔莫·肯雅塔当选肯尼亚总理，肯尼亚宣布独立。

五、南非

南非的民族斗争也充满暴力和动荡。南非殖民地始于1652年荷兰人登陆好

南非首位黑人总统纳尔逊·曼德拉

望角的开普敦。荷兰衰落后，1814年英国人接管了开普敦。荷兰殖民者即布尔人拒绝接受英帝国统治，于是向北迁徙，建立了独立的德兰士瓦共和国和奥兰治自由邦。1871年、1886年，当地先后发现钻石和黄金，英国人决定吞并他们。经过布尔战争（1899—1902），布尔人接受英国主权，但被允许自治。1909年，南非成为英联邦自治领。

1961年5月，南非脱离英联邦。脱离的主要原因是种族隔离制度与英联邦新成员国尼日利亚、印度等发生矛盾。种族隔离制度有两大原则：一是剥夺一切有色人种的政治权利；二是将非洲人赶进隔离区"班图斯坦"。1980年代以后，依靠军队维持的种族隔离政策逐渐遭遇国内外反抗浪潮。1990年，新总统德克勒克宣布非洲国民大会党合法，释放该党领袖纳尔逊·曼德拉，开放民主选举。1994年，曼德拉当选南非总统，新宪法废除种族隔离制。

六、中东

中东的暴力和冲突比非洲更严重，因为这里充满宗教矛盾。1947年11月29日，联合国大会赞同在巴勒斯坦建立犹太人托管地。不久，犹太人国家以

1993年，巴以领导人在华盛顿签署一项和平协议，左为以色列总理拉宾，中为美国总统克林顿，右为巴解组织主席阿拉法特。

色列建立。阿拉伯人立即派遣军队进入以色列境内。阿以冲突经历反反复复的进攻、后退和僵持，到1993年9月13日才告一段落。以色列总理耶扎克·拉宾与巴勒斯坦解放组织主席亚西尔·阿拉法特签署协定，要求选举产生巴勒斯坦临时机构，作为加沙和西岸的代表。但协定的支持者和反对者都表现出高涨的宗教情绪。1995年11月4日，犹太学生伊戈尔·阿米尔按"上帝的旨意"刺杀了拉宾。

第八节 大同盟、冷战及其后果

第二次世界大战并未在欧洲大陆激起革命浪潮。一个原因是民众极度疲乏。幸存者经历了前所未有的穷困和混乱，再也不想革命。另一个原因是同盟国对欧洲的占领。希特勒垮台后，苏联、英国和美国有效控制了欧洲。它们的政策破坏了"二战"同盟，引发了冷战。

一、战时团结

战争时期,西方列强与苏联被迫结成统一战线,反对不共戴天的敌人。1941年8月14日,丘吉尔和罗斯福发表《大西洋宪章》,宣告共同的目标和原则。1942年5月,英国和苏联签订20年互助条约。次月,美国和苏联签订《美—苏租借协定》。1943年8月,苏联解散共产国际。1943年11月,联合国善后救济总署(UNRRA)成立,向希腊、南斯拉夫、波兰、捷克斯洛伐克、奥地利和意大利等欧洲国家提供救助。

战争临近结束时,共同危险促成的合作开始动摇。1944年秋,红军抵达多瑙河上游,德国人撤出巴尔干半岛,共产党抵抗组织填补了真空。10月,丘吉尔与斯大林在莫斯科会晤,很快就半岛势力范围的划分达成一致。保加利亚和罗马尼亚归苏联控制,希腊属于英国势力范围,南斯拉夫则成为缓冲地带,由双方共同控制。英国据此要求希腊共产党部队解除武装。争端变为武装冲突,最后升级为残酷血腥的雅典战役。英国、印度联军从意大利进入希腊。经过一

1945年的雅塔尔会议

个月战斗，抵抗部队撤离雅典地区。2月12日，《瓦尔基茨停战协定》签订，抵抗部队解除武装，英国允许希腊选举，通过全民公投决定国王是否回国。斯大林则对希腊内战保持了意味深长的沉默。

　　1945年2月，雅典战斗刚刚停止，罗斯福、丘吉尔和斯大林在雅尔塔召开了战时最后一次会议。斯大林同意欧洲战争结束后90天内对日宣战。作为回报，苏联将收回千岛群岛和1905年输给日本的领土和特权。会议将德国分成四个占领区（其中一区归法国），由盟国对德管制委员会管辖。苏占区内的柏林由四国共同占领和管理。大会多数谈判都与东欧新解放国家有关。寇松线得到修改，该线以东的波兰领土归苏联控制。作为补偿，波兰得到东德领土。斯大林同意，波兰和南斯拉夫的共产党政府接纳亲西方的流亡政府代表。三国发布《被解放的欧洲宣言》，同意在东欧进行自由选举。

　　同盟国的合作还表现为联合国的成立。1945年4—6月旧金山会议结束时，50个国家签署了联合国宪章。到1990年，联合国成员已经翻了三倍多。与前身

联合国安理会

国际联盟一样,联合国也具有两大任务:一是维护和平与安全,二是妥善处理国际经济、社会和文化问题。

维护和平的任务主要由安全理事会执行。安理会由5个常任理事国(美国、苏联、英国、法国、中国)和6个非常任理事国组成。重大议题必须由5个常任理事国(和2个非常任理事国)一致同意才能通过。

对抗饥饿、疾病和愚昧的任务由经济社会理事会执行。理事会建立了许多专门机构,如国际劳工组织、粮食及农业组织、教科文组织、世界卫生组织和国际货币基金组织。

联合国的非政治性活动十分成功,但维持和平的任务却完成得时好时坏。在印度尼西亚、以色列和克什米尔地区,它制止了不涉及大国重大利益的战争。但在朝鲜、阿尔及利亚、埃及和越南,联合国却未能制止局部战争。1962年的古巴危机,联合国却没有举行任何磋商。

联合国成立两个月后,日本投降,远东战争结束。1947年2月10日,同盟国与意大利、罗马尼亚、匈牙利、保加利亚和芬兰分别签订和平条约:战败国被迫赔款、限制军队、重新划分边界。

二、欧洲冷战

"二战"后的权力交接增加了意识形态因素,欧洲局势更加复杂而危急。

冷战始作俑者杜鲁门和马歇尔

1947年,希腊北部重新出现共产党游击队运动。美国总统杜鲁门要求国会拨款4亿美元援助希腊和土耳其。他提出的"杜鲁门主义",实际上是由美国代替英国,阻止共产党在地中海东部扩大影响。1949年秋,雅典政府军将游击队赶出山区,封锁了北部边境。

经济领域的杜鲁门主义则是号称

"马歇尔计划"的欧洲经济复兴计划。到 1951 年 12 月 31 日计划终止时，美国共支付了 125 亿美元。巨额投资与当地人力物力结合，欧洲的生产能力和生活水平很快超越了战前。但从东西方关系来看，马歇尔计划标志着通往冷战的最后一步。1949 年 1 月，莫斯科建立经济互助委员会（"莫洛托夫计划"）向马歇尔计划叫板。

这样，共产党和西方世界划清了界限。此后五年，冷战全面开启，危机频仍。1949 年 4 月 4 日，美国、加拿大和西欧国家建立北大西洋公约组织。1955 年 5 月，苏联与东欧各国建立华沙条约组织。两大敌对阵营像瓜分德国一样，将欧洲一分为二。

三、远东冷战

在远东，中国共产党的胜利改变了权力平衡。1945 年 8 月日本投降，国民党与共产党为接管占领区而展开激烈争夺。共产党占领了大城市周边的农村，他们得到苏联的协助，获得日本在满洲交出的武器。国民党占领了南京等大城市，他们得到美国海军和空军的协助。1949 年 4 月，共产党横渡长江，年底占领整个中国大陆，蒋介石逃往台湾岛。10 月 1 日，毛泽东宣布中华人民共和国成立。

但远东的局势与欧洲不同。1950 年的朝鲜战争使冷战变为热战。朝鲜战争可分为两个阶段——中国介入前为第一阶段，中国介入后为第二阶段。第一阶段，北朝鲜军队长驱直入到离半岛南端釜山港不到 50 英里的地方。以美

朝鲜战争，1950年11月，寒冷天气中的美军。

军为首的联合国部队迅速反击。11月22日，联合国部队到达中朝边境鸭绿江。这时，中国志愿军发起大规模进攻，朝鲜战争进入第二阶段。经过半年的艰苦战斗，1951年6月，战线又退回到三八线。1953年7月27日，交战双方缔结停战协定。南、北朝鲜的分界线与战前大致相同。西方大国将共产党遏制在朝鲜，维护了联合国的权威。中国则保卫了朝鲜，使它成为面对西方影响的缓冲国。

四、冷战结束

20世纪六七十年代，冷战逐渐解冻。斯大林去世、艾森豪威尔政府取代杜鲁门政府、朝鲜战争结束，这一切都有助于缓和国际形势。

1962年的古巴导弹危机说明，美苏双方都不希望发动战争。当时，美军通过空中侦察发现苏联在古巴建造导弹基地。10月22日，肯尼迪总统宣布禁止船只向古巴运送进攻性武器，要求苏联撤走战略性导弹。10月28日，赫鲁晓夫宣布，苏联导弹撤出古巴。作为回报，美国结束封锁，并保证不侵略古巴。

这次危机促成了几个限制核武器的条约：《部分禁止核试验条约》(1963)、《禁止在太空使用核武器条约》(1967)、《拉丁美洲无核区协定》(1967)、《不扩

古巴导弹危机，肯尼迪总统和他的顾问在商议对策。

散核武器条约》(1968)、《禁止在海底试验核武器条约》(1971)、《禁止生物武器公约》(1971)、第一个《西方—苏联限制战略性武器条约》(1972)。这些条约大大缓解了冷战时期的国际紧张局势。

20世纪80年代，冷战出人意料地结束。原因简单而又戏剧化：苏联瓦解，独立国家联合体（CIS）取而代之。同样意外的是中苏关系破裂。1950年，莫斯科和北京曾签订为期30年的《中苏友好同盟互助条约》，苏联承诺帮助中国建设现代化军队，实现全面工业化。但1950年代后期，由于中苏边境问题和意识形态分歧，两国开始出现矛盾。1976年毛泽东去世后，中苏意识形态冲突逐渐模糊，两国在满足人民消费期望和经济战略方面成为竞争对手。

1958年毛泽东与赫鲁晓夫在莫斯科会谈，此时中苏已出现摩擦。

第九节 第二次工业革命：全球影响

当代社会的重大问题是全球民众都必须面对的。安全、就业和贫困问题不仅折磨着欠发达的第三世界，也困扰着西欧、北美等发达国家。

导致这些肆虐全球的痛苦根源是什么？在众多发挥作用的因素中，最基本的力量是"二战"期间发生的第二次工业革命。

一、第二次工业革命：起源和性质

第二次世界大战引发多项技术突破，它们影响深远，堪称第二次工业革命。

核能："二战"期间，新墨西哥州沙漠的一声爆炸标志着人类驯服了核能。

基因检查

核能首次用于军事是在广岛和长崎投下的两颗原子弹。如今，核能用于核动力船、生物医学研究、医疗诊治、核动力厂等。

取代人力的机器：英国在"二战"中使用的高射炮台首次使用了计算机。由于采用硅片，计算机体积越来越小，运算速度越来越快。如今，计算机已成为现代经济支柱，广泛用于发电厂、办公室、收银台、纺织厂、电话交换系统、生产线等。

航天科学：1957年10月4日，苏联人造卫星1号进入环绕地球的轨道。人类第一次冲破重力束缚，自由探测宇宙空间。无重力、真空和超低温的太空为制造药品、电子线路、太阳能等提供了有利条件。

基因工程：1953年，科学家发现携带生物遗传密码的DNA（脱氧核糖核酸）。如今，基因密码可被识别、修改和创造。基因工程为农业革命提供了新的可能，也在医学领域创造出许多新的疫苗。

信息革命：信息革命包括两部分——积累信息和传播信息。借助计算机和卫星，人类积累信息的能力有了爆炸性发展，传播信息的能力更是达到光速。

新的农业革命：20世纪90年代，由于基因工程的发展，第二次"绿色革命"出现。科学家将取自不同生物的基因材料混合、配对，培育出能在盐碱地生长、抵抗病虫害、营养价值更高的农作物。

二、对发达第一世界的影响

战后的繁荣与衰退

"二战"后的25年是资本主义的黄金时代。全球工业和贸易分别以5.6%和7.3%的年增长率增长。

跨国公司成为全球经济扩张的先锋。第二次工业革命带来的集装箱运输、卫星通信和计算机现金管理系统等，跨国公司首次获得了全球运营的技术。它们不仅向第三世界输出产品，而且还输出工厂。

全球繁荣渗透到工人阶级。在工业化国家，实际工资大幅提升，工人有了足够资金用于旅行和私人住宅、汽车及其他耐用品的购买。

但1970年代中期开始，繁荣让位于"滞涨"，即经济停滞和通货膨胀同时出现。战后繁荣有结构性的致命缺陷，它依靠全球生产，却缺乏全球消费。当第三世界的原材料价格急剧下降，外债却日趋增加时，全球生产过剩越来越严重。为支付外债利息，第三世界被迫减少进口额，这又导致第一世界失业人口增加，失业率又导致关税保护政策。"二战"后恢复的信心和乐观逐渐消失了。

社会影响

经济倒退对已习惯富裕生活的民众造成了巨大影响。

美国生活模式，1954年

20世纪80年代的美国贫富差距

1981—1983年间，美国农业出口物的价格下降了21%，出口量下降了20%。农民突然处于经济拮据之中，很多人破产而流离失所。在都市，失业人口从1970年1月的1千万上升到1983年的3.1千万。青少年自杀、中学退学，住房供应量减少等社会问题也日益严重。

三、对社会主义世界的影响

第二次工业革命对社会主义世界也产生了深远影响，甚至促成了社会主义世界解体。

20世纪70年代，苏联的发展速度逐渐放缓，苏联经济开始远远落后于美国。衰退的原因，一是劳动力和自然资源供应的减少，二是经济规模越来越大、内容越来越复杂，中央指挥一切的做法越来越困难和低效。1970年，物理学家安德烈·萨哈罗夫等人发表《苏联科学家致苏维埃社会主义共和国联盟党政领导人的呼吁书》，建议分散苏联经济、向地方企事业单位放权。但勃列日涅夫政府（1964—1982）将这类呼吁视为颠覆言论而严厉压制。结果，日本代替苏联成为世界第二大工业强国。

1985年，米哈伊尔·戈尔巴乔夫上台，决定与过去一刀两断。但经济重组计划进一步恶化了形势。效率低下的企业被迫削减工资甚至关闭，失业率急剧上升。社会贫困加剧了种族骚乱和冲突，少数民族被视为失业和低工资的祸根。

1991年，鲍里斯·N.叶利钦上台，苏联被松散的独联体取代。叶利钦取消国有集体农庄，将三分之一的国有企业私有化。但随着移民限制的取消，大批科学家移居海外。同样令人恐慌的是，意识形态方面出现真空。

四、对欠发达第三世界的影响

"二战"后的第三世界是政治胜利与经济惨败的结合。政治胜利随着旧帝国的瓦解和新国家的独立达到高潮。经济惨败却由于第三世界生活水平的下降而达到极点。

第八章 西方由盛而衰的世界（1914年以来） [323]

1991年苏联解体

1990年，立陶宛的独立游行。

前苏联改革的代价，图为街头为购买食物而变卖家产的居民。

在农业方面，绿色革命带来的新种子和新技术并未使大多数农民受益。他们缺乏资金，无法与大中型农场主竞争。破产的农民逃往城市贫民区。在那里，他们发现自己仍是多余的。

城市化在各大洲发展。到 2000 年，第三世界将出现 40 个拥有 500 万人口的大都会，而第一世界仅有 12 个。但这次全球城市化并未伴随着工业化。城市新移民被迫从事边缘性工作，收入仅能糊口，对国民经济无甚贡献。

五、全球影响

第二次工业革命不仅对第一、第二、第三世界造成影响，还对全人类造成了普遍冲击。这种冲击体现在生态、种族关系、两性关系和战争四个方面。

1. 生态

第二次工业革命在我们生活的星球上留下了直接印记。由于机器和居民以加速度增长，生态环境极度恶化。无论是在人口较少、生活富裕的美国，还是在人口较多、高速发展的中国，水资源减少、耕地消失、污染扩散的问题到处存在。随着第二次工业革命的传播，生态困境日益成为全球问题。

2. 种族关系

第二次工业革命也带来移民浪潮，但移民方向与第一次工业革命相反，是从不发达地区到发达地区。如今，第三世界的人口增长率是发达世界的两倍。由于第三世界经济发展停滞，迅速增长的人口一有机会便向外国迁移，在发达国家寻找工作。随着时间流逝，移民在新国家扎了根，不愿再回母国。(表 8.1) 大规模的移民在全球形成少数民族团体，随之而来的是各种冲突。尤其是战后繁荣期结束后，欧洲人开始面临严重的失业，移民被当做失业的祸根。尽管如此，欧洲人很不情愿地发现，外来少数民族问题不是一个暂时性问题，而是新的多种族、多文化、多宗教的永久事实。

3. 两性关系

第二次工业革命对女性也产生了深刻影响。避孕技术使女性能够控制生育。

人口压力

表 8.1 人口预测：1950–2100（单位：百万）

	1950年[a]	1980年[a]	2000年[b]	2025年[b]	2050年[b]	2100年[b]
不发达国家	1670	3284	4922	7061	8548	9741
发达国家	834	1140	1284	1393	1425	1454
全世界	2504	4424	6206	8454	9973	11195

a 估计。　b 预测。
资料来源：联合国和世界银行的估计和预测。

创刊于1972年的美国《女士》杂志

获得选举权的日本妇女在投票

从此,女性可以在生完孩子后继续工作。但全球仍有一半的女性因政府、教会或丈夫反对而无法避孕。

女性地位的另一重要变化是接受教育。1960年,全球只有59%的女性识字。但到1985年,识字的女性增至68%。但女性教育的内容和质量仍与男性有别。各国初等学校都倾向于传授女孩家内技艺而不是社会技能。

近年来,女性地位的最大变化是她们开始加入全球劳动大军。参与社会经济活动使女性自立自强,开阔视野,实现自我价值;但与此同时,女性也因负担较多的家务劳动而倍感疲惫。

除此以外,全球女性还长期面临暴力威胁。对妻子和妇女施行的暴力几乎在所有文化中都得到容忍。殴打和强奸妇女即使在美国也很普遍。印度和中国的部分落后地区用羊膜穿刺术检验、流产女婴,说明女性遭受的暴力甚至始于她们出生前。在非洲和中东部分地区,年轻女性还需承受割礼——被切除全部或部分外生殖器。1997年12月，埃及最高法院裁定妇女割礼并非《古兰经》授权的伊斯兰教做法。这一裁决鼓舞了整个非洲的反残害运动。

4. 战争

第二次工业革命的影响在战争领域表现得最明显，战时军事技术的突破有：英国的雷达、美国的原子弹、德国的弹道导弹、美国的计算机等。

与技术进步同样重要的是军人、科学家和工业家的合作，高效的整合导致了所谓的"按需发明"。"二战"后，三方合作成为常规机制，艾森豪威尔总统甚至告诫人们警惕"军工联合企业"。1983年，国会通过"战略防御计划"（SDI或"星球大战"）；1987年，80所大学和460家企业签订相关合同。军工联合企业的影响范围可见一斑。

"按需发明"导致军备竞赛仍在升级，每项发明都引发更多的发明。1945年美国爆发原子弹，1949年苏联也爆发原子弹；1952年美国爆发氢弹，1953年

盟军空中轰炸之后的科隆

核扩散，21世纪初可能有50个国家将拥有核武器。

苏联也爆发氢弹；1968年苏联发射反弹道导弹，1972年美国也发射反弹道导弹。军备竞赛的最终结果是全球成为拥有5万颗核武器的军火库。1983年11月，几国科学家联合声明：现存核武器即使引爆一小部分，都可能造成"核冬天"：爆炸引起的大火、浓烟和灰尘将遮住太阳，地球陷入黑暗达三个月、一年或更久，甚至人类也可能消亡。

·历史对今天的启示·

我们面对的只有自己

时至今日，人类取得了超乎想象的成就。人类超出其他所有生物，成为命运的创造者，而不是创造物。高科技已保证人类能避开两大灭绝威胁：围绕地球的小行星爆炸，或早该降临的新冰期。人类的主宰地位十分牢靠，科学家似乎看到了理想的未来。

菲律宾巴图族的简单生活

但与此形成鲜明对比的是，各国的畅销书中出现令人沮丧的标题：《世界末日》《未来终结》《历史的终结》等。媒体和社会调查均揭示了一个充满自杀、失业、吸毒、抑郁的糟糕社会。

苏丹大饥荒，一只秃鹫正准备吞噬因饥饿而瘫倒的小女孩。

为什么科学家期望的理想未来与糟糕的现实社会差距如此之大？答案在于我们的文化。千百年来，文化成为每个社会必不可少的基础。每个人只有通过他们的文化才知道做什么、怎么做。因此，威胁文化价值就像威胁食物、水等基本必需品一样严重。技术变革能提高生活水平，因而被广泛接受和欢迎；文化变革却威胁传统，因而带来恐慌遭到抵制。

1998年新德里发生反核游行

　　这种对立的态度贯穿历史，导致社会在自身创造的科技风暴中止步不前。今天，机器生产一边造成"过劳死"，一边制造了大规模失业；全球供应过剩使一部分人过度肥胖，却未使更多的人摆脱营养不良；核武器的扩散并未使发展中国家感到更加安全。但21世纪并非预先注定，它是我们创造的样子。全球人类只有进一步觉醒，才能解决科技变革与社会变革之间的矛盾。